学术共同体文库

中国政法大学县域法治研究中心　主办

杨玉圣　主编

满运龙　历史学博士、法律博士，北京大学国际法学院副院长、教授，主要从事美国早期史、美国宪制史、证据法学等研究，著有《美利坚政制之源》等。

杨玉圣　法学博士，中国政法大学法学院教授。主要从事美国早期史、业主自治与小区善治、县域法治与县域善治、大学治理等研究。著有《美国历史散论》《中国人的美国观》《小区善治研究》《学术共同体》等，主编《美国早期史新论》等。

黄鹏航　法学博士。主要从事法社会学、县域法治与基层治理研究。

斋文颖文稿

Essays on History of
QI Wenying

满运龙　杨玉圣　黄鹏航　编

社会科学文献出版社
SOCIAL SCIENCES ACADEMIC PRESS (CHINA)

谨以本书的编纂与出版

恭贺齐文颖教授九十华诞

齐文颖教授在其任教高校五十周年祝贺会上留影

齐文颖教授与满运龙教授合影

满运龙、杨玉圣向齐文颖教授敬酒，右一为满燕云教授

齐文颖教授与李剑鸣教授合影

齐文颖教授与满燕云教授合影

齐文颖教授与大弟子满运龙教授合影

齐文颖教授与弟子陆丹尼博士合影

左起：马克垚教授、齐文颖教授、黄安年教授、周怡天教授、杨立文教授

齐文颖教授与罗荣渠教授、张芝联教授、凯曼教授等合影

齐文颖教授与史密斯教授、杨立文教授及弟子满运龙、陈勇、叶霖、杨志国等合影

左起：齐文颖教授、刘绪贻教授、周颖如教授、黄安年教授

左起：马克垚教授、齐文颖教授

齐文颖教授、黄安年教授合影

左起：满运龙博士、满燕云博士、齐文颖教授、邓小南教授、史密斯教授夫妇

齐文颖先生与满运龙教授等年轻学子合影

前排左起：张执中博士、齐文颖教授、史密斯教授；后排左起：满运龙博士、满燕云博士、邓小南教授、史密斯教授夫人

齐文颖教授参加 1986 年中国美国史研究会兰州年会合影

左起：许怡明、满帆、齐文颖教授、满志、杨肯（后排）

参加齐思和先生百岁诞辰学术研讨会的嘉宾合影

参加齐文颖教授八十华诞祝贺会的嘉宾合影

齐文颖主编《美国史探研》书影

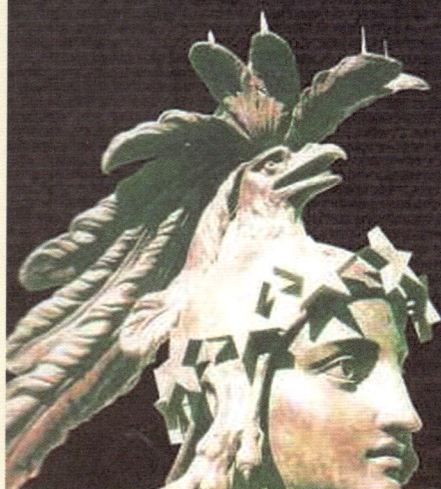

祝贺齐文颖教授八十华诞论文集

满运龙
陈　勇　编
杨玉圣

美國史探研

续编

满运龙等编《美国史探研（续编）》书影

美国史教学科研人员(编辑、研究生)登记表

总 号 _____　　　区 _____　　　省 号 _____

姓　　名	齐文颖	笔名(曾用名)	╱	性　别	女
籍　　贯	北京市	现属党派	中共党员	年　龄(出生年月)	1930.3.生
最后学历(年、月)	1958年8月北京大学历史系研究生毕业.				
所在单位及学衔、职务	北京大学 历史系 美史教研室付主任			级别 高教九级	
通　讯　处	北京大学 历史系.				
曾发表过什么著作、译作及论文(可加附页)	《美国资产阶级革命中心子辩论问题》. 《论美国资产阶级革命中斯名革特工新美研讨》. 《中国第一批留美学生》等.				
讲授过什么课程	世界近代史. 欧美近代史. 美国史. 美国政治研究 专题等.				
本人现从事何项著述和研究,今后的科研方向重点	今后科研方向为美国现代史时期及早期中美关系史.				
备注及有何建议、要求				盖章工作单位	

填表时间:19　年　月　日

齐文颖教授手迹

目 录

CONTENTS

第四编　怀念祖父与父亲

第五编　史学论稿

第六编　序跋评论

齐文颖教授与北大美国史研究

——兼贺齐文颖先生九十华诞（序一）

黄安年[*]

2020 年 3 月 30 日，将是北京大学教授齐文颖先生九十周岁的喜庆之日。文颖教授是中国美国史研究会的发起人之一、美国早期史研究著名学者、美国妇女史研究的主要开拓者，也是北京大学美国史研究的学科掌门人之一。

作为受惠于齐大姐的学友和同行，我们之间的学术交往和友谊，迄今已逾四十载。除在中国美国史研究会理事会愉快、长期共事外，因同在京城，也常在一起参加学术活动。比如，M. 诺顿教授在北大讲学时，在一次包括黄绍湘先生参加的小范围座谈上，齐教授也邀请我参加。再如，齐教授主持为北大历史学系七七级本科生开设的美国史专题系列讲座时，受邀的主讲嘉宾是杨生茂先生、邓蜀生先生等前辈，我本人也很荣幸地成为主讲人之一。又如，齐教授指导的弟子胡新军、杨玉圣硕士论文答辩时，我和已故张文淳教授均作为校外专家，参加其答辩，等等。齐教授七十周岁那年，在中国社会科学出版社出版了其主编的《美国史探研》文集，收入其本人及其指导的硕士弟子的毕业论文，我为该书写了书评；齐教授八十周岁时，满运龙博士等编《美国史探研（续编）——祝贺齐文颖教授八十华诞论文集》，本人应邀为该书供稿《美国崛起与发展的历史经验》，以共襄盛举，还在随后举办的"学高为师 身正为范——祝贺齐文颖教授八十华诞师友聚会暨《美国史探研（续编）》首发式研讨会"上，做了主旨发言。

---

* 黄安年：北京师范大学教授。

一般而言，中国美国史研究的学者往往具有长寿基因[1]。除德高望重的已故前辈学者如享年 106 岁的武汉大学刘绪贻教授、享年 100 岁的中国社会科学院黄绍湘研究员、享年 97 岁的南开大学杨生茂教授、中国社会科学院曹德谦研究员、享年 92 岁的苏州大学张梦白教授、享年 91 岁的东北师范大学丁则民教授外，迄今健在、年逾九旬的老一辈美国史学者，还有人民出版社编审邓蜀生先生（1923 年生）、商务印书馆编审方生先生（1926 年生）、四川大学教授顾学稼先生（1927 年），即将跨入"90 后"的还有南开大学教授张友伦先生（1931 年生）等。"岁月不饶人"，按虚岁论，齐文颖教授也已进入"90 后"的健康学者之列。

欣闻运龙博士等正在主持编纂《齐文颖文稿》，既是对文颖先生美国史、妇女学等学术成果的汇集，同时也是对其九十华诞的致敬。这是齐门弟子所做的一件既有学术价值又有纪念意义的另一个学术活动。我本人既高兴，又欣慰。承玉圣请我为该书作序，但我对齐先生从事的另一个主要领域即妇女史、妇女学不甚熟悉，故拿出十年前即 2010 年 3 月 28 日上午在北京大学历史学系主办的上述研讨会的发言稿，权且交卷，以表达我对齐先生的敬意与贺忱。

需要说明的是，此处所收的这份十年前的发言稿，除个别文字、句读外，其内容和观点均没有任何改动。作为一份历史记录，在我看来，也无需改动。

还需要强调的是，北大美国史学科建设之所以能有辉煌的今天，不能忘记英年而逝的罗荣渠教授、如今健在的齐文颖教授和杨立文教授等老一辈学者在既往几十年为北大美国史研究筚路蓝缕的开拓之功、奠基之业。

故此，值文颖教授即将迎来九十周岁生日、《齐文颖文稿》面世之际，我本人再一次衷心祈愿文颖大姐，福如东海，健康长寿。

2019 年 11 月 15 日

在齐文颖先生八十华诞前两天，齐门弟子和受惠于齐门的学子聚集于北大，回顾北大齐思和、齐文颖两代美国史学研究者所走过的八十年不平凡道路，是很有意义的。2007 年 5 月，也是在这里举行了纪念齐思和先生百年诞辰学术研讨会，我们仿佛看到了北大学人八十年来坚持不懈地从事美国研究的缩影。

历史评估需要时间的积淀，年长者研究历史往往具有这方面的年龄优势。一批年长的美国史研究者，数十年如一日，从事美国史研究，"80后""90后"学术老人，迄今活跃在美国史研究领域，不能不说是我国美国历史研究领域的一个可喜景象。以中国美国史研究会19人组成的顾问团为例，除已故的刘祚昌、冯承柏、严四光先生外，迄今健在的16位中，就有7位属于"80后"学术老人，他们是刘绪贻先生（1913年5月，97岁）、黄绍湘先生（1915年5月，95岁）、杨生茂先生（1917年9月，93岁）、邓蜀生先生（1923年，87岁）、方生先生（1926年，84岁）、顾学稼先生（1927年8月，83岁）、齐文颖先生（1930年3月，80岁）等，张友伦先生和华庆昭先生明年80华诞，他们是我国美国史研究的宝贵财富。我国的美国史研究队伍又是一支越来越年轻化的队伍，老、中、青三代人协同建设美国史研究，不能不说是一个突出的特色。以美国史研究会为例，第一任理事长开始就任时64岁，第二任55岁，第三任45岁，第四任则只有42岁。

今天的聚会使我们有机会探讨齐门老人对于北大美国研究的影响。这里谈几点个人感受。

第一，北大有美国研究的传统。自20世纪30年代以来的迄今八十年间，这个传统从未间断。齐思和老先生20世纪30年代自哈佛大学获得博士学位后，返回祖国，他是我国第一位在美国学习美国史的哈佛博士，1935~1937年，齐思和先生在北京大学历史学系、北平师范大学历史学系和清华大学开设了美国历史课程，系统介绍美国历史及美国史学家的主要著作，这一课程为迄今所知在国内高校最早开设的，如齐文颖先生所说：齐思和先生是"燕大校史上敢吃美国名校名系'螃蟹'的第一人"[2]。1973年、1975年，齐文颖先生等率先在北大为学员开设了美国历史课程（黄绍湘、齐文颖、杨立文、谭圣安、罗荣渠等先生主讲）。1981年上半年，齐文颖先生等还组织北大外的美国史研究者，在北大举办为期一个学期的美国史系列讲座，听课者有北大历史学系世界史专业1977~1979级学生、文科各系研究生和校外美国史同行，参加讲授的有唐德刚、杨生茂、张友伦、黄绍湘、黄颂康、邓蜀生、齐文颖等11人。1981年下半年，齐文颖老师还在北大历史学系讲授美国史，系统讲授有关美国早期和近代的历史。众所周知，改革开放后齐文颖老师在北大培养了第一批美国史的硕士研究生，先后培养的十几位弟子，迄今早已是活跃于美中学术教育领域的中坚力量。为北大历史系美国研究做出贡献的，还有黄绍湘、罗荣渠、谭圣安、杨立文、何顺果等教授。

我们欣慰地看到，今天北大的美国研究实力已为全国之冠。以历史学系为例，李剑鸣[3]、王希、王立新、牛大勇等教授在其各自研究领域独领风骚。北大美国研究领域并不限于历史学系，还涉及其他与美国问题相关的系院所，如北京大学国际关系学院等。这些高端研究人才，合在一起，为全国其他任何一所美国研究机构所不及。我们还欣慰地发现，今天北大历史学系的美国史研究人才来源不限于本校培养、师生薪火相传，还通过扩大人才交流范围、开放引进高端人才，北大美国研究得以人才济济，并对于国内外美国研究学者具有强大的吸引力。饮水不忘掘井人，我们在谈到北大能成为今天我国美国研究的一流基地时，要向为美国史研究做出开拓性、奠基性贡献的齐思和老先生、齐文颖先生、罗荣渠先生等表达我们的敬意。

第二，北大有美国早期史和早期中美关系史研究的传统。美国早期史是美国奠基时代的历史，也是美国研究的奠基性工程，做好了这项奠基性工作，将为我们的美国研究奠定良好基础。齐文颖教授和北大美国史研究者一起，在这一学术领域进行了坚持不懈的努力，不仅把它作为在改革开放新形势下重新研究美国史的起点与重点，而且把早期史作为美国历史的一个独立的重要阶段来看待，组织力量围绕早期史上的若干重点问题加以深入探讨。如同满运龙博士在《美国史探研（续编）》序中所言："在中国，老一代学者（如黄绍湘教授、刘祚昌教授）做了不少开拓性的工作，但主要是把殖民时期当成美国革命的历史背景而非美国历史的一个独立学科来看待的。齐老师访美归国后，致力于美国早期史的学科建设，把殖民时期、美国革命时期和制宪时代打通，从而使中国的美国早期史研究进入了一个新阶段，开启了中国学者系统研究17～18世纪英属北美历史的先河。"[4]黄绍湘教授在改革开放前曾在北大任教，并于1957年出版了《美国早期发展史（1492～1823》（人民出版社）。2001年，齐文颖教授主编的《美国史探研》和2010年满运龙等编《美国史探研（续编）》则是美国早期史研究成果的集结，从一个侧面反映了我国学者在这一领域的新进展、新思路、新贡献，续编中有满运龙、陈勇、李剑鸣、苏麓垒等的八篇论述美国早期史的论文。在齐文颖教授深入开展美国早期史研究的同时，我们也高兴地看到2002年人民出版社六卷本《美国通史》的出版，其中第一卷《美国的奠基时代（1585～1775)》是李剑鸣教授多年潜心研究美国独立前近二百年历史的成果，该书把习称的"美国殖民地时代"概括为"美国的奠基时代",该书的出版是我国研究早期美国史的新的丰硕成果。令人欣慰的是,李剑鸣教授近年由南开重镇加盟北大历史学系,为北大延续和发展美国早期史研究注入了新的活力。还有一个值得注意的现象是,齐门弟子杨玉圣教授在美国早期史研究中辛勤耕耘,他和他的弟子们在这一领域也取得了可喜的研究成果。不过,客观地说,在我国美国史研究向纵深和横广两个方面发展的过程中,我国的美国早期史研究有一种相对弱化的趋势,这突出表现在除北大、南开以外,其他多数美国研究专门机构在这个领域的研究显得相当薄弱。在这种情况下,北大在美国早期史专门领域进行持续深入研究的重要意义,就不言而喻了。

中美关系是我国与各国关系中最为重要的双边关系,了解和研究早期中美关系史是全面审视中美关系的重要组成部分,北京大学是研究中美早期关系史的重要基地,齐文颖先生、罗荣渠先生在早期中美关系史研究上做出了开创性努力。如同《美国史探研》所显示的,齐文颖先生选择了过去很少有人涉及的中美关系开端的问题和中美文化教育交流方面的问题作为研究的起点。其中,《美国"中国皇后号"来华问题研究》提供了一些鲜为人知的第一手资料[5]。北京大学在早期、近代和现当代中美关系的研究上的重要贡献,如果再加上北大国际关系研究所、北大历史学系从事中国现代史研究的力量,那么,北大从早期到当代中美关系史的研究实力,也是全国首屈一指的。

第三,北大也是美国妇女研究的基地。正如齐文颖先生在《美国史探研》前言中所说,妇女史研究是"我国美国史研究中延伸出来的一个新领域,同时也是我们对国内美国史研究做出的新贡献。美国是当代西方妇女研究的重要基地,是七十年代以来发展最快、最有显著成绩的学科之一,也是研究美国历史不可缺少的重要部分"。20世纪80年代初,齐文颖先生"作为第一批访美学者不仅带回了殖民地时期史和早期中美关系研究的新课题,也带回了妇女史研究这一新学科"[6]。《美国史探研》中收入的四篇妇女史研究论文[7],反映了我国改革开放以来最早从事美国妇女史研究学者的开创性研究成果。今天已经看到我国学者对美国妇女研究所取得的新成就,北大还专门成立了中外妇女研究中心,拓宽了妇女问题研究领域,今年是国际妇女节100周年,我们期望齐文颖先生的开拓精神能够召唤更多的美国研究学者为我国的美国妇女研究做出新贡献。

第四,北大有中美文化交流的传统。正如齐文颖先生的得意门生满运龙所说：齐老师是改革开放后史学界率先走出封闭的国门、在美国留学的访问学者，"在积极推动中外史学学术交流方面发挥了特别重要的作用，为中美史学界的深度交流与友好合作架起了桥梁：一是邀请著名美国史学家来北大讲学，二是推荐学生赴美深造，三是主持翻译美国学者的著作。""除了前辈学者张芝联教授外，在促进中外（尤其是中美）史学交流方面，也许只有罗荣渠教授、冯承柏教授能和齐老师相媲美"[8]。对于这一点，我们的许多中青年学者是受惠者。我想补充说的是，齐文颖先生不仅身体力行，而且还开展了北京大学对美文化交流的深度研究。在《美国史探研》中有一篇她和郑文鑫合写的《北京大学与中美文化交流（1898～1937）》，以详尽的资料阐述了自京师大学堂到20世纪80年代末北大与美国的文化交流史，文章还特别谈道："北大作为我国第一所国立大学，研究它不仅具有一定的典型意义，同时，还有一批原始资料尚未被研究者充分利用。为了开拓中美关系史研究中的新领域，为了使这批资料能获得充分利用，我们选择了这一选题。"[9]今天，我们已经看到走出去、请进来的中美学者间交流和对话，已经越来越多、越来越普遍，而这正是建设世界一流大学所必不可少的条件。这种良好局面的形成，是和张芝联先生、罗荣渠先生、齐文颖先生等对外开拓的辛勤工作分不开的。其中，尤其需要提到的是对富布莱特项目的推动。

第五，北大有建设学术共同家园和重视图书建设的传统。齐文颖先生是中国美国史研究会的发起人之一，多年担任中国美国史研究会的副会长和顾问，对于建设中国美国研究的学术共同家园起着十分重要的作用。《美国史探研（续编）》中收入齐文颖教授《中国美国史研究会成立的前后杂记》，记叙了齐文颖先生对研究会建设的关注和贡献[10]。笔者和齐文颖先生在研究会里长期合作共事，对她顾全大局、积极推动研究会学术家园和谐发展的印象，尤其深刻。我们很清楚，北京大学的美国研究在全国首屈一指，但是，北大学者从未担任过理事长职务（李剑鸣是加盟北大前就已经担任理事长职务的），北大齐文颖、杨立文等多年来一直积极参与理事会领导班子和秘书处的工作。这种热心团队凝聚及奉献精神，对于我国的美国史研究是很可贵的。

重视图书建设是北京大学的优良传统。北大图书馆的丰富馆藏图书，不是天上掉下来的，是和老一代学者的收藏和重视是分不开的。齐文颖先生在这方面也做出了许多贡献，如她在《美国史探研》前言中所说："美国学者在北大讲学的同时，还为我们捐赠了一个以研究早期史为中心、有一定规模的北京大学燕京美国问题研究中心图书馆，目前它已成为我国研究美国史的重要图书馆之一。"[11]我们从事美国历史研究的学者，也分享了北大美国图书建设的成果。

第六，北大有尊师重教、尊重学术、尊重学者的传统。这三个尊重，不是停留在口头上说说，而是落到实处、落到为已经退休多年的老学者举行学术研讨会、出版学术著作和庆贺八十寿辰上。如果没有年轻学子的尊师重教、尊重学术、尊重学者精神，没有现任系领导的组织和支持，这样的活动是很难组织起来的。这件事在北大能够办到，在有的学校就不一定办得到，对此我深有感触。

在我们这个日益老龄化的社会，相比刘绪贻、黄绍湘、杨生茂等九十多岁老先生，齐先生不算老，相比105岁的周有光老人，齐先生还只是小字辈。衷心期望齐文颖先生健康长寿，并在力所能及的前提下，为泽惠后学、为美国史研究开辟学术新天地。衷心祝愿北大学人发扬优良传统，更上一层楼，取得新成就。

写于 2010 年 3 月 20 日

注释：

[1] 当然，像任何事情一样，总有例外。如英年而逝的南开大学冯承柏教授、兰州市政协副主席武文军研究员；再如，中国第一个美国史博士学位获得者、南京大学博士生导师、中国美国史研究会副理事长任东来教授，不到52周岁，即魂归道山。

[2] 齐文颖：《勤奋·创新·爱国——纪念先父齐思和先生百年诞辰》，见《美国史探研（续编）——祝贺齐文颖教授八十华诞论文集》，河北人民出版社2010年版，第728页。

[3] 教育部长江学者奖励计划特聘教授、国务院学位委员会学科评议组成员、教育部社会科学委员会历史学部秘书长、中国美国史研究会原理事长李剑鸣教授，已于前几年离开北大，被复旦大学作为特殊人才引进；美国早期史的学术研究与人才培养基地亦因此由北大无可置疑地转移到复旦。

[4] 满运龙：《学高为师 身正为范——祝贺恩师齐文颖教授八十华诞（序）》，见《美国史探研（续编）》。

[5] 齐文颖：《美国"中国皇后号"来华问题研究》，收入齐文颖主编《美国史探研》，中国社会科学出版社2001年版，第254～271页。

〔6〕齐文颖：《美国史探研》前言。

〔7〕书中收录了齐文颖的《加强对国外妇女的研究》和《美国妇女运动的历史考察》两文，同时收录了最早从事美国妇女史研究的陆丹尼所写的《论北美殖民地时期妇女的地位》和《中国留美女学生：一项综合考察》两文，后者是她的博士学位论文的一部分。参见齐文颖主编《美国史探研》提要，黄安年的博客，2010 年 3 月 13 日。

〔8〕满运龙：《学高为师　身正为范——祝贺恩师齐文颖教授八十华诞（序）》。

〔9〕齐文颖、郑文鑫：《北京大学与中美文化交流（1898～1937）》，见《美国史探研》，第 272～288 页。

〔10〕齐文颖：《中国美国史研究会成立的前后杂记》（王立新、王海燕根据录音整理），原载《美国史研究通讯》2009 年第 1 期。收入该书时，个别文字有变动，见《美国史探研（续编）——祝贺齐文颖教授八十华诞论文集》，第 683～687 页。

〔11〕齐文颖：《美国史探研》前言。

贺文颖师九十华诞（序二）

牛大勇[*]

十年前，满运龙、杨玉圣兄张罗了齐文颖老师八十华诞庆祝会，专家学者们对她的业绩发表了很多评论。我虽然听过文颖师的讲座，也注重研究美国对华关系史，但毕竟不在美国本土历史这块领域里学习和耕耘，自然也说不出什么。转眼间，又到文颖师九十华诞了。玉圣兄一再敦请我写点什么，以志贺忱，遂整理思绪，把埋藏心底、延绵至今的感念表达一下。

我1978年刚入北京大学历史学系时，听到同学中流传着本系世界史专业有几大史学名家（那时不像今日这般"大师"高帽四处泛滥）、几大"后起之秀"之说。齐文颖老师就属于"后起之秀"行列，代表着美国史教学与研究的新生代，出身于"书香门第"即刚刚摘掉"臭老九"帽子的那个门第。其父齐思和，盛名硕果，令人仰止，虽斯人遽逝，光泽仍披于文颖师这一辈。那时她妹妹齐文心在先秦史已崭露头角，妹夫李宗一更已是中国近代史和民国史学术研究群体的带头人，他们还都是北京大学历史学系毕业的。再加上第三代的李维（李宗一、齐文心之子），也在本系读书，随后投入德国史研究，并最终在北大历史学系任教。居上庠脱俗治史，薪火三代相传，这齐家可算是当代很少有、北大未曾有的"史学世家"了。

文颖师那一辈，其实是在接连不断的"阶级斗争""路线斗争"的急风暴雨中摸爬滚打、曲折行进的学人。一波又一波的政治运动，占用了他们大部分宝贵时间，耗费着他们的青春年华。雨过初晴，大梦方醒，遂急起直追，努力耕耘荒废的文化田园，探索国际学术的新前沿。尤其是着力潜心播

---

* 牛大勇：北京大学历史学系教授。

种，在各自的专业领域勤勤恳恳地培育新人，以期后辈能有所成。就是在这样的背景下，文颖师走进吾辈的视野中。

初识文颖师，是在她主持的一个美国史讲座课上。记得那次是请著名的美国史研究的老前辈黄绍湘先生来讲的。题目我记不清了，地点是在北大第一教学楼二层的一间教室。讲座的内容，也记不清了，只记得黄先生的样子比我们这些后生原来普遍想象的要年轻些，可谓精神矍铄。文颖师主持讲座，让我得到的第一观感是一副端庄富态的形象。那时学者们的衣着依然遵守着"艰苦朴素"的原则，女学者也不例外，绝无光鲜亮丽可言。但是，她们已开始告别清一色的深蓝"干部服"时代，开始略呈女士特点了。黄先生的上衣略近浅黄，齐老师着浅灰上装。举手投足间，黄先生给我们的印象近似一位可钦可敬的"老大妈"，而齐老师给我们的印象则是一位慈祥和蔼的"老大姐"：讲着一口"京片子"，致辞逻辑严谨，带有些许幽默，清晰流畅，一气呵成；语速从容，慢条斯理，娓娓而谈，听着令人舒服，露着大家子气，绝无很多讲者常有的那些"嗯嗯""啊啊""这个那个"之类的结巴口语。

那个年代，正是学术界、高教界在十一届三中全会后解放思想、实事求是、反思历史、探索真理的新时期。虽然精神枷锁不可能一举打破，但在改革开放的大趋势下，冲出教条主义多年制造的思想牢笼，以追求"开明"为时尚的清新风气，已然形成。美国史的教学与研究，正是那个时代走在思想解放前列的史学领域之一。文颖师和罗荣渠老师都是这一领域"改革开明派"在北大的代表，他们在先后担任系主任的邓广铭、周一良先生的支持下，发扬老北京大学、燕京大学、西南联大的优良传统，不拘"内外之别"，延揽天下英才，聘请一大批校外的史学名流来北大历史学系授课或开讲座，除前述黄绍湘先生外，继之被请来的还有杨生茂、邓蜀生等在京的美国史名家和入江昭等美国著名学者。这些名师的讲座，对我们那一批失学已久、求知若渴的学子来说，真是久旱逢甘霖，终身受益而难忘。

众所周知，"文化大革命"是从史学界拉开的序幕，从北京大学掀起的风暴。北大历史学系的广大师生，由于对《文汇报》发表的那篇颇有"来头"的《评新编历史剧〈海瑞罢官〉》的长文嗤之以鼻，毫不掩饰其反感和批评，被该报采集知识界对"号角"之作有何反应的记者写成"内参"，报了上去。于是，这个系被赐以"庙小神灵大，池浅王八多"的名联，沦为"文革"重灾区。那时，这里，以翦伯赞为代表的一大批老教师惨遭迫害，被污名、被丑化。其余师生，除个别"逍遥"外，都卷入了派性斗争的漩涡，不是加入"新北大公社"，就是进了"井冈山兵团"。在狂热的政治信仰下，醉心于"批判"和"斗争"，以"造反派"自诩，对"保守派"攻讦，彼此都撕破了脸，斗得势不两立。但毕竟还是读史知鉴、古今通变之人，噩梦醒来是早晨。一旦宣布"文革"结束了，这里的历史恩怨也很快得以克制、消退、翻篇。等我们这批学生 1978 年 2 月、10 月分别入学后，已经感受不到老一辈教师之间的在"文革"中结下的恩恩怨怨了。派性没有再传染给下一辈，这是我们应该深为感谢的。

北大世界史的教师们就是这样一个消泯怨仇、团结前行的群体。齐老师所在的欧美近现代史教学研究团队，也是一样了却前嫌，相忍为公。我们能感觉到，齐老师那时在校内外的美国史研究群体中，有很好的口碑、很高的声望。罗荣渠、潘润涵、郭华榕、刘祖熙、杨立文、何顺果、徐天新这些同事，或比她年长，或比她年轻，却都叫她"大齐"。吾辈后生，虽然不知这一昵称的由来，但能觉察到他们之间那种很亲切的关系。

八十年代以后，我们相见越来越少了。我担任系主任时，李维从洪堡大学获博士学位归来，因原任职单位有些人事上的困扰，便申请来北大历史学系工作。我觉得他既然获得德国名校的德国现代史博士，虽年轻气盛，却可期有为，于是力主录用了。但若说当时没有心怀对齐思和、文颖师、李宗一、齐文心诸位前辈的感念之情，那也不是实话。多年后，当我看到文颖师坐在轮椅中来系里参加学术活动的时候，简直不敢相信，"大齐"老师也会如此苍老。然而，她依然从容、开朗，依然和蔼、可亲，依然是一口"京片子"，娓娓而谈……这是她留给我的最深印象，终生难忘。

文颖师即将迎来九十周岁生日，我谨此献上衷心的祝福和敬意：祝愿她健康长寿！

2019 年 11 月 22 日

知我教我　师恩浩荡

——敬祝恩师齐文颖教授九十华诞（序三）

满运龙[*][*]

　　21 世纪第 20 个年头，春晓三月，我的授业恩师、德高望重的北京大学教授齐文颖先生，即将迎来九十华诞。

　　为了祝贺恩师 90 岁生日，同样是齐门弟子、我的师弟杨玉圣教授，从一年多前开始，即筹编《齐文颖文稿》一书，在其爱徒黄鹏航的大力协助下，不辞辛苦，劳心劳力，终于为恩师九十华诞献上这一份表达吾等弟子对恩师生日贺忱的学术蛋糕。

　　受玉圣委托，不才以恩师开门弟子的身份，为该学术蛋糕作序。这是我的莫大荣幸，也是我义不容辞的义务。

　　20 年前，在玉圣的协助下，齐老师 70 周岁之际，《美国史探研》由中国社会科学出版社出版。该书集中展现了齐老师及其指导的历届硕士弟子关于美国早期史、妇女史、中美关系史的代表性论文成果。10 年前，在齐老师八十华诞之际，我和陈勇教授、玉圣合作，主持编纂了《美国史探研（续编）——祝贺齐文颖教授八十华诞论文集》（河北人民出版社版），为老师庆生；与此同时，还在北大历史学系举办了祝贺研讨会，马克垚教授、黄安年教授、杨立文教授等前辈以及章百家研究员、牛大勇教授、李剑鸣教授等中年学者与会，气氛热烈，盛况空前。这次编纂出版的《齐文颖文稿》，单就篇幅而言，并不大，这既与齐老师述而不作的学术理念有关，也与她的惜墨如金的写作习惯有关，还与她用心费力整理齐思和老先生的论文集、讲

---

　　* 满运龙：北京大学国际法学院教授。

义手稿有关。不过，从这部篇幅有限的书稿中，我们不难发现，齐老师率先开展美国早期史、积极推动妇女史的学术努力及其成就，仍然是开拓性的。

最近 10 年来，玉圣因在北京工作，占地利之便，常去看望恩师。作为老学生，我每逢往京开会或讲学，也总是惦记着恩师，每年与玉圣一同探望恩师，至少一到两次。师徒相见，论学，聊天，其乐悠悠。

然而，岁月终究不饶人。随着恩师的年纪越来越长，其身体和精神状况也日渐衰微：从前些年可以坐在一起慢慢聊天，忆旧追往，变成静静地坐在轮椅中，看着我们，只听不语；如今只能用微弱的眼神和表情，表示她还在听我们唠叨，偶尔流露出一丝笑意。我们这些弟子长大了，但老师也老了。近一二年，每次从老师家出来，总是感到内心深处的丝丝酸楚，而且，愈益加深。

给我印象很深、感慨也很多的一件事儿，是今年 6 月 4 日去看望老师的经历：我借在中国政法大学讲学的机会，去看望老师。记得是日北京天色灰蒙，不时落下夹着灰尘的细雨。上午讲完课后，下午根据与周彬兄事先的约定，我乘出租车，前往西二旗老师家中。见面时，老师端坐在轮椅上，面色沉静，带有久病的倦意，但听周彬兄说我来看她，眼睛微张，显出和悦的笑意。据周彬兄讲，老师不久前住院，目前尚在康复中，故讲话不便，进食也有困难。我坐在老师身边，给老师唠叨她的学生们都很想念她：不久前玉圣来过，这次因在武汉访学，不能来，由我代表；在美国的几位师弟师妹，也不时在念叨。之后和周彬共同回忆起 80 年代的人和事，我拿出不久前在深圳碰到的 Jeff Williams 的照片（1979 年时，Williams 曾经为包括齐老师在内的北大教师培训英文）。老师静静地听着，周彬兄说老人家都听见了，还说老师一般晚上精神好一些，昨晚他告诉老师我今天会来看她，说到我工作很忙，老师说"注意身体"，还是像过去一样，那么关怀她的每一个学生。我情不自禁地想起老师当年优雅的风度、大家闺秀的气质，看到眼前进入老境的老师，不由得阵阵心酸。慢慢地，老师闭目养神，静静地进入梦乡。于是，我悄悄起身，把端午节粽子和一点心意送给老师，和周彬兄话别，告辞。

我和齐老师的几位得意弟子，包括陈勇教授、陆丹尼博士、杨志国博士、叶霖博士在内，有个微信群。每当有人去看望老师，都会及时在微信分享照片。我们会不时回忆起当年追随老师学习的往事，大家都有一个不言而喻的共同心愿，即祝福老人身体健康，晚年幸福。

就我本人而言，有幸自 1981 年开始研究生学业之时，即得到老师的知遇之恩和悉心栽培，其道德文章，于我而言，将惠及一生。恩师不但将我引上学术之路，而且还身体力行，教我如何做人，如何知恩图报。她不止一次说我后来之所以能够事业进步、家庭和美，都是爱妻燕云博士的功劳。我深深感到：唯有齐师，知我教我，让我这个年近六旬的老学生，至今时时不忘谦卑和感恩。

本来，我应该用更多的篇幅，讲述我从业齐老师的经历，更重要的是要总结齐老师的学术成就；然而，鉴于我已在 10 年前的《学高为师　身正为范——祝贺恩师齐文颖教授八十华诞》中，就上述两个方面有过叙述，并已收录本书附录，故此不复赘述。

最后，还是回归本书出版之原意，即敬祝我们尊敬、爱戴的齐老师健康、快乐，寿比南山！

2019 年 10 月 30 日
于北京大学国际法学院

第一编　美国早期史新探

《独立宣言》是美利坚合众国
诞生的标志吗？

1776 年 7 月 4 日《独立宣言》的发表，是美国历史上划时代的大事，也是世界历史上的重要篇章。革命导师马克思高度评价了它的历史地位，称它为"第一个人权宣言"。[1] 新中国成立以来，我国史学工作者在这方面的研究也取得了很大成绩，发表了不少论文与专著。在世界通史、欧美近代史的专著中也都有专门的章节给以叙述，是新中国成立以来我国世界历史研究中最富有成果的领域之一。

然而，一般地说，过去我们对《独立宣言》的研究多偏重于理论分析、阶级内容的揭示及其历史地位的阐述，对于《独立宣言》的原稿研究不够，更缺乏结合英属北美殖民地历史发展背景来进行研究。因此，对《独立宣言》的分析存在着不够细致，理解也有不够准确的地方。特别应当提到的是，在我国当前通行的一些教材和文章中，往往把《独立宣言》的发表作为美利坚合众国诞生的标志，这是不够恰当的。

———— 一 ————

是否能把 1776 年 7 月 4 日《独立宣言》的发表作为美利坚合众国诞生的标志，首先要从《独立宣言》本身去寻求答案。然而，无论从它的标题或是从它的文本中都很难找到关于美利坚合众国独立或诞生的内容，尽管其中也谈到了独立和新国家的诞生问题。《独立宣言》中所宣布的独立是英属北美 13 个殖民地中一个个具体殖民地的独立，它所说的新国家也指的是从 13 个殖民地脱胎出来的 13 个新国家，而不是像一般教科书中所阐述的是美利坚合众国的独立与诞生。

从标题上看，根据 1776 年 7 月 19 日第二届大陆会议的决议，《独立宣言》的正式标题规定为《北美十三国联合一致的共同宣言》（The unanimous Declaration of the thirteen united States of America），这就再清楚不过地告诉我们：《独立宣言》所宣布的是 13 个国的独立，而不是一个美利坚合众国的独立。虽然在标题上写有 united States of America，但我认为并不能作"美利坚合众国"解，一则由于这里的 united 第一个字母用的是小写而非大写，再则当时美利坚合众国作为一个独立的国家尚未出现，它的正式出现应当在 1781 年《邦联条例》通过之时。该条例第一条规定"本邦联的名称是美利坚合众国"。[2]

从《独立宣言》的正文看，通观 1300 字的原文，其中涉及 state 或 states 都指的是十三国。这种解释不但能同标题一致，而且也同北美殖民地时期历史发展实际相符。在通常的情况下，人们在论证《独立宣言》是美利坚合众国诞生的标志时，都经常引用《独立宣言》中下面的一段话：

We, Therefore, the Representatives of the united States of America, in General Congress, Assembled … in the Name and by authority of the good People of these Colonies solemnly publish and declare, that these United Colonies are, and of Right ought to be Free and Independent States.

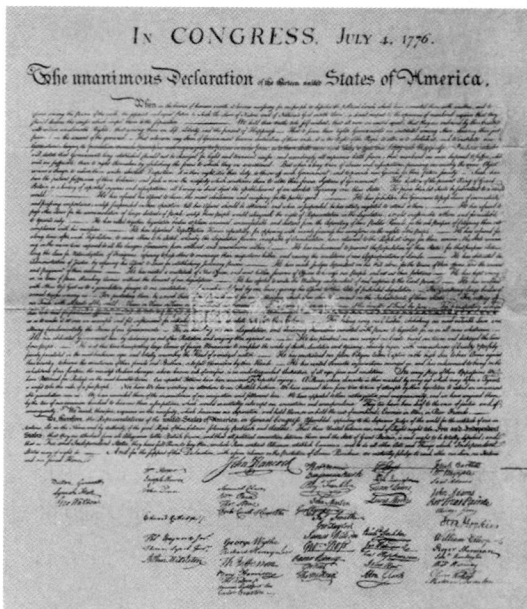

由于我们大多数同志把这段话中 united States of America 理解为"美利坚合众国"，同时又把 Free and Independent States 中的 States 也视为"美利坚合众国"的简称即"合众国"来看待，因此，通常就把上述那段话做了如下的翻译："因此，我们集合在大会中的美利坚合众国的代表们……我们以这些殖民地的善良人民的名义和权力，谨庄严地宣布并昭告：这些联合殖民地从此成为，而且理应成为自由、独立的合众国。"这种译法势必造成把《独立宣言》看作美利坚合众国诞生标志的误解。其实我们只要仔细琢磨一下这段话的意思，就不会把 united States of America 理解为美利坚合众国。如果按照有些同志的理解，把《独立宣言》看作美利坚合众国诞生的标志，那么很自然地应该认为，在《独立宣言》通过之前，美利坚合众国是不存在的。但是，为什么在这段话中又出现了"我们在大会中的美利坚合众国的代表们……"这一提法呢？同时，这里的"美利坚合众国"又是什么时候建立的？而"美利坚合众国的代表们"又是怎么产生的？这些问题不但在殖民地时期的历史上找不到答案，在逻辑上也是说不通的。同样，这里的 united States of America 同标题一样，也用的是小写。

应该承认，有些教科书也把 Free and Independent States 译为"自由、独立之邦"。虽然在这里将 States 译为"邦"较之译为"合众国"明确了一些，因为在中文里面"邦"字也含有"国"的意思在内，如邻邦、友邦等；但同时也能看出与今天我们所使用的"美利坚合众国"一词的区别。然而从通篇宣言来看，凡遇有说明国家的地方，无论是英国 The state of Great Britain，还是北美各殖民地新独立及尚未独立的国家，统统都用 state 一词来表示。为准确表达原文、避免混淆计，此处也应以使用一个中文字"国"来表达为宜。

由此可见，把《独立宣言》说成是美利坚合众国诞生的标志，显然是不够恰当的。

二

英属北美殖民地独立历史的最大特点之一，是各殖民地陆续宣布独立，然后在此基础上再联合起来，共同发布《独立宣言》，进而取得 13 个殖民地的全部独立。了解这一段历史情况，对于我们深入研究《独立宣言》的内容和美利坚合众国建立的历史实际是有很大好处的。

北美殖民地人民要求独立的思想，最早可以追溯到 18 世纪 40 年代。据记载，当时一位瑞典植物学家彼得·卡尔姆（Peter Kalm）到英属北美殖民地进行考察时，说他已发现当地居民开始在谈论日后从英国独立出来的前景了。[3]后来，富兰克林在 1751 年发表的《人类的增长》一文中也说，从北美殖民地人口以每 25 年增长一倍的速度来看，其必然的后果将是从英国分离出来。[4]然而，就全部 13 个殖民地范围来看，人们较普遍地提出独立的要求，则是在英法七年战争之后，英国对殖民地的进一步压迫与剥削、实行高压统治政策引起的。当时殖民地中的先进分子们率先起来抨击英国的殖民统治，但他们所要求的独立，首先还是本殖民地的独立。他们所考虑的是如何把本殖民地从英国的奴役下解放出来，从而建立独立国的问题。除少数先进人物外，很少有人提出将全部 13 个殖民地变为一个统一的国家。

大体说来，各殖民地宣布独立的过程是循着这样一条道路前进的：首先，用革命手段把英国总督的大权夺过来，掌握在当地人民的革命派手中，总督或被赶下台去，或仍留在台上但处于无权地位，名存而实亡。第二步便是在这个基础上建立省议会，制定宪法，进一步宣布独立。在英属北美殖民地历史上弗吉尼亚算是最早一批行动起来的殖民地之一。由于它在诸殖民地中占有举足轻重的地位，它的革命行动对其余殖民地产生了很大影响。事情的经过大致是这样的：1774 年春，当弗吉尼亚殖民地人民得知英国政府将用高压手段严惩波士顿人民的"倾茶事件"并颁布封锁波士顿海港法令后，以杰斐逊为首的弗吉尼亚议会决定用绝食等方法进行抗议斗争。弗吉尼亚的革命行动又遭到了当地总督丹莫尔（Dunmore）的严厉制裁，弗吉尼亚议会被强行解散。但是，弗吉尼亚革命派的议员们不甘心失败，89 名议员于 5 月 28 日重新集合到威廉斯堡若黎酒店的阿波罗大厅，决定继续声援波士顿，并决定成立省议会（provincial congress），负责管理弗吉尼亚的事务。8 月 1 日，省议会第一届大会在威廉斯堡正式召开。弗吉尼亚的政权开始转入革命派手中。在弗吉尼亚的带动下，各殖民地利用有利的革命形势，纷纷与保守派及王党分子展开斗争。到 1774 年底，大部分殖民地都在驱逐原总督的基础上，建立了自己的省议会，它们的大致顺序是：

6 月：马里兰。

7 月：宾夕法尼亚、新罕布什尔、南卡罗来纳、新泽西。

8 月：北卡罗来纳、特拉华。

10 月：马萨诸塞。

康涅狄格与罗得岛因从开始起就是自治殖民地，它们的政府都是民选的政府，与新建的省议会相差无几，因此没有进行改组。佐治亚和纽约殖民地又由于保守势力过分强大，也没有达到建立省议会的目的。

省议会的建立是把殖民地人民组织起来进行抗英斗争的重要一步，也是殖民地人民走上独立道路的重要一步。接着而来的就是改组城镇地方政权，制定宪法，宣布独立。早在 1775 年秋，在第二届大陆会议召开期间，马萨诸塞的代表约翰·亚当斯与弗吉尼亚代表理查德·亨利·李经常会晤，讨论有关制定宪法、研究如何变殖民地为独立国等问题。1775 年 11 月 15 日，约翰·亚当斯又在一封致弗吉尼亚友人的信中建议他们制定宪法，并提出宪法应包括的主要内容，如财产资格选举制、两院制、政府领导人产生的原则及其职权等。1776 年 1 月，约翰·亚当斯还就各殖民地制定宪法以及如何由原来的殖民地政府改组为新政府等问题，同当时著名的法学家、威廉-玛丽学院教授乔治·辉泽（George Wythe）进行了充分的讨论。[5] 后来经过整理，以《政府论》一书公开出版。它与同年同月出版的潘恩的《常识》一起被誉为轰动殖民地的两本著作。《常识》一书在动员殖民地人民拿起武器与英决裂上起了巨大作用，而约翰·亚当斯的《政府论》又更加具体地提出了建立新政权的模式。它们对于鼓舞殖民地人民积极投入独立战争、建立资产阶级"民主""自由"的国家起了不可估量的作用。

在革命高潮的形势下，从 1776 年 3 月开始，各个殖民地又进入宣布独立的阶段。南卡罗来纳一马当先，3 月 26 日，省议会便通过了宪法，宣布独立，在选举的基础上建立了自己的政权。约翰·亚当斯称它是一个"唤醒并鼓舞全美洲大陆的事件"。[6] 接着新罕布什尔、新泽西等亦紧紧跟上。但是，其中最有影响的要算弗吉尼亚独立的宣布。其主要过程是：

5 月 15 日，弗吉尼亚省议会做出了关于独立的决议。该决议首先陈述了英王乔治三世及英国政府对殖民地人民所犯的罪行，进一步说明实行独立的必要性与正义性。最后，在 120 名代表一致同意下，表决通过了两项决定：（1）责成弗吉尼亚在第二届大陆会议的代表向大会建议"宣布这些联合殖民地为自由、独立的国家，解除与大不列颠国王或国会的一切隶属或依附关系……"；（2）准备弗吉尼亚的《弗吉尼亚权利宣言》。

6 月 12 日，弗吉尼亚公布《弗吉尼亚权利法案》。这是一个关于资产阶级人权的法案，亦称《弗吉尼亚权利宣言》。法案共 16 款，从天赋人权与社会契约论出发，举凡资产阶级的基本权利如生命、财产、自由、幸福与安全的保证等均被列入。[7]

6 月 29 日，《弗吉尼亚宪法》正式通过。这部宪法共分 22 款。第一款列举英王乔治三世的主要罪状，在此基础上正式声明"与大不列颠断绝一切关系"。第三款规定三权分立的原则。其余各款主要规定两院制，成立国务院、各部门及政府首脑职责、选举制以及弗吉尼亚的边界等。其中第十八款还特别规定它的正式名称是"弗吉尼亚共和国"（Commonwealth of Virginia）。[8]

在英国殖民统治尚未被摧毁之前、保皇派势力还很猖獗的情况下，弗吉尼亚的资产阶级领导人依靠群众，敢于冒天下之大不韪，在如此险恶的环境里，经过艰苦的斗争一步步地终于在弗吉尼亚建立起一个按照资产阶级原则组成的共和国。弗吉尼亚领导人这种敢于革命的勇气和坚韧不拔的精神以及在建立弗吉尼亚共和国中的一整套做法——从召开代表大会、制定《弗吉尼亚权利法案》到通过宪法、采用共和国的名称等，都为后来者提供了经验。

弗吉尼亚的资产阶级领袖们不但在本地区引导群众进行反英斗争，而且在斗争中建立了弗吉尼亚共和国，同时，他们出席第二届大陆会议的代表，与其他殖民地的代表们一起在推动 13 个殖民地共同宣布独立、起草并通过《独立宣言》方面也做出了很大贡献。

6 月 7 日，弗吉尼亚在第二届大陆会议的代表理查德·亨利·李受本殖民地委托在大会上提出动议，要求就发布 13 个殖民地的独立宣言、与外国缔结同盟关系和建立"邦联"等问题进行表决。他的动议立即得到约翰·亚当斯的赞同。在关于发布《独立宣言》问题上，虽然与会代表多数是独立的拥护者，然而也有不少人态度暧昧，也有少数观望者与反对派。当时还有为数不少的殖民地尚未毅然彻底同英国决裂，达到宣传建立独立共和国的程度。因此，在 6 月 7 日的会上，虽然对理查德·亨利·李的动议进行了激烈的辩论，但还是未能通过。最后，采纳了中部殖民地代表的建议：由于目前"脱离英国而独立的时机尚未成熟"，决定推迟 3 周到 7 月 1 日再行讨论。在此期间，殖民地的形势又发生了重大的变化：

6 月 14 日，特拉华与康涅狄格同时宣布成立共和国。6 月 15 日，新罕布什尔共和国宣告成立。同日，新泽西将其亲英派首领赶下台，撤回了派往第二届大陆会议的保守派代表，代之以激进派代表。6 月 28 日，马里兰共和国宣告成立……

各殖民地先后宣告独立的事实、第二届大陆会议代表成分的改变等，都为《独立宣言》的顺利通过创造了前提。因此，7月2日，当杰斐逊执笔的《独立宣言》提交大会讨论通过时，仅用了一天多的时间于7月4日便获得通过。自然，它的最后的被确认还需要经历一个更长、更为深刻的革命过程。

以研究美国革命著称的伍德教授在分析《独立宣言》制定的情况时也承认："由大陆会议草拟的《独立宣言》实际上是'北美联合起来的十三国宣言'，它宣布的是作为'自由、独立的国家，他们有权宣战、媾和、结盟、建立商务关系，或采取其他一切凡为独立国家所应采取的行动和事宜'。尽管当时人都在谈论联合，但是在1776年几乎没有什么人想去建立一个单独且完整的大陆共和国。"[9]美国另一位著名史学家布尔斯廷也证明说："独立战争所创造的不是一个国家，而是13个。"[10]他们的分析是符合美国历史发展的实际情况的。

三

1823年8月30日，杰斐逊在致麦迪逊的一封信中曾回忆他在起草《独立宣言》时的情况：他当时是在手头一无图书、二无现成小册子的情况下写出来的，其中所表述的思想都是当时在殖民地中间流行的看法和思想情绪，没有什么"新意"在内。[11]其后，1825年5月8日，他又在致理查德·亨利·李的信中也谈到了类似的思想情况。他说，他写《独立宣言》的目的"不是去寻求那些过去从未被人们思考过的新原则，或是新观点，也不是仅仅为了说明那些过去未曾表述过的问题，其目的只是为了把有关这方面的常识置于人们的面前……"。[12]杰斐逊所说这种用当时人的一般思想来表述问题的方法，对于我们今天如何去正确理解《独立宣言》的内容也是一个重要的启示。既然杰斐逊起草的《独立宣言》是当时一般人思想状况的反映，是那时大多数人都具有的"常识"，那么我们就有必要考察一下当时人对殖民地的联合、对国家的理解，这或许对我们解决这一问题会有所帮助。

首先，从现有材料看，如前述伍德教授分析的那样，13个殖民地人民中就其大多数来说，直到1776年《独立宣言》发表的时候也还没有把殖民地联合成一个整体、建立一个统一的美利坚合众国的要求与愿望。这也是当时一般人的"常识"。的确，在北美 13 个殖民地的历史上，为了某种共同的利益，也曾不止一次地出现过联合行动。如在 1754 年由富兰克林倡导的共同对付印第安人的"阿尔巴尼联盟"、1765 年的反印花税法大会等，但这些都是暂时性的同盟组织，其目的一旦达到便宣告解散。即使在 1774 年召集的第一届大陆会议和 1775 年召集的第二届大陆会议，其最终目的也是为了协调与组织各殖民地联合对付英国，并没有作为一个长期组织永久存在下去的打算。

其次，从"联合殖民地"（united Colonies）发展成为"联合起来的国家"（united States），也并不意味着一个统一国家的建立。从现有材料看，"联合殖民地"一词在 1774 年的第一届大陆会议时便已开始使用，后来逐渐成为一个流行的称呼。但它也只不过是作为一个联合起来的殖民地共同行动的名称而已，并不意味着一个新的国家的建立，更不是一个国家一级的组织。随着革命的深入，在各个殖民地逐个宣布独立并分别建立起共和国的情况下，"联合殖民地"一词显然已落后于形势，用一个更为适合的名词去代替它已提到日程上。约翰·亚当斯在他的《自传》中，曾对 1775 年时他的思想状况有过如下描述：最近以来，我打心底里厌恶的"省""诸殖民地""母国"中的一词总算给剔除了，但是，另两个字眼仍旧保留。[13]1775 年 11 月，他又提到他在努力使"殖民地"（Colony）与"诸殖民地"（Colonies）等词句从文件中勾销，而用"国"（State）和"诸国"（States）等词来代替，[14]还表示准备用"美洲"（America）一词来取代"殖民地"（Colonies）一词。[15]约翰·亚当斯的这种思想，是当时的一种进步思潮的反映，也可以说是当时先进分子中普遍存在的"常识"。1776 年 5 月 10 日，弗吉尼亚省议会关于"宣布联合殖民地为自由、独立的国家"的决议，和同年 6 月 7 日理查德·亨利·李在第二届大陆会议上关于要求"这些联合殖民地从此成为，而且理应成为自由、独立的国家"的动议等，也正是上述思潮的反映。杰斐逊正是把当时人用"国"来代替"殖民地"的思想，也即当时人的"常识"写进了他所草拟的《独立宣言》。了解这个背景与过程，也有助于我们对《独立宣言》中"自由、独立的国家"那句话做一个正确的理解。

麦迪逊在 1780 年时还预示，殖民地这种联合的前景很难持续到独立战争之后，然而北美殖民地时期的历史表明，他的预言是错误的。但是，麦迪逊的看法却向我们揭示了这样一个事实，即由联合殖民地发展而来的十三国联合，是一个暂时的联合而不是一个永久的国家。正是由于《独立宣言》

所说的联合是一个暂时性的，所以才有 1781 年《邦联条例》郑重声明的十三国之间的"永久联合"即"美利坚合众国"，并进而有 1787 年《联邦宪法》所规定的"更加完善的联合"。这是美国建立国家过程中的三部曲，而《独立宣言》严格说来是建国的前奏。

最后，在当时人的思想中，他们所争取的独立，首先在于争取本地区、本殖民地的独立，变本殖民地为独立共和国。殖民地人民长期以来所接受的洛克和孟德斯鸠等启蒙思想家的思想影响，和他们狭隘的地区观念是结合在一起的。一般地说，他们对政府的理解过于狭小，而对人民主权的理解也往往看作个人的主权，在这种思想支配下，在他们看来，共和国的规模愈小，愈容易实行民主制，而统治的中心距离人民愈远则愈容易造成压迫与集权。他们的目标是建立一个小规模的"地方政权"。[16]在革命进程中建立的独立共和国，正是上述思想的体现。

同时，从当时人的记载来看，凡属讲到"我们国家"一词时，都是指具体的殖民地所建的国家而言。如约翰·亚当斯在谈到"我们国家"时，指的就是"马萨诸塞"海湾国，他们把派往第二届大陆会议的代表称"大使"。《独立宣言》起草人杰斐逊经常挂在嘴边的一句话就是"先生阁下，弗吉尼亚是我的国家"。[17]

从以上初步分析可以看出，无论从《独立宣言》的字面上看，还是从它的历史背景和当时人的记载和思想状况来看，显然把《独立宣言》的发表说成是美利坚合众国诞生的标志是不够确切的。为什么会产生上述的理解呢？我考虑，主要原因有三：一是受早期介绍美国情况的著作的影响。从现有资料看，我国最早介绍美国的书，当推清代乾隆年间由谢清高口述而经他人撰写的《海外番夷录》一书。其后，1838 年，美国传教士高理文撰《美理哥合省国志略》是第一部较为系统地介绍美国情况的书籍，也是我们了解美国情况的最早来源之一，在我国产生了较大影响。后来还陆续有一些资料与书籍出版。但是直到新中国成立前为止，凡属介绍美国情况的书籍大多有一个共同点，即为了使中国读者便于了解，他们经常使用中国人所习惯的字或词去附和美国情况，甚至有的还用中国的制度去硬套美国的制度，结果就出现了高理文的那种"美理哥合省国"的似是而非的译法。这种影响一直到现在还不能说是完全消除了。二是翻译作品的影响。大量的关于美国革命的翻译作品，注意文字技巧多，语言的精确性注意不够，再加上脱离历史情况使用了一些从清朝以来就使用的术语，反过来又造成了目前理解上的不准确。三是没有把殖民地时期的历史与《独立宣言》发表前后的历史联系起来进行研究。

另外，我们史学工作者还往往把 7 月 4 日美国为庆祝《独立宣言》的通过而规定的"独立日"说成是美国的"国庆节"，这是否也是上述原因造成的另一个误解呢?!

注释：

［1］《马克思恩格斯全集》，人民出版社，第 16 卷，第 200 页。

［2］《邦联条例》第 1 条，译文见谢德风等译《一七六五——一九一七年的美国》（《世界史资料丛刊初集》），商务印书馆 1962 年版，第 9 页。

［3］［4］转引自 J. R. 波尔《独立的决定》，纽约，1975 年英文版，第 3 页。

［5］H. S. 康玛杰等编《七六年精神》，纽约，1975 年英文版，第 393 页。

［6］参见《约翰·亚当斯致詹姆斯·沃仑的信》（1776 年 4 月 22 日），原文载 S. E. 莫里森主编《美国历史文献汇编（1764～1788)》，牛津，1923 年英文版，第 146～148 页。

［7］参见《弗吉尼亚权利法案》，第 149～151 页。

［8］参见《弗吉尼亚宪法》，第 151～156 页。

［9］B. 贝林等：《伟大的共和国》，马萨诸塞，1981 年第 2 版英文版，第 228～229 页。

［10］D. J. 布尔斯廷：《美国的民族经验》，纽约，1959 年英文版，第 405 页。

［11］［12］同［3］，第 300 页。

［13］［14］［15］J. R. 波尔：《美国革命（1754～1788)》，伦敦，1970 年英文版，第 411～412 页。

［16］J. R. 波尔：《美国独立的基础（1763～1815)》，伦敦，1973 年英文版，第 184 页。

［17］转引自 R. 凯利《美国历史的建立》，新泽西，1973 年英文版，第 124 页。

（原载《世界历史》1985 年第 1 期。选自北京大学历史学系世界史专业编《北京大学百年校庆世界史文集》，北京大学出版社 1998 年版，收入本书时，略作修改）

关于培根"起义"的提法问题

　　1676 年，英属北美弗吉尼亚殖民地爆发的培根事件是弗吉尼亚殖民地的一件大事，也是英国斯图亚特复辟王朝的一件大事。在美国出版的早期史著作中，上至大中学校的历史教科书，下至历史辞典、历史百科全书等工具书，都有详略不等的介绍，至于专门著作、专题论文更是与时俱进，不仅数量多且具时代色彩，从 17 世纪 70 年代直到今天可以说从未终止过。然而，对培根事件的提法，在中美史学家的著作（含翻译著作）中却截然不同。一般说来，美国的史学家们自始至终的提法都是培根"叛乱"；在我国，中华人民共和国成立后的出版物除个别著作外都是用培根"起义"的提法。究竟哪种提法更贴近北美殖民地历史的实际？这是本文所要探讨的问题。

　　首先谈培根"叛乱"一词的由来。培根"叛乱"（Bacon's rebellion）一词首见于弗吉尼亚总督伯克莱于 1676 年 5 月 10 日颁布的《声明》中。《声明》称，培根未经总督同意而率众讨伐印第安人的行为为"培根叛乱"，并撤销他的弗吉尼亚大会委员一职。从此，"培根叛乱"的提法便与他反对伯克莱，特别是反对伯克莱制定的"保护"印第安人的政策连在一起。

　　伯克莱的全称是威廉·伯克莱（William Berkeley，1606 - 1677），生于英国伦敦附近，青少年时在著名的牛津大学学习，1624 年获学士学位，1629 年获硕士学位。由于他是忠于英王室的保皇派，1639 年被英王查理一世册封为骑士。1642 年，受英王指派赴北美弗吉尼亚殖民地任总督。英国克仑威尔统治时期被解除职务。1660 年，英王查理二世复辟后，他又官复原职。在他任总督前期，1644 年镇压了印第安人的反抗，并迫使印第安人与之签订《和平条约》，并划界为定，不得逾越。《和平条约》开了圈定印第安人保留地的先河。与此同时，伯克莱还推行维护大种植园主利益的政策，如免除其捐税、授予高官位置、允许暗中与印第安人进行皮毛贸易获取巨额利润等。随着英国斯图亚特王朝复辟后对他的重新任命，他更加独断专行，实行独裁统治，使弗吉尼亚变成了他个人及一小撮大种植园主谋取私利的工具。

培根最初是伯克莱政权的受益者，而后成为背叛者。纳撒尼尔·培根（Nathaniel Bacon，1646－1676）生于英国索福克（Soffolk）一个富有的绅士家庭，曾在英国名校剑桥大学学习法律。他虽聪明，但坐不住冷板凳，在那里学习了两年半后，他父亲认为他不是学习的材料，令他退学，并给了他1800英镑，把他打发到北美发展。1674年，他带上父亲的赠予，偕同妻子登上了驶往弗吉尼亚的烟草船来到北美，时年28岁。

在那里，他受到了姻表兄伯克莱总督和另一位本家堂兄、英王室贵族培根的热情欢迎。当他表示希望在弗吉尼亚的边疆安家立业时，伯克莱想方设法帮他从托马斯·巴拉德手上买下了詹姆士河岸亨里克（Henrico）地方占地1230英亩的烟草种植园及耕种的奴隶。当他表示有意同印第安人做皮毛生意时，又是伯克莱给了他暗地同印第安人做买卖的特许。从此，他干起了亦农亦商的种植园主的行当。1675年3月，伯克莱还为其谋了他手下的委员会委员的官差。伯克莱想尽一切办法照顾他，拉拢他，使之成为伯克莱小圈子中的一员。然而，培根却走上了反叛的道路。

17世纪五六十年代，弗吉尼亚又出现了新的移民高潮。英国移民人口迅速增长，以1640年为例，当时弗吉尼亚的英国人仅为8000人，到1670年增长为40000人。相反，印第安人经过英国人的多次讨伐、洗劫、杀戮之后，人口锐减，从之前的10000人至1670年仅余3000～4000人，其中有战斗能力、能持枪作战的只有725人，最强壮者也不过90人。在人口上的一增一减，为英国人进一步越过"边疆"夺取印第安人的土地增加了勇气与力量。伯克莱在1671年曾扬言：如今印第安人已成为绝对的顺民，不必怕他们。再加上大量契约奴转为自由人，需要开辟新土地养活自己，边疆地区的中小种植园主也都虎视眈眈地盯着印第安人的土地。他们共同对土地的渴求与对伯克莱实行的有利于大种植园主的政策的不满，以及天灾带来的歉收、近年来烟草市场价格下跌、《航海法》给人们带来的灾难等，都为培根的反叛准备了条件。培根和他所代表的中小种植园主、期望获得自由和土地的契约奴等的斗争目标明确：抢占印第安人的土地。为此要扫除达到这一目标的障碍：伯克莱，特别是他与印第安人在1646年达成的《和平条约》中规定的不准逾越"边疆"界线的内容。

进入 70 年代，白人因与印第安人抢占土地而遭报复的事时有发生。如：1675 年 7 月，一小批印第安人因向当地英人讨还购物赊账，未成，转而偷了英人猪圈中的活猪以示报复，英人反过来杀死数名印第安人以泄愤。如此循环往复的恶性事件，在边疆地区屡见不鲜。1676 年爆发的培根事件便属此类情况。先是，培根为报印第安人杀戮白人之仇，欲举兵进攻印第安人。他请示伯克莱正式任命他为讨伐印第安人的统帅，遭伯克莱拒绝。一怒之下，他带着他的边疆志愿者自行讨伐印第安人去了。伯克莱带领由种植园主组成的、装备精良的武装人员 300 余名，直奔培根的种植园所在地亨里克，捉拿培根。培根率领他的志愿者遁入深山老林，继续对印第安人作战。5 月 10 日，伯克莱发表声明，正式宣布培根"叛乱"，并撤销他在委员会中的委员席位。这是伯克莱对培根不服从指挥、擅自攻打印第安人的定性与惩罚（也是对培根违背伯克莱意志而追剿印第安人的最终定性）。培根戴着这顶"叛乱"的帽子走完了他短短的一生。

1676 年 6 月是培根"叛乱"的高峰。这个月，培根以新当选的代表身份到首府詹姆斯敦参加弗吉尼亚会议。为安全计，他还带来了 40 位武装人员。面对这一阵势，伯克莱害怕了，表示捐弃前嫌，"原谅"培根，并同意任命他为讨伐印第安人的统帅，还恢复了他被撤销的大会委员职务。然而，当培根等待正式任命的时候，得知伯克莱对他的任命是假，实为想谋害他的一个圈套，他立即离开了詹姆斯敦。

弗吉尼亚代表会议于 6 月 5～25 日召开。由于选举名额的扩大和代表成分的变化，参加会议的代表以拥护培根的人占多数，充分体现了"培根精神"。这次会议通过的《六月法令》（Law of June）又称《培根法令》。《六月法令》共分 20 款，把针对印第安人的条款列为头三款。如第 1 款称："……当前正在进行的战争是反对野蛮印第安人的战争……印第安人是我们的敌人。"第 2 款是关于同印第安人贸易问题的条款。第 3 款是关于印第安人土地的处理问题等。其余各款都是关于消除当前社会政治弊端的措施与内容。当会议进行到 6 月 23 日时，培根突然回到詹姆斯敦。伯克莱本打算集结兵力给培根来个下马威，但是他没来得及将军队集结来，只好回到会场静待培根的到来。当培根到来后，他问培根的打算是什么，培根直截了当地大喊："任命。要在我离开之前，一定要得到正式任命。"伯克莱暴跳如雷地冲出会场，当众大声宣布，培根是叛乱者，不同意他的请求。经过斗争，6 月 23 日，培根得到任命，次日离开詹姆斯敦，继续前往讨伐印第安人。7月下旬，当他得知伯克莱解散代表会议，重新又宣布培根为叛乱者的消息后，他率兵返回詹姆斯敦，占领该城。8月初，培根在中部种植园（即威廉斯堡）开会，拟扩充援军，并整顿军纪。伯克莱重新占领詹姆斯敦。9月19日，培根再次将詹姆斯敦收回到自己手中，为防止伯克莱卷土重来，次日天黑，培根放火烧了该城。正当培根走向全面胜利时，10月26日，培根突然得急病死去。他的军队也同时溃散。伯克莱又重掌詹姆斯敦。

培根起义图

伯克莱利用重新执政的机会，首先用酷刑杀死培根"叛乱"首领21人。这个数目使查理二世咋舌。之前，查理二世曾派船11艘，精兵上千，前往弗吉尼亚镇压"叛乱"，并派两名高官调查培根"叛乱"的原因，任命一名新弗吉尼亚总督代替伯克莱。伯克莱因治理殖民地不当被解职回英。回英前，伯克莱曾上书英王为自己辩护。到英不久，还未等到英王看他的信件时，伯克莱也一命呜呼了（1677年7月9日）。

以上就是培根"叛乱"的前前后后，是判断培根"起义"或培根"叛乱"的主要历史根据。伯克莱虽然死了，但是他给培根反印第安人和伯克莱的事迹贴上的"培根叛乱"标签却一直沿用到今天。以培根叛乱为主题的名家专著，如罗伯特·贝弗利《培根叛乱的原因》（Robert Beverly, *Cause of Bacon's Rebellion*），乔治·班克罗夫特《弗吉尼亚之大叛乱》（George Bancroft, *Great Rebellion in Virginia*），威尔科布·E. 沃什伯恩《总督与叛乱者：弗吉尼亚的培根叛乱》（Wilcomb E. Washburn, *The Governor and the*

Rebel：*A History of Bacon's Rebellion in Virginia*）等，标题中都出现了 "叛乱" 字样，至于内容上，凡涉及这段历史者毫无例外地均采用培根 "叛乱" 的提法。

而新中国成立后，我国对这段历史普遍使用的培根 "起义" 这一提法，值得商榷。培根 "起义" 如单指反伯克莱，而不涉及印第安人问题，还可以解释得通，但联系到培根对印第安人的态度，他始终以印第安人为敌的行为，更何况培根 "起义" 的核心内容是剿灭印第安人，占领他们的土地，这决不是用 "起义" 二字说得通的。

（原载《史学月刊》2008 年第 2 期，收入本书时，略作修改）

略论美国殖民地时期的教育

美国殖民地时期的教育，是当时社会文化的一个重要组成部分，它的建立与发展又同当时社会经济政治的发展息息相关。这个问题以往很少受到史学界重视，本文就此做一初步的介绍与分析。

—

新英格兰是美国殖民地时期教育最发达的地方，这里学校建立的时间较早，而且学校的种类、数目以及居民当中受教育的比例等，都居于 13 个殖民地之冠。其发轫与清教徒移民实现其宗教改革的夙愿是分不开的。他们决心在北美土地上建立一个模范的、能真正体现清教精神的社会。为此，他们十分重视清教徒及其后代的教育工作，把建立清教殖民地与培养具有一定文化、能较深刻理解清教教义、发展新教事业、最终完成宗教改革等紧密地结合起来，并把它们看作一项带有根本性的措施。因此，当第一批清教徒移民在马萨诸塞殖民地立定脚跟后，对移民及其子女的教育问题便提上日程。

1635 年春，波士顿地区公民决定成立学校并选举传教士斐利·帕汉特为负责人及教师，这是殖民地时期建立的第一所学校。

最初，学校数目很少，规模也不大，教育儿童的任务主要由家长负责。同时，清教又把教育儿童视为实现其宗教理想、巩固清教殖民统治地位的重要手段。因而，这种教育是带有强制性的。1642 年，马萨诸塞地方议会通过的第一个学校法令规定，当地所有儿童的家长都负起教育儿童学习、劳动及其他就业本事的责任，"特别是要培养他们读懂教义和主要法律条文的能力"，[1]并责成地方官管理此事，对玩忽职守的人则处以罚款或其他惩治。1647 年，马萨诸塞地方议会又通过第二个学校法，进一步把儿童教育及青少年教育完全置于地方城镇管理之下。该项法令规定：凡拥有居民 50 户的城镇都要配备一名教师负责该地区儿童的读、写教育；凡拥有居民在百户以上的城镇，都要按照英国模式设立拉丁文法学校，培养准备进入高等院校学习的青年，违者处以 5 英镑的罚款，1671 年，提高为 10 英镑[2]。对儿童及青少年教育从个人的家长负责制到公共的地方负责制，是殖民地教育的一大进步。马萨诸塞殖民地在 40 年代制定的两部学校法，成为日后其他新教殖民地教育法的范本。

一般说来，殖民地时期的学校分为四种，即儿童识字班、小学、拉丁文法学校和高等学院。这四种学校都发轫于新英格兰。

儿童识字班：主要是为学龄前儿童开办的学习班，教师除教学生识字外，还讲解一些有关清教内容的故事。这种班在一定程度上具有为家长照顾幼儿的性质，实际上是一种小学与幼儿园的结合体。教师的薪给或由学生家长共同负担，或由地方城镇补贴。

小学：主要是教授儿童读、写、算等三项基本功。清教徒认为，能读懂圣经、听懂传教士讲道、能写会算，具有一定的谋生手段，是每一个严肃、勤劳、虔诚清教徒的本分。大多数小学采用英国伦敦出版的《新英语初阶》为课本。此书从 1690 年起改由波士顿出版，这是英属北美殖民地出版的第一本教科书，内容结合识字教育儿童敬畏上帝、服从父母、不做坏事等。作为小学课本，此书在殖民地风行达百年以上，几代人的孩童时代都是在读这本书中度过的，影响深远。

拉丁文法学校：实际上是以培养传教士为主要目的的高等学院的预备学校。这种学校多系私人举办，学费昂贵，学制通常为 7 年，入学年龄一般从七八岁开始。学习的主要科目是圣经、旧福音书、拉丁文、希腊文和古典作家的作品，有的学校还学一点希伯来文，借以从古典作品和各个时期圣经的原本中求得对圣经的真正了解。1655 年，哈佛学院对新生入学资格的要求是：具备一定的拉丁文水平，能用散文体和诗体的拉丁文讲话、阅读及写作；具有阅读古罗马著名政治家和演说家西塞罗（公元前 106 ~ 前 43 年）及古罗马诗人维吉尔（公元前 70 ~ 前 19 年）和其他古代作家作品的能力；能读懂希腊文圣经[3]。

除上述三种学校外，在新英格兰还存在其他形式的学校，如专门训练秘书与会计的读写算学校、纺织学校、航海学校等。进入 18 世纪后，随着城市的发展与人口的增长，为解决一些远离城镇中心居民子女上学的困难，又有一种"流动学校"出现。这种学校只有一名教师和少量书籍，教师亲自携带书籍依次到那些偏僻的地方进行巡回教课。

南部经济发展远比北部落后，学校教育也是这样。公立小学入学的多属贫穷人家子弟或失去父母的孤儿。一般种植园主的子弟多半进私立拉丁文法学校，学习古典的学科，为进高等学校做准备。至于大种植园主往往单独雇用家庭教师，在家中进行单独教学，也有少数大种植园主把子弟从小送往英国学习。南部的教师多由有文化的契约奴或奴隶充当，据载："截至革命前，马里兰有三分之二的教师都是来自契约奴或其他罪犯。"[4]

中部殖民地的教育由于移民的国家与宗教背景不同等原因，教育情况也差别较大。一般而论，中部殖民地教育最早开始于荷属尼德兰。早在 1637年，荷属西印度公司的薪给名单中便列有一名教师的名字。由于荷兰人对经营商业看得重于一切，对教育事业重视不够，及至转入英国统治后，情况也没有多大变化，只有在新英格兰人搬入的城镇才有几所学校。到 1762 年，纽约虽拥有 10 所英文学校、2 所荷兰文学校、1 所法文学校和 1 所希伯来文学校，但都系私人创办的为培养少数富家子弟而设的学校。

但是，在教友派控制的宾夕法尼亚殖民地情况又有所不同。教友派非常重视他们的子女教育，尤其注意实用教育。宾夕法尼亚的创始人威廉·宾在最早规划宾夕法尼亚殖民地政府结构时就一再强调开办公立学校，并要求当地孩童在到达 12 岁时都要学习一门有用的行业与技术，因此职业教育比较发达，特别是费城，设有簿记、航海、音乐、舞蹈，绘画等职业学校以及各类外语学校，开设语种课程达 18 门之多。此外，还有专门为学徒与工人开设的夜间私人补习学校、为妇女开办的缝纫学校等。

二

高等学院的建立也是殖民地时期教育史上的大事。马萨诸塞不但是殖民地时期初等及中等教育的发祥地，也是高等教育的发祥地。1636 年马萨诸塞殖民地议会通过法令，拨款 400 英镑在该地建立高等学院并选择波士顿附近的新城为校址，后据英国大学城剑桥的名称，改称为坎布里奇，至今仍沿用这一名称。两年后，一个名为约翰·哈佛的牧师，死后遗嘱把他的财产半数和全部图书捐赠给这一新成立的学院。为纪念他，学院从 1639 年起改名为哈佛学院至今。

约翰·哈佛雕像

哈佛学院的建立标志着美国高等教育的开端。最初，它办学的目的主要是为清教殖民地培养忠于清教事业的传教士。17世纪60年代末，哈佛学院的培养目标又扩大为中学教师、地方行政官吏及其他行业的职员等。课程设置、学习方式和学生生活安排都深受英国牛津、剑桥两所大学的影响。学制为3年。课程设置包括：拉丁文、希腊文、希伯来文、逻辑学、伦理学、修辞学等。实行英国式的导师制，即学生从入学到毕业期间全部课程由一位教师负责的制度。教师也多从英国聘来。学习时间较长，学生终日在课堂中度过。由于哈佛学院严格的学习生活、浓厚的宗教气氛以及马萨诸塞殖民地典型的清教社会环境，英国许多清教徒家庭不顾远涉重洋之苦而把他们的子弟送往该院学习。

1693年，威廉-玛丽学院的建立是南部殖民地教育史上的一件大事。从此，南部有了自己的高等学院。该学院属英国国教安立甘派。建校的目的最初也是以培养神职人员为主。课程设置的原则与哈佛学院相同。该院建校后，大多数贵族子弟改到这里学习。美国革命年代的政治活动家、《独立宣言》的起草人托马斯·杰斐逊就是该院毕业的。1701年，康涅狄格殖民地也建立了高等学院——耶鲁学院，它与哈佛学院、威廉-玛丽学院一起是殖民地时期建立最早的三个学院。

殖民地时期的高等教育发展到 18 世纪 40 年代进入一个新阶段。新阶段的第一个标志是各主要殖民地都建立了自己的高等学院。18 世纪 20 年代之后，在殖民地掀起了具有一定规模的对各个教派理论进行探讨的高潮，即所谓"大觉醒"运动（1726~1756 年）。为了使自己教派理论能站得住脚并得以发扬光大，每个教派都迫切需要一大批既懂宗教理论又能进行研究与传教的传教士，这种需要进一步推动了大学的建立。同时，哈佛学院、威廉－玛丽学院、耶鲁学院三所高等学院的建立也使其所在的殖民地获得荣誉；加之，在 18 世纪 40 年代之后，一些殖民地的经济日趋繁荣，有了自己的办学能力，一些家长也有能力负担自己子女的学费，因此在 18 世纪 40 年代之后一批新的高等学院——新泽西的普林斯顿学院（1746 年）、费拉得菲亚的宾夕法尼亚学院（1749 年）、纽约的哥伦比亚学院（1754 年）、罗得岛的布朗学院（1764 年）、新泽西的罗切斯特学院（1766 年）和新罕布什尔的达特摩斯学院（1769 年）在其他殖民地的中心相继建立起来。由于费用昂贵，入学者仅限于少数富裕人家的子弟，广大贫苦人民的子弟、黑人、印第安人等都被排除在大学的门外。

进入新阶段的第二个标志是突破了传统的课程设置与教学体制。随着欧洲自然科学、哲学以及启蒙思想在新大陆的传播，给殖民地高等学院带来很大影响。它反映在课程设置上，是突破了以宗教课程为中心的传统课程设置，开始加进自然科学、历史（主要是古代历史）以及英文、德文、法文等现代语言。1727 年，哈佛学院开始增设数学及物理学。同年，威廉－玛丽学院也开始提出类似要求。到 18 世纪 50 年代，耶鲁大学开设了自普通数学到几何学、代数学、二次曲线方程、微积分等的数学课，并添置了理科仪器设备。普林斯顿学院在 18 世纪 50 年代后开设的自然科学课程占该校开设全部课程的 1/3 到 1/2。宾夕法尼亚学院在 40 年代末还开设了农学课，60 年代并逐步开设了同医学有关的解剖学、心理学、化学。同时期，哥伦比亚学院也开设了类似的课程，并单独成立了医学系。美启蒙运动者本杰明·富兰克林也极力主张把大学办成一个着重实用的、不分教派的学府，他在为大学设计的课程规划中十分强调现代英语、数学、天文、地理、历史、政治、逻辑、道德等学科的学习[5]。课程的多科发展，使英国式的导师负责制为由每个教授负责讲授一些门类相似课程的教授负责制所代替。学制也从 3 年延长为 4 年。

进入新阶段的第三个标志是高等学院打破了传统的沉闷而浓郁的宗教气氛，开始出现活跃的政治空气。"大觉醒"运动中出现的争辩、启蒙运动带来的"自由""平等"思想，以及殖民地社会各阶层反抗英国殖民统治的活动等也都反映到高等学院中来，并渗透到教学中去。例如18世纪50年代末，耶鲁大学阿里生教授在讲授伦理课时就公开声言，当政府变成了公众自由与安全的破坏者时，老百姓就有权"推翻滥用职权的政府，把保护他们自己的权利永远掌握在人民手中"[6]。60年代末，当魏泽斯普教授在普林斯顿学院讲授上述课程时，用了一半的时间去阐明当时的政治问题。除讲课外，高等学院为学生开设的讨论课程也有大量政治性很强的题目，如"政府就其最初的起源是否是建立在人民许可的基础之下的？""人民的呼声是否反映了上帝的意旨？""一个专制独裁的政府是否就是一个正义的、合乎理性的政府？""人民是他们自己权利与自由的唯一判断者吗？"1769年，罗得岛学院的答辩会上甚至提出了"英属北美殖民地能否在当前情况下通过一种政策使之成为一个独立的国家？"这一类非常尖锐的问题。特别是在1765年印花税法公布之后，学生们反抗英国殖民统治、争取自由平等的情绪普遍高涨。学生成立的社团如雨后春笋，各种讨论会、辩论会、演讲会到处皆是。1765年，在新泽西学院举行的毕业典礼上，学生们都穿起了殖民地自织土布做成的衣服，用实际行动抵制英国货。1768年，哈佛学院也采取同样行动。革命前夕，学校特别是高等学府已经成为一个培养为资产阶级革命服务的知识分子阶层的重要阵地。

由上可见，在英属北美殖民地，随着经济的发展和民族意识的增长，与之相适应的教育体系也逐步成长起来，成为实现政治任务的一项有力武器。

注释：

[1]《1642年学校法》。转引自 D. H. Wake 编《美国殖民地时期历史文献》，纽约，1966年英文版，第230页。

[2]《1647年学校法》。同上引书，第231页。

[3] 参阅 L. A. Cremin《美国殖民地时期的教育，1607～1783年》，纽约，1970年英文版，第185页。

[4] L. B. Wright：《美国殖民地时期的文化生活》，纽约，1957年英文版，第101页。

[5] C. P. Nettels：《美国文化的根源》，纽约，1963 年英文版第 2 版，第 493 页。

[6] L. A. Cremin：《美国殖民地时期的教育，1607～1783 年》，纽约，1970 年英文版，第 220 页。

（原载《历史教学》1982 年第 11 期。选自杨生茂等编《美国史论文选》，天津人民出版社 1984 年版，收入本书时，略作修改）

第二编　中美关系史论

美国"中国皇后号"来华问题研究

1784年，美国商船"中国皇后号"来中国开展通商活动，是中美之间第一次直接贸易的开端，对两国都产生了一定的影响，特别是对美国早期经济发展的影响更为明显。因此，史学家们往往把它作为中美关系开始的标志。

然而，直到目前为止，中外史学家对这一问题研究得不多。在一些美国人的著作中，也只是把它作为中美关系史或美国同东方关系史中的开头部分稍加论述，所占篇幅极少，即便是在著名的中美关系史著作中也是如此，如赖德烈著《早期中美关系史》、丹涅特著《美国人在东亚》、福士达的《中美关系》等。我国史学家专门论及这方面的著作也不多见。今天，在中美关系的研究日益深入、新材料发掘日益增多的情况下，对于作为中美关系开端的"中国皇后号"来华的研究也应提到日程上来了。本文准备就"中国皇后号"来华的历史背景和它的经过及其影响做一个初步的考察。

一

"中国皇后号"来华正值美国邦联政府统治时期，是在独立战争已经结束、英美和约签订5个月之后进行的。因此，要了解"中国皇后号"来华的原因，必须首先弄清邦联政府在美国独立后的统治和当时所处的国际环境，否则是不容易搞清楚的。

1781年3月成立的邦联政府是英属北美13个殖民地独立战争年代的产物。早在1776年大陆会议委托杰斐逊起草《独立宣言》时，同时也委托了狄金逊起草一部宪法，以便在宣布独立之后立即组织政府，进一步把各殖民地联合起来共同反抗英国殖民者，争取最后的独立。但当时各殖民地面临的矛盾是一方面要求联合起来共同对敌，但另一方面又怕丧失各邦在政治上和经济上已取得的独立自主权。在这种思想基础上起草的宪法及组成的邦联政府不能不反映这方面的特点。首先邦联政府是一个具有邦际联盟性质的政府，是一个"彼此友爱的同盟"（《邦联条例》第3款）。各邦拥有自己的"主权、自由和独立"（同上，第2款），邦联政府无权干预各邦的经济活动。它执行政治事务的权力也是极为有限的，"要在13个邦中获得至少9个邦的多数同意，才有决定宣战、订立条约、筹拟铸造货币、发行纸币、举债以及创建和购买战船的数目，或征集陆、海军兵员数额的权力。邦联政府没有向各邦直接征税的权力，只能根据需要，向各邦募集款项"。然而，在战争年代组织起来的邦联政府在组织各邦人民把独立战争进行到底，与英法谈判、制订和约等方面还发挥了一定作用。

但是，当独立战争结束、进入和平恢复与建设新国家时期、一系列的困难都涌到邦联政府面前亟待解决时，这样一个松散、软弱而又没有实力的政府要解决这些问题是十分困难的。

首先，在经济上，邦联政府就无力组织发展经济。独立战争虽然取得了胜利，却耗尽了人力和物力。战争期间举借了大量的内债和外债，到1783年，外债总额近800万美元，内债总额达3000余万美元，造成国库空虚，财政金融处于十分困难的境地，加上战争年代为支付战费，大陆会议和各州都曾印发了大量大陆券，总计4亿多美元。由于滥发纸币，大陆券不断贬值，到战后几乎成了废纸。邦联政府对此束手无策。其后果之一是在货币流通领域造成极大的混乱，大陆券与英、法、荷、葡、西、比等国的外钞同时使用，在费城，一般人口袋里经常装着的钱币达18种之多，其混乱情况可见一斑。由于货币贬值，以物易物的情况出现了。其后果之二是由于货币贬值，物价猛涨，广大劳动人民生活水平直线下降，陷于贫困和破产的境地。软弱的邦联政府对内非但无力调整经济，解决战后美国国内面临的一系列困难，甚至连它本身的开支费用也很难保证。《邦联条例》规定，邦联政府没有征税权，邦联政府的开支要根据实际需要向各邦请求分摊，或通过举借内外债解决，但这也经常遭到拒绝。邦联政府在1783年以政府开支向各邦征收的税款，到1785年才收上来全部税额的1/5。

其次，邦联政府在对外关系上也遇到重重困难。由于美国是当时世界上唯一的通过革命道路而建立起来的资产阶级民主共和国。它的独立对于当时尚处于封建主义占统治地位的国家，不啻是一场灾难，它们生怕资产阶级民主革命的"瘟疫"侵袭到它们的国家，在那里引起革命。因此，尽管邦联政府十分软弱，然而大多数国家还是不敢同它接近，并进而企图用各种手段抑制和反对它。英国虽然已不是封建君主国，然而，美国正是从它的殖民体系下独立出来的，它也要利用各种机会，采取各种手段进行报复。如取消美国过去在英帝国范围内所享有的一切贸易优惠，英国不再向美国提供他们所需要的免税或减税的廉价商品等。反之，根据1784年7月颁布的法令，美国运往英国的货物还须付高额关税。这对美国特别是美国商人来说是一个重大的打击。更为重要的是，美国当时还是一个农业国，大量工业品如棉纺织品及日用品等过去主要靠英国供应，虽然战争期间一度中断，但战后英国商品又开始涌入美国市场，尽管英国对美国取消了"优惠价格"，但由于英国工业比较发达，成本低，技术高，其商品同其他国家比较起来仍有较大的竞争力。到1784年，英国对美国的商品出口额达3679467英镑。而同年，美国对英国的出口额仅为749345英镑。在战前，一般地说，这种贸易补偿北美殖民地主要通过向英国出售船只和同西印度群岛等地的贸易解决。但根据1783年议会的法令，英国严禁美国船只驶入加拿大与西印度群岛。[1]尽管其中有少数例外，但也无济于事。此外，在美国的西北部边境地区，英国还保留着它的军事据点，拒不撤退。

除英国外，西班牙同美国的领土纠纷也对战后美国造成重大威胁。在独立战争中，西班牙属美国的盟国，支持美国的独立战争，但它在北美也拥有一定数量的殖民地即佛罗里达和密西西比河下游西岸地区，它的北部边界却没有明确的界线。战后，西班牙坚持将它的边界划在32°30′，而英美巴黎条约却将西班牙的边界划在31°处，这引起美西两国间的争执。另外，两国在密西西比河的航行权上也有矛盾。西班牙为坚持它的主张，于1784年封锁了密西西比河口，严禁美船通航。法国同美国的关系虽不像同英国、同西班牙那样紧张，但随着北美独立战争的结束，法国把美国作为抗英力量的作用不存在了，法美关系也大不如前。

战后美国邦联政府的统治给美国特别是商业的发展造成极大的困难。本来在战争中和走私活动中发财致富的资本家，手中积累了大量的资金，希望能在战后大展宏图，但因邦联政府统治下的国内市场十分狭小，他们便转向国外，又因当时传统的欧陆市场困难重重，他们把目光投向远东，首先是中国。

二

在"中国皇后号"来中国之前，北美同中国之间是没有任何直接关系的。两地人民也互不了解。美国开国元勋、第一任总统华盛顿直到1785年还弄不清楚中国人属于黄种人还是白种人，当人们提醒他中国人不是白种人时，他竟大吃一惊。[2]作为殖民地时期政治中心费城的著名学者，拉什也还认为中国的面积与北美13个州中某一个州的面积不相上下。[3]同样，持闭关政策的清政府对外国情况亦十分不了解，直到美国第一艘商船开到中国大门口时，还不知地球上有一个美国，连经常同外商打交道的广州商人也出现了把美国来的第一批客商当作英国商人的误会。[4]

尽管两国人民之间了解不够，但是，这两个地区出产的物品，像中国出产的茶叶、瓷器和丝绸，北美出产的人参、水獭皮等，却早就由欧洲商人辗转运到了对方，并在对方赢得了极高的声誉。在北美殖民地的显赫之家，谁家没有一两件精美的中国瓷器和华丽的中国丝绸制作的衣衫以炫耀于邻里。至于饮用中国茶叶，在北美大陆更具有普遍性。根据史学家考证，早在1615年英国便有关于饮茶的记录。[5]其后，1660年，随着英王查理二世复辟，他的妻子葡萄牙公主又将饮茶习惯带到英国宫廷，但当时英国人饮用的茶叶是辗转从欧洲其他国家运来的。1664年，英属东印度公司经理将从中国运入的两磅二盎司装的一筒茶叶作为贵重礼品献给英王，这是英国直接进口中国茶的开始。[6]

到18世纪中叶，饮用中国茶已遍及英国社会各阶层。英国著名作家萨缪尔·约翰逊（1709~1784年）曾毫不讳言地说他自己"是一个执着的、贪得无厌的茶徒，20年来只靠这种神奇的植物去冲淡油腻。茶壶很少有凉的时候，晚间的饮茶为娱乐，夜半以饮茶为慰藉，还以饮茶来迎接黎明"[7]。恩格斯也指出，到18世纪中期，饮用中国茶已成为伦敦东头劳动人民的习惯了。[8]在英属北美殖民地建立之后，随着英国移民的大量移入，英国人的饮茶习惯也带入北美。大约在1690年，波士顿便出现了第一个茶叶代销点。[9]但是北美殖民地进口中国茶则是到了18世纪20年代。先是在上层家庭中开始出现饮茶习惯，很快便普及到中下层家庭。到18世纪中叶，几乎与英国同时，饮茶也已成为北美殖民地千家万户的一种习惯了。这一现象甚至引起了当时去北美的一位旅游者的注意，并把它作为一个新奇现象记入他的日记。他在日记中写道："在北美，人们饮用茶水就像法国人喝酒一样，终日不能离口。"[10]

这里应当特别指出的是，在 19 世纪 30 年代以前，北美殖民地人民饮用的茶叶全部都是从广州运出的中国茶。这之后，方开始有锡兰茶和印度茶进口。[11] 由于殖民地人民大量饮用茶叶，茶叶贸易便成为殖民地的主要贸易项目之一。仅以 1760~1766 年为例，据不完全统计，北美殖民地人民对茶叶的消费量平均每年为 120 万磅。但是这笔大宗贸易一直垄断在英属东印度公司手中，在《航海条例》的严厉打击下，殖民地商人一直被排斥在外，只能靠走私进行，矛盾十分尖锐。到美国革命前夕，殖民地商人及其领导下的北美殖民地广大人民群众与英国殖民主义者在关于茶叶问题上的垄断与反垄断、增税与反增税的斗争，已成为双方斗争的焦点之一。随着斗争的深入，茶叶又发展成为反英斗争的一项重要武器和拥有独立自主权的标志与象征。1773 年，波士顿人民为抵制英国政府强行向北美殖民地倾销东印度公司的积存茶叶而发动的"波士顿倾茶事件"，进一步将革命推向高潮，揭开了北美独立战争的序幕。从此，中国茶叶又同美国人民的革命事业紧紧地联系在一起了。因此，当北美独立战争取得胜利、英美和约签订之后，取得独立自主权的美国商人把长期以来受欢迎并有着悠久历史的传统商品——茶叶，放在采购计划的第一位来考虑，是十分自然的。

中国瓷器也是长期以来在美洲市场上久盛不衰的传统商品。它是仅次于中国茶叶的第二位商品。瓷器传入美洲远较茶叶为早。它先是经西班牙商人之手于 16 世纪 20 年代传入美洲的。其后，荷兰商人、英国商人也先后做过瓷器贸易的生意。英属北美殖民地建立后，中国瓷器的贸易与其他商品一样，主要垄断在英属东印度公司手中。中国瓷器因制作精美、质地细腻、经久耐用，在欧美享有盛名，不但可以作为器皿供人使用，亦可作为珍品供人玩赏并收藏。在欧洲历史上，有不少著名国王王后喜欢收藏中国瓷器，如神圣罗马帝国的查理五世、法国的法兰西斯一世、亨利二世以及英国的玛丽王后等。欧洲帝王与贵族珍藏中国瓷器的风气也随着北美殖民地的建立而传了进来，一些显赫之家拥有一二百件瓷器者亦不在少数。[12] 到 18 世纪中叶以后，由于北美殖民地饮茶习惯的普及，对中国茶具及其他瓷器的需要量亦大增。与茶叶一样，中国瓷器亦进入普通人家。

此外，中国瓷器与欧洲人长期使用的陶瓷制的与木制的饮水器相比，除美观、价廉外，尚有品种多、档次多，并能接受订货、代为绘制所提供图案等特点，因此受到美国各阶层的欢迎，成为一种较为普遍的日用品。当时，在美国东海岸几个主要商埠都经常能看到出售中国瓷器的广告。譬如，1777年7月14日《纽约报》和《商神报》就同时刊登了纽约朗德兰商店出售中国瓷器的广告："从伦敦运到大批中国瓷器，品种式样繁多，供选购。有6件一套的白兰花餐具，各种大小饭碗、早点餐具、各式各样的茶盅、茶杯等，质地精细，形同玻璃……"[13]

排在第三位的中国传统商品，在美国市场上能找到好销路的是中国土布。西方人称之为"南京土布"，即农民用家庭纺织机纺织的纯棉土布，本色或土黄色。由于它质地柔软、吸水、耐用，他们喜欢用它来做裤子，亦受到各阶层的欢迎。

此外，在美国市场上有一定销路的中国传统商品还包括绸缎制品、漆器、象牙雕刻、香料等，这些也都在他们采购的范围之内。

与此同时，"中国皇后号"运往中国、同中国开展贸易活动的商品，也是那些长期以来英国及其他国家商人销往中国的受中国人欢迎的传统商品，如人参、毛皮等土产品。这些土产品在北美十分丰富，在印第安人居住的原始森林和沿着江湖河海的浅滩随处可取，俯拾即是。但随着殖民主义者的到来，特别是随着对东方贸易的开展，它们的价值逐渐被宗主国的商人们所认识，原来这些在北美分文不值的土产品或者说只用象征性代价就能获得的人参、毛皮等，在东方却备受重视，能卖到高价，这是一种有利可图的生意。

美洲人参与我国东北的高丽参一样，都是山野产物。除印第安人偶尔用作药物外，很少为人们注意。耶稣会教士、法国人林德美（1668~1720年）在中国传教时，看到中国人视为贵重药材的人参，在他过去在加拿大传教时曾在那里的印第安人处见过，遂写信给加拿大的耶稣会教士拉斐陶请他代为寻觅。拉斐陶接信后用了3个月的时间终于在1777年在加拿大首先"发现"："当时正值人参成熟时期，果实色彩鲜艳动人。我非常高兴地将它从地上拔了出来，送往一个印第安人处，请他代为寻找。他马上认出这就是印第安人拿来当药用的植物……"[14]外国人在北美采集人参自此开始。最先只是为了发财致富，最后却演变成一场浩劫。1720年前后，法国人首先组织起一个公司专营人参贸易，他们将在加拿大收集的人参直接运往中国广州销售。其后，英国人也起而效法，采集人参的地区由加拿大而扩充到英属北美殖民地。英属东印度公司也直接派人到新英格兰地区，用各种手段和微薄的代价骗取印第安人的人参，销往中国。[15]据记载，每当人参收获季节，印第安人，也包括少数白人，即成群结队地涌入山区进行采集，家家房前都晒满人参，等待收购。[16] 因此，美国建国后立即将这项传统贸易掌握在自己手里也是很自然的事。

首先行动起来的是马萨诸塞波士顿商人西尔斯，他于 1783 年 12 月，即在英美和约签订 3 个月之后，便派出了第一艘商船"智慧女神号"，满载着人参前往中国，准备换取中国茶叶。当途经好望角时，为东印度公司所知，他们怕新兴的美国商人抢去英人在广州的生意，用相同重量的茶叶将之全部收购下来。这是一次半途而废的对华贸易。[17] 当西尔斯得知"中国皇后号"将赴中国开展直接贸易活动时，他对摩理斯的第一项重要建议就是：要像欧洲人一样，将上好的人参"在中国出售，必收大利"。[18] 摩理斯接受了他的建议，立即着手进行，并派在一家代理公司任职的费城医生约翰逊深入山区直接选购，不到两个月的时间完成了任务。1784 年"中国皇后号"运往中国的人参为 473 担，居当年所有外国船向中国销售人参的首位。[19] 约翰逊由于他"出色"的收购工作，被聘为"中国皇后号"的随船医生。

"中国皇后号"船上运载的毛皮、铝等，也都属长期以来外国商人向中国销售的传统商品。

三

派遣商船到中国、打通中美之间的贸易渠道，把长期以来垄断在英国殖民主义者手中的对华贸易权掌握在年轻的美利坚共和国的商人手中，运用它来繁荣本国经济，为商业资本家寻求新的出路，是长期以来美国商人所追求的目标。但对当时从未有过直接同中国贸易的美国商人来说，路途遥远，情况不明，要开展同中国的直接贸易是一件风险很大的事情，这致使大多数商人裹足不前。第一个起来要求打通中美直接贸易关系并付诸实践的是费城商人摩理斯。

摩理斯（1734～1806 年）原是英国利物浦人，因家境贫寒，13 岁便随父移民到马里兰谋生，后又到费城读书，很快便在那里著名的威林家族公司谋到一份差事。因他聪明好学、工作中不怕吃苦受累，又能不断提出新思路，为公司带来不少效益，屡被提升。1754 年，经威林公司老板建议，他与之合伙成立威林－摩理斯公司，专门经营商贸、海运和投资事业。独立战争爆发后，他积极投入北美 13 个殖民地的独立事业，在战争期间曾官至大陆会议的财政总监。他还独揽了为大陆会议提供军火的事宜。摩理斯还大力提倡海外贸易事业,认为只有发展贸易(含海外贸易)才是破解邦联政府经济困境的唯一出路。他排除了对美国航海家黎雅德(1751～1789年)主张开展对华贸易的种种非难,毅然采纳了黎雅德的主张,并想尽一切办法去实现,最后获得成功,这反映了他的胆识与眼光。

为开展这一前所未有的直接对华贸易,他还联合了纽约商界著名人士巴驾公司的老板丹涅尔·巴驾和他公司的合伙人杜尔、霍尔卡。独立战争期间,巴驾公司主要从事为大陆军供应军需的工作。他们三人都各有所长与丰富的经验:巴驾主要从事面粉供应,杜尔专为海军提供军需,并为1784年纽约银行的建立出了大力。霍尔卡是一位法国人,长于海运、走私、土地投资和保险投机等。为赢得这次试探性的冒险,他们共同策划的基本战略是将损失压至最低。为此,在投资上要做到共同承担,在销售与采购方面力求做到品种多样化。摩理斯与巴驾和他的两名纽约合伙人共四人,共同投资12万美元,购置了"中国皇后号",并准备了运往中国的货物。其中摩理斯承担了一半、巴驾等三人承担了另外一半。12万美元在当时来说是一笔数目不少的投资,相当于一般去欧洲的烟草船的10倍,又相当于购置2400英亩土地的价格。[20] "中国皇后号"运往中国的货品为:

棉花,316担(每担相当于 $133\frac{1}{3}$ 磅);铅,476担;胡椒,26担;羽纱,1270匹;毛皮,2600张;人参,473担。

"中国皇后号"自中国运回美国的商品是:

红茶,2460担;绿茶,562担;南京土布,24担;瓷器,962担;丝织品490匹。

"中国皇后号"上的主要工作人员也是一批经过挑选的干将,都比较年轻,其中不少是经过独立战争考验的战士。正是他们这些人把在战争中培养出来的克敌制胜的爱国主义作风与信念,在战后用来开拓、发展中美关系,帮助他们取得了如此重大的成功。船长格林(1736～1796年)是船上年龄较大的一位,有丰富的航海经验。他出生于爱尔兰,父亲是爱尔兰人,母亲是英国人。格林自幼喜爱航海事业，10 岁之后便经常随船出海，后来到北美。1764 年，他 28 岁时，被摩理斯聘请为他所经营的海运公司中的船长，专门负责费城和纽约之间的贸易运输。随着摩理斯航运事业的发展，格林也被提升为费城与拉丁美洲及费城与欧洲间航运的船长。他后又参加海军，独立战争期间曾升至海军上尉。由于格林与摩理斯个人之间的长期合作关系以及他本人丰富的海上经验，当 "中国皇后号" 驶华的事宜确定后，摩理斯首先提名并任命格林为船长，从而保证了 "中国皇后号" 船的顺利航行。同时，格林还是一个精明的生意人，利用在广州协助 "中国皇后号" 采购货物之机，也为自己采购了大批茶叶、漆器、绸缎等。此外，他还通过各种途径向广州数家私人裁缝店订制了适于美国人穿戴的男用缎裤（300 余条）、女用无指长袖丝手套（600 副）以及在各种小作坊订制了象牙扇、梳妆盒、手工艺品等。[21]

商务代理人山茂召（1754～1794 年），1784 年参加 "中国皇后号" 驶华时，年仅 29 岁。他也是独立战争的参加者，官至炮兵少校。由于他善于经营管理，同外人打交道，一切商品采购及礼仪事宜均由他来负责办理。"中国皇后号" 在广州能较圆满地完成任务，山茂召起了很重要的作用。他还是一个有一定文化修养的人，熟悉拉丁文，喜爱诗歌及历史，并曾受过会计训练，可以说是能写会算，美国军人组织辛辛那提协会的第一份章程就是出自他的手笔。他在华期间以及在来往的航程中经常为美国一些报纸撰稿，用笔名发表。他在 "中国皇后号" 往返于美国和中国期间所记的日记，详细地记录了航行过程、途中见闻、广州情况以及他个人感受等，是研究 "中国皇后号" 问题的重要资料。在 20 世纪 50 年代格林船长的《航海日记》没有发表前，《山茂召日记》可以说是研究 "中国皇后号" 问题的唯一重要史料。格林的《航海日记》发表后，进一步丰富了《山茂召日记》中关于 "中国皇后号" 问题的内容，是研究 "中国皇后号" 问题在材料上的一个新突破。

在广州期间，山茂召除完成 "中国皇后号" 的任务外，还为辛辛那提协会订购了一批绘有该会标记的瓷器。运回美国后，华盛顿大为欣赏，仅他一人就购买了 302 件。华盛顿从山茂召处购买的绘有美丽天使和附有辛辛那提协会标记的茶壶、从格林处购置的绘有十三行图景的精美象牙扇，这些如今仍分别保留在宾州博物馆和华盛顿故居维尔农山庄，供人参观。

32 岁的随船医生约翰逊，除本职为医生外，也积极协助 "中国皇后号"

船做好采购商品的工作，全船运往中国的人参完全是由他深入阿巴拉契亚山脉从印第安人处收购而来。在广州他也是格林和山茂召的得力助手。他们在日记中，经常提到他。

全船工作人员尚有副船长、水手、木匠等，连同格林船长的儿子和其他人的子弟，共43人。

四

"中国皇后号"于当年12月28日自黄埔港起锚返美。次年，1785年5月1日，到达纽约。往返前后共用去15个月。在"中国皇后号"尚未抵达纽约口岸时，一份吸引人的广告早已贴出：

> 整箱装、半箱装和四分之一箱装的上等新红茶；各种瓷器；各种不同质地、黑色和其他颜色，适合做夏季男衬衣的缎织品、丝织品、波斯绸和波纹绸；南京土布；绣金像和有珠扣的精美缎鞋；最优质的羊羔皮；象牙雕刻和漆品；茶叶罐；各种漆茶盘、托盘和瓶架；丝绸手帕、束发缎带；桂皮和肉桂，黑胡椒、200箱上等糖等。

这是美国第一份推销中国货的大广告。货到之后，当即销售一空。这次投资共12万美元，利润高达37000美元，计25%。这对一个处于困境中的国家和一批急于寻求海外贸易市场的商人来说，不能不算是一件大事。各大报纸竞相发表消息，纽约《独立报》称它是"一次远见卓识的、杰出的和成果丰硕的航行"[22]。其他地区的报纸也都纷纷转载上述新闻，如1785年5月28日《普罗温思登报》竟用了一栏又四分之一的篇幅刊登这一报道。[23]波士顿商人还立即发行每股300美元的小面额股票，以便广泛吸收资金，开展对华贸易。

山茂召回国后更是活跃异常，遍访老友，鼓吹对华贸易，并及时向邦联政府的外交部长约翰·杰伊写了关于"中国皇后号"访华全部过程的详细报告。在这份报告中说到他对中国的印象时有如下的描述："虽然这是第一艘到中国去的美国船，但中国人对我们非常宽厚。最初，在他们还没有完全弄清楚我们美国人同英国人的分别时，视我们为'新人'（new people），当我们把所带的地图向他们展示，并说明我们的疆域是如何扩张起来的和人口增长的情况后，他们对美国拥有偌大的、可供他们销售的市场，感到十分高兴。"[24]另外，还写了一些广州的见闻、生活情况等。最后，在报告的结束部分说道："我们同地球最东部的国家胜利通航了，我们每一个热爱自己国家的人和那些同贸易有直接关系的人，一定会为之感到十分欣慰。更值得我们有理由庆幸的是，全部航程所费时间不长，而在这一过程中只损失了一个人。"[25]他根据在中国的亲身体会，提出与中国开展"平等互利"的贸易而非"凌驾于人"的贸易是有广阔前景。随同他的长篇报告一并交给外交部长约翰·杰伊的，还有广州官吏送给他的作为友谊纪念的两匹绸缎。外交部随即将这份报告转交国会，国会经讨论后，及时写出通报给予表扬："国会对于美国公民第一次同中国建立直接贸易关系，就获得了如此之好的结果，深感满意。与此同时，这次航行也给参加者和领导者带来了极高的荣誉。"

五

"中国皇后号"首航来华一举成功，对美国早期的经济发展产生了一定的影响。

首先，为正在寻求出路的沿海贸易商带来了希望，找到了出路。继"中国皇后号"之后，美国东海岸主要商埠如纽约、波士顿、费城、普罗温思登、塞勒姆、巴尔的摩等地的商人纷纷出动，开展对中国的贸易活动，行动之快出人意料。到1789年为止，经常往返于美中之间的船只达19艘之多。1790年，中国货在美国全部进货中已占到1/7。中国的棉布主要是南京土布，质地柔软，物美价廉，深受美国人民欢迎，其进口数量之大也很惊人，到1810年，平均每四个美国人就拥有一匹从中国进口的棉布。这样一来，就出现了美国历史上的第一次"中国热"。纽约一跃而成为早期对华贸易的投资中心和贸易中心。与此同时，中国从美国货物进口的数量也增长很快，除人参、毛皮外，棉花及檀香木也很受中国人的欢迎。到1792年，美国从中国进口货物的数量已超过老牌资本主义国家荷兰、法国、丹麦等，居于第二位，仅次于同中国有一百余年通商关系的英国。"中国皇后号"还为美国培养了第一批从事中美贸易的行家里手，摩理斯在"中国皇后号"第一次成功通航之后，尝到了甜头，接着又筹集资金，物色人选，准备再次派遣船只到中国，继续从事美中贸易。格林也一跃而成为有关中国航行及通商方面的顾问，为有关商人出谋献策。山茂召从中国回去后更是飞黄腾达，不但被选派为"希望号"船的商务代理人，于1786年2月再次远航中国，同时，他还被国会任命为美国驻广州的第一任领事，主要负责商务工作。从"中国皇后号"开始的中美关系不单为美国商人带来了巨大的利益，同时，对于巩固新生的美利坚合众国政权也具有一定的好处。

其次，把掠夺"西北地区"的皮货资源纳入繁荣东部贸易中去，在美国战后出现了新的三角贸易关系。早期中美贸易的特点是，中美双方都以输出土特产为主。美国对中国出口的大宗是13个州出产的人参与毛皮，其中主要是水獭皮。随着人参与毛皮不断地大量出口，它们的来源有日益枯竭的趋势，为此，需要另辟新的产地。恰值此时，英国著名航海家库克关于他1776年最后一次太平洋探险的《航海日记》公开发表，在美国商人中引起轰动，于是又掀起了一股开发西部皮货资源的高潮。原来早在库克《航海日记》发表前，一名当时追随库克，并同库克一起进行太平洋探险活动的美国人黎雅德，在1782年离开库克从英国回到美国，由于他在同库克进行最后一次太平洋探险活动时曾途经广州，并在那里靠岸短暂停留，其间有一件事给他留下极为深刻的印象，即在美国西北海岸用6便士便可买到的一张水獭皮，在广州竟能卖到100美元的高价，这确实是一种一本万利的好买卖。1782年，他退职回到美国，在美国奔走于各大商埠的富商大贾以及政客之间，以其亲眼所见到处鼓吹开展美国东海岸同中国及西北地区的"三角贸易"，即到西北地区收购毛皮到中国卖高价，再从中国买回茶叶、瓷器等物品到美国东海岸销售，进而换取西北海岸的毛皮。这一主张在当时被很多人认为是无稽之谈，除摩理斯采纳了他同中国贸易的原则主张，并积极筹划"中国皇后号"驶华外，在美国没有引起重视。黎雅德又出走欧洲到英法宣传，并在法国巴黎拜见了当时美国驻法大使杰斐逊，企图争取他的支持，但也毫无结果。杰斐逊对他的评价是"机敏而有学识，但不幸的是幻想太多"。黎雅德回到美国后，不久便郁郁死去。1787年，库克的《航海日记》发表，证实了黎雅德在广州的见闻不是无稽之谈，而是活生生的事实。在东部货源日渐减少的情况下，他们决定到西北去攫取新的货源。

1787年，波士顿商船"国会号"开始到马尔维纳斯群岛做试探性航行，收购了大量的廉价海豹皮，运回纽约，再由"爱林诺号"转手到广州，获得了大量利润。与此同时，波士顿商人又派遣"哥伦比亚号"与"华盛顿夫人号"到西北海岸进行探险活动，1790年，"哥伦比亚号"又"成功地"

将从印第安人那里廉价骗取的水獭皮在广州高价售出，发了大财，新的"三角贸易"获得成功。从此，西北地区的毛皮又成为东部商人发财致富的新源泉。这些活动又为日后美国对西部的占领与扩张奠定了基础。

由"中国皇后号"所开始的中美之间的贸易关系，除为美国东部商人带来了明显的经济效益外，对繁荣早期美国经济起了一定的作用。

美国商人从对华贸易中积累了大量资金，成为美国早期资本原始积累的一个重要组成部分。美国的第一批百万富翁有些是在早期对华贸易中形成的，如在当时拥有美国"最大富翁"称号的费城的吉拉得、号称"纽约地主"的阿斯托，他们用在对华贸易中赚得的大量钱财或开银行，或购置地产，或修建铁路，对美国早期资本主义的发展产生了很大的影响。

但是，它的影响所及还远不止于此。它对于加强两国人民之间的了解、文化交流与思想意识的沟通等也产生了一定的影响。中国前驻美大使章文晋在美国纽约市主办的纪念"中国皇后号"驶华二百周年的庆祝会上的讲话中曾说道："贸易关系不仅仅是商品交换，同时也是一个思想意识的交流，掌握得好就能产生了解与友谊。"二百年前"中国皇后号"来华所起的作用正是如此。

然而，在研究"中国皇后号"来华前后的这一段历史时，我们也不能不看到，随着美国国内经济情况的好转、对外关系的改善以及政治上的日趋稳定，特别是到 1789 年联邦政府统治之后，美国一些商人、资本家为了自己的发财致富，竟不惜干起贩卖鸦片、毒害中国人民的罪恶勾当，把由"中国皇后号"开始的、两国人民之间的和平贸易关系引上了侵略与被侵略关系的邪路，写下了中美关系史上第一个不光彩的篇章。这个教训是值得两国人民永远记取的。

注释：

[1] 参见费斯克《美国历史上的危机时期》，波士顿，1879 年，第 120 页。

[2][3] 汤姆逊等：《美国在东亚的经验》，纽约，1981 年，第 7 页。

[4] 山茂召：《山茂召日记》，纽约，1847 年，第 10 页。

[5] 参见马士《东印度公司对华贸易编年史：1635～1834》，伦敦，1926 年，第 2 卷，第 95 页。

[6][7] 参见霍华德《纽约与中国贸易》，纽约，1984 年，第 22 页。

［8］恩格斯：《十八世纪英国工人阶级状况》，人民出版社 1961 年版，第 10 页。

［9］同［6］，第 9 页。

［10］卡本特：《古老的中国贸易》，纽约，1976 年，第 62 页。

［11］参见莫治《中国的瓷器出口：1785～1835 年的对美贸易》，纽渥克，1981 年，第 90 页。

［12］朱那逊：《费城与中国贸易》，费城，1978 年，第 21 页。

［13］《纽约报》，1777 年 7 月 14 日。

［14］［15］［16］转引自齐文颖《"中国皇后号"首航成功原因的初步分析》，载《中美关系史论文集》，第 2 辑。

［17］长时期以来中外史学界关于这一段历史的传统看法是，1783 年"智慧女神号"满载人参的目的地是中国，船至好望角为东印度公司的英人高价进行收购，换了大批茶叶而返，是一次"半途而废"的对华贸易。但据 1981 年出版的史密斯《"中国皇后号"》一书，"巴拉斯号"最初的目的就是要到好望角，没有要到中国来的任何证据。今介绍于此，供参考。

［18］［19］史密斯：《"中国皇后号"》，费城，1981 年，第 34、36 页。

［20］当时每英亩地价值 5 美元。

［21］参见格林《在中国购货的一本收据》，此收据收录在伍德浩司主编《"中国皇后号"的航程》，载《宾夕法尼亚历史与人物》杂志，1939 年第 69 卷，第 30～36 页。

［22］《纽约独立报》，1785 年 5 月 12 日。

［23］参见《普罗温思登报》，1785 年 5 月 28 日。

［24］［25］同［4］，第 200、133 页。

（本文系据作者的《关于"中国皇后号"来华问题》和《"中国皇后号"首航成功原因的初步分析》综合修订而成。上述两篇文章分别原载中美关系史丛书编委会编、丁名楠主编《中美关系史论文集》第一辑、第二辑，重庆出版社，1985 年版、1988 年版）

北京大学与中美文化交流（1898~1937）

　　中美关系的研究一直是近十几年来我国学者感兴趣的领域之一，并做出了一定的成绩，几乎每年都有新的成果出现，受到国内外学术界的瞩目。然而，从过去研究的成果来看，所涉及的范围以政治、外交、经济为多，文化教育方面相对来说较少。近些年来对于教会学校的研究正在开展，而对于国立院校中中美文化交流方面的研究仍是一个空白点。为了填补这方面的空白，我们特意选择北京大学与中美文化交流加以研究。北大作为我国第一所国立大学，研究它不仅具有一定的典型意义，同时，还有一批原始资料尚未被研究者充分利用。为了开拓中美关系史研究中的新领域，为了使这批资料能获得充分利用，我们选择了这一选题。

　　北京大学与美国文化交流的历史，根据现有材料来看，可以追溯到它的创立时期。从1898年京师大学堂成立至今，大致可以分为四个时期：第一个时期，1898~1911年，从京师大学堂成立到清王朝的灭亡；第二个时期，1912~1937年，从京师大学堂改名为北京大学到抗日战争开始北京大学南迁为止；第三个时期，1938~1949年，抗日战争开始到中华人民共和国成立前夕；第四个时期，1949年到现在，中华人民共和国成立之后直到今天。由于篇幅关系，本文所讨论的范围只限于第一、二时期，即从1898年京师大学堂建立开始，直到抗战时北大南迁之前40年的北京大学与美国文化交流史。

　　本文所用材料全系我国国内收藏及出版的资料，国外部分的资料，如外国学者在北大讲学回国后的反映、感想以及中国学者、留学生对美国文化教育界所做的贡献，尚待进一步收集整理后再做补充。

一

　　京师大学堂是在中国饱经帝国主义侵略压迫，为了挽救清王朝濒临灭亡的命运，中国的有识之士企图通过变法图强，向西方（包括日本）学习，培养新人才，寻求出路的产物。1896 年，刑部侍郎李瑞芬上书，建议在京师设立大学。[1]1898 年 6 月，梁启超起草的《京师大学堂章程》明确提出其办学方针为："一曰中西并用，观其会通，无得偏废；二曰以西文为学堂之一门，不以西文为学堂之全体。以西文为西学发凡，不以西文为西学究竟。"[2]1898 年 7 月 4 日，光绪帝正式下诏设立京师大学堂，任命孙家鼐为第一任管学大臣，许景澄为中学总教习，丁韪良（美国人）为西学总教习。

京师大学堂打破了传统的封闭式教学，在注重中学的同时，注意学习西方先进的科学知识。然而，京师大学堂仍是一所封建主义的大学，其办学目的和学校组织机构与近代大学相距甚远，它也是当时我国最高教育管理机构，负责管辖全国各级学堂，并为这些学堂培养管理人员和教师。

京师大学堂前后共存在 14 年，作为一个封建式的学堂还谈不到与美国建立固定的文化交流关系。然而，为了学习西方的科技与文化，京师大学堂采取了一些有关的措施，主要包括：

1. 聘请美国人做西学教习。京师大学堂成立时，丁韪良就被聘为西学总教习，负责科学课程的设置和教学事务。丁韪良是美国基督教传教士，1850 年来华，在宁波传教。1858 年任美国首任驻华公使列卫廉的翻译，参与起草《天津条约》。1869～1894 年任北京同文馆总教习。他是有名的中国通，著有《中国人：他们的教育、哲学和文字》《中国知识》《中国觉醒》等书。他翻译的《万国公法》（H. 惠顿著）在中国很有影响。除了聘请丁韪良为西学总教习外，京师大学堂还聘请其他美国人做西学教习。1902 年，张百熙被任命为管学大臣，他主持拟定的《钦定大学堂章程》规定："西学教习拟暂聘欧美人六员或四员，教授预备科学生，日本人四、五员教授速成科学生。"[3]同年，美国传教士裴义理被聘任为京师大学堂英文教习。

2. 为加速本国教师的培养，从京师大学堂开始就选派学生赴欧美、日本等国深造。张百熙说："学堂开设之初欲求教员，最重师范，现于速成科特立专门之外仍拟酌派数十人赴欧美、日本诸邦学习教育之法，俟二三年后卒业回华为各处学堂教习。"[4]1903 年，张百熙从速成科学生中选得余启昌等 31 人，派赴日本游学。俞同奎、何育杰、周典、潘承福、孙昌恒、薛序镛、林行规、陈祖良、华南圭、邓寿佶、程经邦、左承治、范绍谦、魏渤、柏山等共 16 人，被派往西洋各国游学。[5]次年，这些学生经清政府批准出国留学，这是京师大学堂派出的第一批留学生。1907 年，学部在给光绪帝的奏文中说："本堂师范旧班学生，现届毕业。……现在酌量情形，拟就其中慎加遴择，派送英美法等国肄业专门学校。"[6]这个时期，一些留学生开始回国任教。根据京师译学馆同学录的记载，欧阳琪从美国纽约大学法学院毕业后曾任译学馆的英文教习，官医李应泌曾在美国获得医学博士学位。[7]

3. 决定参照美国的课本编写西学课本。张百熙通过出使美国、秘鲁的钦差大臣伍廷芳设法搜集美国各大中小学堂的官定课本。1902 年，伍廷芳在给张百熙的回信中说，因为美国大中小学堂"并无官定课本，至专门之学则日新月异。其书至繁，其本亦无定，国家并未设官管理"，因而他"特同各学堂总理人员商取授课章程共 13 本"。[8]这些邮寄回来的课程章程书目包括哈佛大学、哥伦比亚大学、耶鲁大学、宾夕法尼亚大学的课程总目录等。[9]

二

辛亥革命后，1912 年 5 月，京师大学堂改称北京大学。从京师大学堂到北京大学这不仅仅是名称的改变，更为重要的是学校本质的变化，即从一个为封建主义服务的大学转变成一所资本主义新式学校。严复出任北京大学校长是这一转化的象征和标志。

严复早年留学英国，毕业于格林尼茨海军大学，对西方的学术文化有浓厚的兴趣。他翻译的《天演论》《原富》《法意》《群学肄言》等西方名著，对中国社会产生过巨大的影响。《新民丛报》推崇他为"中西学之第一人"。严复也是北大校史上归国留学生充任大学校长的第一人。它标志着北京大学在办学方针上一个新时代的来临。

从 1912 年严复就任北大校长到 1916 年蔡元培出任北大校长这段时间，可以看作北京大学从旧体制向新体制的过渡时期，不仅办学方针与体制上有了新的变化，而且在对外交流方面也提出了一些带有根本性的指导思想。严复认为，要使中国的学术独立、繁荣昌盛，就得聘用"本国学博与欧美游学生各科中卒业高等而又沈浸学问"者，这种办法"较之从前永远丐人余润，以重价聘请一知半解之外国教员，得失之数，不可同年而语矣"。[10] 1914 年，胡仁源担任北京大学校长后，把严复的这一思想进一步加以阐发，使之更加具体化。他拟订的《整顿大学计划书》说道："于各科教员中每年轮流派遣数人，分赴欧美各国，对于所担任科目为专门之研究。多则年余，少由数月，在外时仍支原薪。"这样做的目的是使"校内人士得与世界最新知识常相接触，不致有望尘莫及之虞"。[11] 严复、胡仁源等人显然提出了一些有远见的计划，但由于这个时期学校经费特别紧张，他们的主张未能全部实施。

1916 年 12 月 26 日，蔡元培被任命为北京大学校长。在蔡元培主持校务期间，北京大学完成了向现代大学的过渡。

蔡元培（1868～1940 年），字鹤卿，号孑民，是清末最后一个翰林，曾任绍兴中西学堂校长，1908 年赴德国留学，学习哲学、文学、伦理学等。1912～1913 年任教育总长，是中央研究院的创始人和院长。他是现代著名教育家，主张中西文化的融合。

从蔡元培任校长起到 1937 年抗日战争爆发、北大南迁时止，北京大学的中外文化交流尤其是中美文化交流也进入了一个新阶段，主要表现在：

1. 继续聘请学有专长的外国教师来北大任教，开设出一批有分量的新课程。以 1922 年为例，美国教员在北大开设的固定课程有：葛利普教授讲授的地史学、古生物学、古生物学实验、动植物学、地史学实验，柯劳文教授讲授的英美文学史、近代小说、西方文化之观点比较、文学史英文辩论，柯劳文夫人讲授的莎士比亚、英文作文，柴思义讲授的近代欧洲戏剧、英国诗、维多利亚文学史。[12]

这里应当特别说明，美国地质学家葛利普教授在北大地质学系任教期间对我国地质学所做的贡献。葛利普（1870～1946 年），著名美国地质学家和古生物学家。1898 年获哈佛大学理学硕士学位，两年后获哈佛大学理学博士学位。1901～1919 年任哥伦比亚大学古生物学教授，1920 年应聘任北京大学地质学系教授，还担任过农商部地质调查所古生物学研究室主任。他是美国地质学会、美国古生物学学会会员，纽约科学院院士。

葛利普在北京大学和地质调查所从事教学和研究工作 20 余年，主要从事古生物学、地层学和地史学方面的研究，对腕足类、珊瑚和软体动物化石的研究取得了显著的成果。他发展了脉动与地极控制的理论，认为地球的外壳特征是由有节奏的海平面上升和下降引起的。他的《沧桑论中之轩轾》以及他与丁文江合作的《中国二叠纪及其于二叠纪分层之意义》《中国之下碳纪地层与各国相当地层之研究》等三篇论文，1934 年曾在华盛顿召开的第 16 次国际地质学大会上宣读。他的主要著作有：《地层学原理》（1913年）、《地层学教科书》（1920～1921 年）、《中国古生代珊瑚化石》（1921

年）、《地槽迁移》（1924 年）等。

1946 年，葛利普教授在北京逝世。根据他生前愿望在北京大学沙滩地质馆为他建了墓。1982 年 7 月迁至现在的北京大学校园内。北大地质系为了纪念这位对中国地质学做出杰出贡献的学者，还把系图书馆命名为葛利普图书馆。[13]

2. 邀请美国学者到北京大学短期讲学。1916～1937 年来北大讲学的美国学者，政治学方面的主要有：1918 年，著名政治学者威尔顿比做了题为《协约国与普鲁士之政治思想》的演讲，美国驻华使馆陆军参赞特里斯戴尔做了题为《美国之参战》的演说；1922 年，加纳博士做了题为《从美国的历史经验上论联邦制度的得失》的演讲；1923 年，著名政治学家查尔斯·比尔德来校与北大学生做政治问题的讨论；1929 年，华盛顿大学政治学教授马丁做了题为《国际关系之诸问题》《文化之结合》《新国际公法》的演讲；1932 年，美国政治学教授斯塔里做了题为《中国目前之形势》的演讲。

教育学方面的主要演讲有：1919～1920 年，美国哲学家、教育家约翰·杜威做了题为《美国之民治的发展》《社会哲学与政治哲学》《教育哲学》等多次演讲，他的特别演讲《思想之派别》是哲学系二、三年级学生的必修课；1927 年，哥伦比亚大学教授克伯屈做了题为《现代教育方法之批评》的报告。

历史学方面的主要演讲有：1921 年，历史学教授、韦斯利恩大学副校长德特奇尔博士做了题为《美国政府建设史》的演讲；1929 年，哥伦比亚大学历史学教授肖特韦尔做了题为《美国外交政策》的演讲。

社会科学方面的其他演讲有：1918 年，朱克博士做了题为《文学家之陶斯道》的演讲；1921 年，密苏里大学新闻学院院长威廉斯应邀讲演讲新闻学；1922 年，美国新银行团代表史梯芬做了题为《铁路借款的用途的监督》《新银行团非垄断机关》的演讲，桑格夫人做了题为《计划生育》的演讲；1923 年，简·亚当斯女士做了题为《英美大学模范居住之设施》的演讲，哥伦比亚大学教授麦柯尔博士做了题为《智慧和中华社会的前途》的演讲；1925 年，社会学家沃德博士做了题为《工业主义的伦理观》的演讲；1926 年步济时夫人应邀做了题为《简·亚当斯之生活及其思想》的演讲，克拉克大学地理学教授、校长阿特伍德博士做了题为《世纪之经济问题》的报告；1929 年，哈佛大学国际法教授 G.G. 威尔逊做了题为《条约与国际关系》的演讲；1935 年，芝加哥大学人类学教授拉先克利夫·布朗做了题为《历史与社会科学》的演讲。

地质学、地理学方面的主要演讲有：F. K. 莫里斯教授做了题为《蒙古地理学问题》（1922 年）、《美国第三亚洲调查队在蒙古及中亚调查结果》（1925 年）的报告，斯坦福大学地质系教授伯利·威利斯做了题为《中国与日本地质之比较》的讲演（1926 年）。

生物学方面的主要演讲有：1923 年，美国进化论泰斗亨利·奥斯本教授做了题为《中国及蒙古哺乳动物进化之关系》的报告，生物学家何脱做了题为《进化论之现在》《植物学为国家之富源》《科学与近代文明》的演讲。

其他自然科学方面的演讲有：1919 年，天文学家唐尼博士应北京大学数理学会的邀请做了题为《恒星》《太阳的物质特性》的演讲；1934 年，哈佛大学数学系教授勃克夫博士做了题为《量子力学中几种见解》《动力学之微分方程》《四色问题》《审美度量》的演讲。

这些短期讲学内容广泛，涉及政治、外交、经济、历史、法律、社会学、文学、新闻学、天文、数学、地质、地理学等学科，演讲者多为美国知名学者，他们的讲学活动为北京大学带来了大量国外研究的新信息，有些演讲内容在我国是首次接触。如被称为美国计划生育之母的桑格夫人 1922 年应胡适的邀请来北大做计划生育的演讲，胡适亲自为她做翻译，计划生育在中国是件新鲜事，她的演讲立即轰动全国。我国了解计划生育从此时起。[14]

3. 为了鼓励有学术造诣的外国学者来北大讲学，北京大学把名誉学位赠予他们。1920 年，北京大学第一次把名誉学位授予班乐卫、芮恩施、儒班和杜威四人，其中芮恩施和杜威是美国人。芮恩施（1869～1923 年）是著名的美国外交官，曾任威斯康辛大学政治学教授，1913～1919 年任驻华公使，后被北洋政府聘为法律顾问，著有《远东的思想和政治潮流》（1911年）、《一个外交官在中国》（1922 年）等书。约翰·杜威是众所周知的哲学家、教育家，他的新教育法当时在我国很有影响。《申报》驻北京记者曾报道颁发学位典礼之盛况。[15]

北京大学与美国的文化交流是相互的，在聘请外国教员来北大任教、邀请他们短期讲学的同时，北京大学也采取走出去到国外交流的办法。自蔡元培任校长以来，北大与美国的文化交流一直比较活跃，并取得了显著成绩，主要表现为：

1. 赴国外考察，进行讲学活动，向美国各界介绍中国文化。1920～

1921 年，蔡元培校长赴欧美考察第一次世界大战后欧美各国教育改革的状况，这次考察是中外教育界的一件盛事，对中西文化的交流贡献良多。1921 年 6 月，蔡元培抵达纽约。6 月 2 日，他在纽约新闻家文艺学会招待会上做了题为《中国文字的沿革》的演说，并介绍中国的文字改革以及这种改革为西方了解中国提供的便利。6 月 14 日，他在华盛顿乔治城大学发表演说，题为《东西文化结合》，讲述东西文化的相互影响和交流过程。[16] 7 月 15 日，他在旧金山华侨大会上发表演说，主要内容是："第一，中国文化之优点，宜保存而光大之。第二，宜吸收欧美文化之优点，以补吾国之所短。"[17] 蔡元培在美国的这些演说，有助于美国各界对中国文化的了解，促进了交流。

1922 年，哥伦比亚大学校长尼古拉斯·门罗正式邀请胡适去哥伦比亚大学执教，教授中国哲学和中国文学。胡适因忙于撰写《哲学史》（中、下卷）而未能成行。[18] 1933 年 7 月，胡适应邀到芝加哥大学讲学，他的 6 篇讲演总名为"中国今日文化之动向"，讲述了中国文化的变革以及变革的步骤、形式。次年，他的讲稿由芝加哥大学出版社出版，书名为《中国文艺复兴》。

2. 选送教员赴美进修或研究，以提高他们的科研水平。1917 年 11 月，理科研究所在总结留学经验的报告中说："吾国派出洋学生亦已正甚多矣，其结果殊不能尽满人意者，则以出洋之人程度太浅，年费巨金，所得者不过一大学毕业生耳，今派大学教员则事半功倍，其结果与派学生二事全然不同，教员对国家、对社会、对学校均负有一定之责任，学生之责任必不能如教员之发达也。以学问经验论，教员固与学生不同，以责任心论，教员亦与学生不同也。"[19] 既然教员出洋能事半功倍，那么制订教员留学条例、鼓励他们出洋进修或研究是势所必然的。1917 年 12 月，理科评议会规定："在校连续任职五年之教授得由大学派遣出洋留学。"[20] 1934 年 7 月，北京大学正式制订了《资助助教留学规则》，规定助教服务满 5 年，兼做研究工作，有研究成果的，学校资助其出国留学。[21]

这个时期赴美进修或研究的教员比较多。如：1919 年，哲学系教授会代理主任陈大齐教授赴美研究；1923 年，英文系讲师涂允檀到伊利诺伊大学攻读政治学，次年获得硕士学位；1930 年，预科教授赵廷炳赴美研究。教员出洋不仅有助于提高他们自身的研究水平，使他们有机会与美国同行交流，了解研究信息，而且他们也向美国人民介绍中国文化。

3. 选派留学生赴美国深造。这个时期出国留学之风盛行。1918 年 12 月 22 日，北大留美学生张世俊致函校长说："吾校理工科同学，多数欲求出洋。"[22] 在这种形势下，北京大学的官费和自费留美学生都有较快的增加。根据我们从《北京大学日刊》收集到的资料，1919 年留学美国的北大学生有 40 余人，1920 年为 62 人，1923 年增加到 75 人，1924 年达 84 人。[23] 后来成为我国文化界、教育界名人如冯友兰、汪敬熙、袁同礼、杨振声、徐志摩等人，就是这个时期从北京大学赴美求学的。为了鼓励北大学生去美国留学，1918 年 2 月，北大教员郑阳和、胡适创议成立"留美学会"，以"捐集基金以津贴可以成长而无力求学之学生。"[24] 留美学会创立后，蔡元培、胡适、许德珩等人纷纷解囊，资助北大的优秀学生赴美求学。留美学会还不定期地发表报告，详述捐款的数额及其用途。陈灿、毛准、陈邦济、段锡朋、孟寿椿等人赴美留学时曾得到留美学会的资助。

为了砥砺学习、增进感情，留美北大学生于 1919 年成立了北京大学留美同学会，以后芝加哥、伊利诺伊、旧金山等地成立了分会。1924 年，《北大留美同学会年刊》创刊。北大留美同学会的成立及年刊的出版，促进了留美北大学生之间的学术和思想交流，他们也为国内的北大同学提供美国学校的信息和其他方便，他们还向国内同学介绍美国的风土人情、社会文化，增加了人们对美国社会的了解。北大学生赴美后，把美国的教学方式介绍给北大，提出了一些有价值的建议。

1918 年 12 月，张世俊在致蔡元培的信中说，康奈尔大学"教员分为五等。一等教员多不授课、专事著述之类。二、三等教员上堂授课，多系口述。反观吾校，多用讲义。而且诸凡课程，非经教员讲过，不去肄习。除讲义外，亦不去阅他书。至如教员讲义，多抄陈本。是学生专持讲义，教员拘守陈本，长此以往，欲求吾国学术之独立、思想之发达，殆若缘木而求鱼也。"[25] 为了改变这种死板的教学方式，促进教学相长，一些留美学生建议："仿美国办法，在每科每星期的钟点里抽出一小时来充教员学生讨论之用。这样不好学的学生不能把讲义束之高阁了，好学的也可以把疑惑的地方问问明白。除此之外，还可引起学生研究学问的兴趣呢。"[26] 这实际上是想把美国的研究班形式引入北大。我们知道蔡元培对研究班制也是很感兴趣的。他在美国考察教育时，对约翰斯·霍普金斯大学的自由研究精神推崇备至，他赞扬该校著名教授不受制于学生人数之多，而能人人照顾得到，开展教授与学生的共同研究。他在该校中国学生举办的欢迎宴上说："欲学术之进步，首重研究事业。学生固当真有研究功夫之根底，将来方可谈学问，而教授尤当研究，且与学生作共同之研究。"[27]北京大学是引进研究班教学方式较早的学校之一。1920年7月8日，北大评议会通过研究所简章，规定：（1）研究所仿德、美两国大学之研究班办法，为专攻一种专门知识之所；（2）研究所暂分四门：国学、外国文学、社会科学、自然科学；（3）三年级以上学生及毕业生均得择习研究课。[28]

北京大学与美国的文化交流除了上述人员往来之外，还在图书资料方面进行交流。中美之间图书资料交流的官方渠道早已开辟。1920年3月23日，教育部总厅在给北京大学的公函中说："中美两国向有交换书籍之举。历年以来均由外交部通函各部院局处将出版书报汇送转寄在案……查近年贵大学出版部出版之书已有多种……如未经汇寄，即希望贵大学将出版之书籍图表杂志报告等项，择其可以公布者，检送全份，统由本部汇送。借以发扬国光，当亦贵大学所赞许也。"[29]这种通过政府使双方受惠的图书资料交流数量可能比较大。

北京大学还通过各种渠道与美国的学术机构建立图书资料交流关系。1920年9月，北大赴美留学生袁同礼乘船路过夏威夷时，与夏威夷大学图书馆主任克莱·F.休乌韦女士会见，休乌韦女士希望搜罗一些中国书籍以弥补夏威夷大学图书馆中文书籍馆藏的不足。袁同礼答应"致函母校，将各种出版特寄赠一份并请女士将该校印刷径寄母校图书馆，藉资交换……"[30]。1921年，袁同礼与卡内基和平基金会的秘书长司各特博士接洽，促成该基金会向北大图书馆捐书400册，约值美金2000元。[31]

1921年6月，蔡元培校长到美国后，访问卡内基和平基金会，拜会司各特博士。司各特博士当即答应，将来该基金会关于世界问题的书籍，继续赠送给北大图书馆。蔡元培参观美国联邦教育局时，该局赠送给北大的出版物甚多，并答应将该局以后每年出版物全份赠予北京大学，数量很多。[32]

特别应当提到的是，蔡元培访美期间参观美国国会图书馆时，受到其馆长赫伯持·普特兰博士的亲自接待，并面允蔡元培赠送国会图书馆全部卡片一份，不加限制。[33]为此蔡元培致函普特兰博士，表示衷心感谢。蔡元培在信中写道："承蒙您鼎力帮助，美国国会图书馆将为北京大学提供一套完整的国会图书馆卡片。这些卡片将成为我国学者的一个长期而丰富的资料来源，对他们具有持久而重要的价值。我深信，您的无私帮助将有力地促进中美两国知识分子之间的相互了解。"[34]这套卡片数量在百万张以上，价值5

万美元左右，其分类均出自专家之手，极为精确，是做学问不可缺少的工具。这套卡片在其他国家，只有瑞典获赠一份，但分散于三处学术机构，日本东京帝国大学有一份，但大多是初版未经复校之本，北京大学竟得全部，实属不易，更加显得珍贵。[35]

三

北京大学对外文化交流在北大产生的影响是多方面的，除了上述有关情况外，其中尚要提及的是在大学学制上的开女禁。1919 年北京大学首开女禁，开全国高校风气之先，从此女生亦能进入大学与男生共同学习。北京大学开女禁，除了国内的因素外，也与留美学生刘光颐、胡适等人广泛介绍美国高等院校男女同校有关。

1918 年 10 月，留美学生刘光颐在致蔡元培的信中说："上课后见讲堂内女子占其大半、男学生寥寥无几（因男学生均入学生武备团）、美国女子教育之普及，殊堪惊叹。"[36]1919 年 10 月，曾经留学美国的胡适在北大提出理想的开女禁步骤："第一步，大学当延聘有学问的女教授，不论是外国女子还是我国女子，这是养成男女同校的大学生生活的最容易的第一步……第二步，大学当选收女子旁听生……第三步，女学界的人应该研究现行的女子学制，把课程大加改革，总得使女子中学的课程与大学预科的入学程度相衔接，使高等女子师范预科的课程与大学预科相等，若能添办女子的大学预科，便更好了……"[37]北大开女禁的做法与胡适所建议的相似。

为了支持中国女学生进入大学学习，美国大使克兰夫人向开女禁后进入北大的第一批女生提供奖学金。[38]这一举动开创了外国人士向在国内学习的中国女生提供奖学金的先例，受到中国各界的赞扬。

在学校建制上，北京大学也受欧美各大学的影响。1929 年制订的《发展北大计划大纲》提出北京大学的目标是"力求发展，俾与欧美各著名大学并驾齐驱"[39]。计划大纲仿照欧美各大学的组织，施行学院制，将文、理、法三科改为文、理、法三学院，增设工学院、农学院、医学院和附设专科，与研究院、预科构成预科、本科、研究院三级。[40]但《发展北大计划大纲》实际上没有执行。

1930 年，蒋梦麟出任北大校长，他仿照美国的大学教育制度，对北京大学的建制进行改革。1932 年 6 月颁布的《国立北京大学组织大纲》规定，实行学院制，原来的文、理、法三科改为文、理、法三院，取消了原来学校的评议会，改设校务会议。[41]

为了便于与国外学者的学术交流，1936年，北京大学编辑出版了《北京大学理科报告季刊》（英文），主编张景钺及委员10人中半数以上为留美归国人员，如江泽涵等。"理科报告季刊"的出版，使北京大学的自然科学工作者有机会向国外同行包括美国同行展示他们的学术成果，有利于北大与国外学术界学术信息的交流。

四

从北京大学最初40年在对外文化交流中所走过的历程，我们可以看出：

1. 北京大学对外文化交流与北京大学从一所封建式的大学走向现代大学密切相关，其中对美文化交流活动日益增加，带给北大的影响也愈来愈明显。

2. 北京大学前40年的对外文化交流具有自己的特点，它既不同于教会大学，也不同于一般的国立大学。

3. 文化交流具有明显的时代色彩与阶级性，并受当时政治制度的制约。从北京大学的经验看，辛亥革命前它主要是为封建主义的京师大学堂服务的，中华民国成立后到中华人民共和国成立之前，它又转而为具有半封建、半殖民地性质的北京大学服务。

时代不同了，学校的性质也起了根本的变化，今天的北京大学是社会主义的、新型的文理科综合性大学，对外文化交流也在阔步前进。特别是近十多年来，改革开放政策使北京大学的对外文化交流空前活跃，是北京大学历史上任何一个时期所无法比拟的。然而1898年以来九十年间所积累起来的对外文化交流经验，无论是成功的还是失败的，都值得借鉴，或继承或扬弃。在对外文化交流中，外国学者，包括美国学者对于北京大学走向现代大学、增进两国人民之间的相互了解所做的贡献，以及在这个过程中与中国人民结成的友谊，是值得我们纪念的。

注释：

[1]《李瑞芬请推广学校折》（1896年5月），北京大学档案室藏。

　　［2］梁启超为总理衙门起草的京师大学堂章程，转引自萧超然等编著《北京大学校史（1898～1949）》，北京大学出版社1988年版，第11页。

　　［3］《钦定大学堂章程》，光绪二十八年十一月，四川学务处敬刊。

　　［4］同［3］。

　　［5］《张百熙奏请京师大学堂派学生出洋折》，光绪二十九年十一月，北大档案室藏。

　　［6］《咨大学堂师范旧班学生择送英美法等国肄业专门学校文》，光绪三十三年，北大档案室藏。

　　［7］《京师译学馆规章》，光绪乙巳季冬印行，北大档案室藏。

　　［8］《出使美日秘国大臣伍文关于美国学堂课程章程的咨文》，1902年，北大档案室藏。

　　［9］同［8］。

　　［10］转引自萧超然等编著《北京大学校史》，第37页。

　　［11］萧超然等编著《北京大学校史》，第47页。

　　［12］根据1922年编的《国立北京大学职员录》。

　　［13］国立北京大学讲师讲员助教联合会编：《北大院系介绍》（1948年），第10页。

　　［14］《北京大学日刊》，1922年4月18日。

　　［15］《申报》，1920年10月20日。

　　［16］高平叔编《蔡元培全集》，第4卷，中华书局1984年版，第47～49、50～52页。

　　［17］《申报》，1921年10月7日。

　　［18］中国社会科学院近代史研究所编《胡适的日记》（上册），中华书局1985年版，第271～272页。

　　［19］《北京大学日刊》，1917年1月22日。

　　［20］《北京大学日刊》，1917年12月11日。

　　［21］萧超然等编著《北京大学校史》，第308页。

　　［22］《北京大学日刊》，1919年2月8日。

　　［23］这些留美学生统计数字，散见于1917～1932年《北京大学日刊》之中。

　　［24］《北京大学日刊》，1918年2月25日。

　　［25］《北京大学日刊》，1919年2月8日。

　　［26］《北京大学日刊》，1919年10月29日。

　　［27］《申报》，1921年8月21日。

　　［28］《北京大学日刊》，1920年7月30日。

　　［29］《北京大学日刊》，1920年3月23日。

　　［30］《北京大学日刊》，1920年10月23日。

　　［31］《申报》，1921年8月21日。

　　［32］《申报》，1921年8月14日。

［33］ 同 ［32］。

［34］ 高平叔编《蔡元培全集》，第 4 卷，第 57 页。

［35］《申报》，1921 年 8 月 14 日。

［36］《北京大学日刊》，1918 年 12 月 6 日。

［37］《北京大学日刊》，1919 年 10 月 22 日。

［38］《北京大学日刊》，1920 年 10 月 25 日。

［39］《发展北大计划大纲》（1929 年），北京大学档案室藏。

［40］ 同 ［39］。

［41］ 参见萧超然等编著《北京大学校史》，第 193～194 页。

（与郑文鑫合作撰写。原载中华美国学会、中国社会科学院美国研究所编《"二十世纪美国与亚太地区"国际学术讨论会论文集》，现代出版社 1992 年版。选自齐文颖主编《美国史探研》，中国社会科学出版社 2001 年版，收入本书时，略作修改）

中国第一批留美学生

　　1840～1842 年鸦片战争的失败，给中国人民以极大刺激。清朝政府丧权辱国，割地、赔款、签订不平等条约，使中国沦为西方列强瓜分的对象。当时，朝野中的"有识之士"如魏源等人，要求清朝政府放弃夜郎自大、故步自封的愚蠢态度，改向西方资本主义国家学习先进科学技术，以达到富国强兵、制服敌人的目的。这一主张赢得了广大进步人士的拥护。在容闳积极倡导与筹划下，1872 年，由清朝政府经过考试选拔了 30 名留学生赴美国学习，这是我国第一批留美学生。

　　容闳原籍广东，早年留学美国，1847 年，进马萨诸塞州的孟松学校，毕业后考入耶鲁大学，主攻理工科。1854 年，获学士学位后归国。容闳在美国学习期间，正是美国资本主义发展的上升阶段，他所居住的马萨诸塞州又是北方工业中心。他从科学技术上对比中美两国，深深感到，要改变中国落后的状况，必须尽快地选派一批优秀青少年到美国或欧洲留学，掌握他们的科学技术，回到中国应用，便可"使中国日趋富强文明之境"。容闳回国后，在很长一段时间里，他的选派留学生计划都没有机会提出。直到 1867 年他被任命为"五品买官"利用他所结识的"达官贵人"才有可能去推行他的教育计划。这一年，他正式向清朝政府提出"政府宜选派颖秀青年，送之出洋留学，以为国家储蓄人才。……"

　　1871 年春，容闳的教育计划始获批准。清朝政府随即颁布了《招考章程》，主要内容是：总名额为 120 人，分为四批，每批 30 人，按年分送。留美预备学堂设于上海，首批留学生 30 人就是在这里学习期满后派到美国去的。最后一批于 1875 年秋到达美国。

　　当时在美国的留学生统由中国留学事务所管理。第一批留学生到达后，根据康涅狄格州教育司长和耶鲁大学当局以及其他美国朋友们的积极建议，

中国第一批留美学生合影

中国留学生没有集中住在一起，而是"三三两两地、分散地居住在康涅狄格谷地的城镇与乡村的美国老百姓家里，以便熟悉环境，掌握英语"。他们受到了当地人民的热情接待，并同美国人民结下了友好情谊。一位中国留学生后来在回顾他们初到美国的情景时说道："当他们一进入留学生事务所时，被安排住房的房主人早已等候在那里，准备迎接中国的小客人，见面后极为亲热，待之如家人。"据记载，康涅狄格谷地的行政人员、教员和医生家里，几乎都接待过中国留学生。中国留学生在日常生活中，也受到房主人的关怀，大至读书、身体、学习，小至起床、睡觉、吃饭等，房主人都给以细心照料。

留学生在到达美国后，经过一个阶段的补习和熟悉环境，到能直接听讲课时，便被安排到当地小学学习。自小学而中学，毕业后再按照不同情况或考入大学，或考入技术专科学校进一步深造，他们在美国主要学习那些与建设中国工业有关的学科，像机械工程、开矿、造船、交通运输、邮电等。我国杰出的铁路工程师詹天佑，便是第一批30名留美学生中的一个，他最初进西海文小学，毕业后，1876年，以优异成绩考入纽海文中学。1878年，又考入耶鲁大学土木工程系的铁路工程专业。大学学习期间，他以勤奋好学、刻苦钻研著称。他特别喜欢数学，在大学一、三年级学习时，曾连获数学奖学金，1881年，毕业考试又得了第一名，得了学士学位，他的毕业论文题目是《码头起重机的研究》。中国留学生在学习期间不但努力学习美国的先进科学技术，同时也非常注意锻炼身体，学习各种体育项目，还经常同美国人民开展友谊比赛。中国留学生组织的"中华棒球队"曾和旧金山橡地的半职业性球队进行过比赛，他们精湛的球艺使美国观众赞叹不已。

中国留学生为迫切改变当时中国的落后经济面貌而严格要求自己、刻苦学习的精神，深深地得到美国朋友和有关美国人士的称赞，改变了少数不明真相的人对中国人民怀有的狭隘民族偏见，为增进中美两国人民间的相互了解和友谊做出了贡献。当时耶鲁大学校长朴德曾反映说，中国留学生"自抵美以来，人人能善用其光阴，以研究学术，以故于各种科学之进步，成绩极佳……无论在校内肄业，或赴乡村游历，所至之处，咸受美人之欢迎，而引为良友。……实不愧为大国国民之代表，足为贵国增荣誉也。……美国少数无识之人，其平日对于贵国人之偏见，至此逐渐消灭，而美国国人对华之感情，已日趋于欢洽之地位……"。

清朝政府在派遣留学生出国学习科学技术的问题上也不是一帆风顺的，存在着尖锐、激烈的斗争。坚持闭关自守、鼠目寸光的清朝政府中的顽固派，坚决反对选派留学生出国学习，说什么这是"离经叛道"，是"夷化"，对留学事业极尽捣乱、破坏之能事。他们不但借留学生学习汉语而向他们灌输"四书五经"等孔孟之道，束缚他们的思想，并制定各种清规戒律，限制他们对自然科学、生产技术等方面的学习，限制他们与美国人民之间的友好往来。这些反动措施一再遭到留学生的反对与抵制。1876年，当清朝政府派遣顽固派分子、翰林吴子登任留美监督时，破坏留学生的工作达到高潮。他屡次向清朝政府"反映情况"，在国内大造舆论，诬陷留学生"放浪淫佚""读书时少而游戏时多""效尤美人，入各种秘密社会……有为宗教者，有为政治者，要皆有不正当之行为"。他要求清朝政府立即取消留学生制度，解散留学事务所，撤回全部留美学生。他的主张得到国内顽固派的支持。1881年7月，在美国的一百多名留学生终于被迫中断学习，全部回国，留学事务所亦同时关闭。

中国第一批留美学生的工作在顽固派的手中被扼杀了。但是，在清朝政府腐朽黑暗的统治下和帝国主义的奴役压迫下，在归国的留美学生中，有不少人仍能突破重重困难，坚持工作，在我国早期工业建设、科学技术发展方面发挥了一定作用，也培养了不少人才。比如詹天佑在领导修建京张铁路中做出的巨大贡献，震动中外，大长了中国人民的志气。

（原载《人民日报》1979年1月22日第6版，收入本书时，略作修改）

第一次访美前后的主要经历与学术活动

20 世纪 70 年代初，也就是全国改革开放前夕，为了适应国内外形势发展的需要，我所在的北京大学历史学系世界史专业成立了专门研究美、苏、日三个国家历史的特别研究小组，要求老师们除了承担世界史的教学任务外，可再在美、苏、日三个国别史中选择其一作为今后的重点研究对象。我由于对英国史情况比较熟悉，遂选择了美国。

就我记忆所及，当时选择美国史作为研究对象的，还有美国史前辈黄绍湘教授以及罗荣渠、杨立文、何顺果、郑亚英等同事。从那时起，我在系内除了继续承担世界近代史（欧美部分）的教学和任教研室副主任外，又兼顾美国史的教学与科研工作。尽管组内人员到后来有些变化，如黄绍湘教授调离北大，转入中国社会科学院，任专职研究员，罗荣渠教授专攻世界现代化进程的研究，然而，我本人却和组内大多数人一样，坚持从事美国史研究至今。

我是 1949 年即中华人民共和国成立的那一年考入燕京大学历史系学习的。因为燕大是美国教会办的私立大学，与新中国的政治体制不合，遂于 1950 年由政府接管改为公立。1952 年，全国进行院系调整，北京大学、清华大学和燕京大学三所大学的有关文理科合并为一所新型的综合性大学，仍称为北京大学，校址迁入原燕京大学的校园。以历史系为例，原有的三所大学的老师队伍做了部分调整，大多数老师仍留在北大任教，同学则百分之百进入北京大学历史学系继续学习。1954 年，我从北大历史学系毕业，同年又分配在北大历史学系世界近代史专业读研究生，学制四年，导师是著名的杨人楩教授。1958 年毕业，在全国大跃进、大炼钢铁、赶英超美的形势下，我被分配至武汉中南民族学院，任世界近代史教师，两年后，返回北大历史学系任教世界近代史（欧美部分）并任教研室副主任。

我的大学及研究生学习阶段，正值开国伊始，实行"一边倒"政策。

具体到教育战线上，就是"全面学习苏联"。以北京大学历史学系为例，要求全体师生认真读马克思主义经典著作，要读好读通。与此同时，也要学好俄文。具体到世界史专业，除上述要求外，在教学方面一切以苏联为准，从课堂教学到考试各环节，从教学大纲到参考书目，甚至课堂教学时间、作息制度，也照搬苏联模式。学校图书馆也以俄文及俄文翻译本为主，更不要说学校附近的新华书店了。由于我对欧美近代史的偏爱，同时也有一定的英文基础，我自己选读了苏联教科书中列出的英美作家的著作，像美国福斯特的《美国共产党史》、方纳的《美国工人运动史》，英国莫尔顿的《英国人民史》等。在此期间，我还阅读了科斯明斯基院士的《17世纪英国资产阶级革命》（两卷本），加深了我对英国革命的理解，也促成了我在日后一段时间内在世界近代史范围内重点研究的课题。其间我还教过英国近代史，在《北京大学学报》《光明日报·史学副刊》《历史教学》发表过几篇有关英国革命的文章。

我读大学、研究生及步入大学教书的年代，即从20世纪50年代到70年代中期（1976年），也是政治运动接连不断的年代。继抗美援朝之后，就是"三反""五反"运动、思想改造运动、忠诚老实运动、院系调整、批判"胡风反革命集团"、批判胡适唯心主义思想、"大鸣大放"、反右运动、下放劳动（到昌平太平庄半工半读）、"文化大革命"（走江西鲤鱼洲"五七道路"、全体人员返京继续办学、"批林批孔"运动……直至打倒"四人帮"）。70年代初，我们世界史专业还编写了一套《简明世界史》教材。经试用后，于1974年由人民出版社出版。全书"以阶级斗争为纲"，深受苏联教科书的思想影响。

高等教育领域的重大改革，是从打倒"四人帮"、改革开放开始的。以北大世界史专业为例，在教学上废除了全盘苏化的模式，增设了美国史等课程。这时又在全国范围内开始酝酿成立中国美国史研究会，并在邓小平同志的倡导下，选派大批访问学者出国深造（年龄限在50岁以下，通过自愿申请、英语考试选拔、培训考察、体检等环节），我荣幸地被选中为国家第一批出国留学人员，也是北大历史学系和美国史研究会中唯一的人员。之后，经过北大校领导与美国哥伦比亚大学领导的联合面试，我和物理系等系科的七位老师，同赴哥伦比亚大学进修，并决定于1979年底之前到该校报到。

位于纽约的哥伦比亚大学，创建于1754年，历史悠久，是美国最著名的高等学府之一。该校教师阵容强大，有不少世界著名的大师级教授，像教育家杜威，历史学家比尔德，物理学家李政道、吴健雄等。当代口述史的创始人内文斯也出自该大学。我国许多学术精英像胡适、冯友兰、冯景兰等都毕业于哥大研究生院。我最初知道哥伦比亚大学，是在我开始记忆的时期，当时是从我祖父齐璧亭先生口中听说的。他早年留学日本学习高等师范教育，回国后任直隶女子师范校长。20 年代，又留学美国，获斯坦福大学学士学位、哥伦比亚大学研究生院硕士学位。留学归国后，创办了天津河北省立女子师范学院。这是继国立北师大女子文理学院之后华北地区第二所专门培养妇女人才的公立高等教育学府。祖父除对我讲述他在国外学习的情形外，还向我展示了介绍哥大的一组明信片。位于繁华的百老汇大街东侧，哥大校园内一座座绿色屋顶，红色建筑，白色窗户的巍峨的楼群建筑，给我留下了深刻的印象。

1979 年 12 月底，离圣诞节还有不到一周的时间，我们肩负着领导的期望，同行的委托，离开了北大，离开了祖国、亲人，到异国他乡求知识，开眼界。看飞机场上一律黑呢大衣，一律的两只带轮软皮箱，黑色或灰色的西装……他们来自祖国的四面八方，不分性别、年龄、出身，但看年龄（50岁以下）、学历、考试成绩、身体条件……我们也看到了国家改革开放的决心与期望，还看到了我们身上的重任。当时中美之间还没有正式通航，我们是乘坐法航的飞机，经卡拉奇到巴黎戴高乐机场，再转乘美国大陆航空公司，直飞华盛顿。

到达华盛顿后，我住在使馆招待所里，见到了不少旧日同学，也结识了不少新友。我们还参观了白宫、宇航馆、市容等，听了使馆人员对访问学者提出的具体要求及注意事项。三天后，我坐火车来到纽约，来到使馆为我们事先预定好的哥大研究生宿舍，收到了发放的床单、毛毯、枕套等用品以及月生活费。我们的住处，与校园本部近在咫尺，仅一墙之隔。透过高墙，即可望见童时记忆中的红墙、白窗的建筑，虽年代久远，但风貌依旧。

寒假开学后，我按原计划选了两门课：一门是为本系学生开设的美国殖民地时期史，一门是面向全校学生的美国通史。此外，哥大历史系还为我提供了一间办公室。我自己办了图书馆阅览证。后来，我又参加了为研究生开设的美国工人运动史课程和哥大知名教授的中国历史讨论班。参加中国历史讨论班，原未列入我的进修计划，由于狄百瑞教授早年在中国留学时跟随我父亲学习过中国古代史并获益良多，听说我到了哥大，便邀请我参加他主持的讨论班，我也感到这是一个了解美国教学情况的好机会，遂参加了。与此同时，我还拜访了我父亲的老同学、老朋友杜连喆、房兆楹夫妇，他们是哥大教授，享誉全美的明史专家，著作等身，哥大授予他们夫妇二人名誉教授这一荣誉头衔。在哥大期间，他们对我帮助不少。在纽约联合国图书馆工作的万秋芳女士，原是我父亲在燕大教书时的研究生，1947 年留美深造，听说我在纽约，忙与我联系，嘘寒问暖，周末经常邀我谈天聚餐，看电影，听歌剧等。在我初到美国结识的朋友中，还有莫尔夫人，她是经原燕大知名教授、美国人夏仁德教授介绍认识的。后来得知，莫尔夫人是原燕京大学副校长哈里·卢斯的女儿，是 *LIFE* 杂志创办人亨利·卢斯的姐姐，生于中国，后返美受教育，一直从事妇女青年会工作，她带我参观纽约的博物馆，向我介绍教育文化界的名流。

80 年代春假，应父亲齐思和先生的老师洪业先生之邀，我访问坎布里奇。洪先生是燕京大学元老之一，早年留学美国，获哥伦比亚大学历史学硕士学位，毕业后回国创业，为燕大中国化、哈佛－燕京学社在燕大的设立立下了汗马功劳。在他任教燕大历史系期间，经他介绍与推荐，我父亲成为燕大毕业生中第一个赴哈佛深造、获得历史学博士学位的研究生。后来，我家搬到燕南园住，我们又成了亲密的邻居。1947 年，洪先生休假，全家赴哈佛，一直未归。正是祖国的改革开放，使我有机会赴美，亲谒父亲的恩师、我们的老邻居。三十多年未见，都老了好多，洪先生虽已由中年步入老年，但风采依旧，还是那么健谈，那么关心祖国及其教育事业。我在他家住了三天，白天由他的年轻朋友、哈佛－燕京学社主管交换学者事务的秘书、在职研究生毕女士陪我参观游览，晚上则与洪先生长谈。在毕女士的陪同下，我参观了哈佛大学校园、历史系、哈佛－燕京学社及学校中心图书馆等处，并结识了年轻的历史学家艾凯和玛丽·诺顿等人。到美国后给我留下的印象最深、对我在业务上帮助最大的学校就是哥伦比亚大学与哈佛大学了。而它们恰恰就是我祖父与我父亲当年留学的地方。

春假后，一切步入正轨。除继续学习美国史外，在以后一年多的日子里，我又将学习范围扩大到中美关系史和妇女史。通过参加美国历史学家组织的年会、各种有关学术会议以及我个人在芝加哥大学历史系、密苏里大学历史系和加州大学、蒙特利尔大学举行的国际教育论坛研讨会等的演讲与发言，我进一步增进了与外方的交流，同时也扩大了在史学界的交友范围，如芝加哥大学资深教授入江昭、邹傥、何炳棣，密歇根大学的孔华润，密苏里大学的谢文荪，加拿大的谢培智。又参加美中关系委员会、美中文化交流委员会、美中友好协会、美国学者协会组织的活动，不仅使我进一步深入了解了美国社会、家庭、文化、教育，而且还使我有机会与老朋友相聚，如美中关系委员会副主席夏亨利，原是我们燕大附小的老同学、我丈夫的同班同学，他的父亲夏仁德是原燕大心理系教授，思想进步，做了不少有利于中国人民的事情，中华人民共和国成立后多次应中国政府的邀请访华。这次美中关系委员会组织的活动，除邀请几名中国访问学者参观美国东部文化教育等机构外，还有一项住在美国人家里体验美国人家庭生活的内容。我们国内来的三位女同志恰好被安排住在他家。老朋友相见有说不完的话，每晚参观回到他家，他用一口流利的北京话向我们介绍美国各方面的情况，使我们对美国又多了一层了解。

在哥伦比亚大学访学时，齐文颖教授与入江昭教授、
孔华润教授等合影

这里还应提到初次访美时见到的唐德刚教授。唐教授 50 年代末毕业于哥大历史系，曾一度任哥大东亚图书馆主任。他学问好，学术造诣高，是华人中最有影响力的口述史学家。唐教授利用哥大的口述史设备，出版了好几位有影响的华人口述史，像胡适、顾维钧、李宗仁、张学良等。唐教授为人热情，乐于助人，改革开放后多次接待到美国来的访问学者，向他们介绍情况，提供帮助。我手头的《美国学者指南（历史）》《哈佛美国史指南》等书，都是唐教授送我的，它们对于我了解美国史学界情况帮助很大。

完成在美国的访问进修任务后，我于 1981 年乘新开设的中国民航航班返回祖国，返回北大。在我离开祖国的一年多以来，国内也发生了很大的变化，改革开放的步子迈得更大了。以美国史为例，很多高等院校都开出了美国史专题课，到美国学习进修的人更多了。在这一新形势下，作为改革开放后第一批由国家公派的访问学者，我暗下决心，要竭尽全力将全部知识奉献给祖国。回想起来，我在美国史方面做了如下几项工作。

从 1981 年暑假开始，我为历史学系的本科生开设了美国通史课，随后，又在研究生中开设了美国殖民地时期史、美国历史专题讨论班等。这是北京大学历史学系自 1936 年将美国史单独设课（因"七七事变"而中止）以来，又一次设置美国史课程。但在开课的门数、教员的数目、教学的侧重点等方面，都与过去有很大的不同。巧的是，在北大历史学系首先开美国史课程的是先父齐思和先生，而改革开放后首先开设美国史的又是本人。继开设美国史课程之后，又开始招收及培养研究生的工作。我先后招收及培养的研究生有满运龙、郭琦涛、陈勇、杨志国、叶霖、杨玉圣、胡新军、陆丹尼、张宝伟、秦玉成、张雄、郑文鑫、王其寒。他们近半数来自北大历史学系毕业生，其余的来自国内其他院校，也都是历史系毕业生。与哥伦比亚大学、哈佛大学、芝加哥大学等美国重点大学历史系的研究生相比，我们最大的差距是在语言上。于是，我想尽一切办法，创造条件来弥补这一差距，如请美国学者来校讲演讲课，鼓励学生参加各种涉外活动等，取得了明显效果。比如，这些研究生的毕业论文都能参照英文原著写成，达到了较高的水平。后来，我自己的部分文章和这些研究生的毕业论文合编为《美国史探研》，2001 年由中国社会科学出版社出版。

与此同时，我还积极投入了中国美国史研究会的各项活动。在离开祖国一年半的时间里，研究会在老一代历史学家特别是刘绪贻先生、杨生茂先生、丁则民先生、邓蜀生先生等前辈的领导下，做了大量工作，为团结同行、在全国范围内促进美国史的发展以及日后走向世界奠定了基础。美国史研究会也为我校美国史师生搭建了一个结识同行、开展学习与交流的平台。每逢美国史年会召开，我都和我的同事及研究生一同参加，获益匪浅。我还曾当选为学会理事，参与了《中国大百科全书》有关美国早期史部分词条的撰写。

在此期间，在北大党委领导下，还成立了燕京美国问题研究中心，我被任命为副主任（主任暂缺）。在北大图书馆馆长的支持下，该中心挂靠到图书馆，并由图书馆提供一间大阅览室和两名研究人员、一名管理员。在原美国图书馆捐赠的二百余册有关书籍的基础上，又靠到历史学系讲学的美国教授、富布莱特专任教授以及后来的麦克阿瑟基金会的捐助等，中心建成了一座颇具特色的美国问题图书馆，并举办展览会、座谈会、专题演讲等。加拿大驻华大使馆、澳大利亚驻华大使馆也开始捐赠该国历史与文化书籍，进一步丰富了中心的收藏。中心为校内外美国问题研究者提供了方便。

接待国外来访的美国史学者，始于我回国后的 1982 年 3 月中旬。当时，加州大学著名美国史教授 Leon Litwack 初访中国，就选择到北大历史学系，系里安排我负责此事。Litwack 教授是研究 19 世纪美国工人运动史、奴隶制度史的专家，他来北大的讲演也是围绕这两方面进行的，参加者都是系内讲授美国史的老师及有关研究生，同学们则是又听课又服务，既提高了业务知识水平，又加深了对美国学术界的了解，还提高了英语听说能力。讲课者本人对这几周的访问也十分满意。据当时我系访问加州大学伯利克分校的周一宏教授回国后告诉我说，Litwack 教授对他这次访华活动非常满意，返美后在旧金山报纸撰文谈了访华观感。之后，我们还接待了美国哈佛大学美国史权威 Oscar Handlin 教授夫妇、康乃尔大学早期文化史著名教授 Michael Kammen、早期妇女史著名学者 Mary B. Norton、美国学者协会主席 Stanley N. Katz 教授以及英国牛津大学教授、英国皇家会员、美国早期史著名权威 J. R. Poole，来北大做为期不等的讲学及演讲。与此同时，从 1982 年起，我们还安排了富布莱特海外项目（一年）的美国教授来校讲授美国历史及美国历史的分支学科（如美国文化史、美国城市史、美国口述史、北美殖民地史等）。按照我们的要求，来我校的教授都是在美国常春藤大学获得美国史博士学位、具有丰富的美国史教学经验、经过我们严格审查的。我们聘请的有马里兰大学的 E. B. 史密斯教授、缅因大学的怀富德教授、康涅狄格大学的 B. 斯蒂夫教授等。美国及英国史学家的到来，增加了我们美国史的教学力量，加强了双方的文化交流，增进了彼此的了解，彼此建立起与他们长久的友谊关系。

此外，我们还利用各种渠道鼓励美国史组的老师到美国大学访问、交流与讲学，像杨立文教授、何顺果教授、郑亚英教授等。绝大部分的美国史研究生，毕业后也都通过各种渠道到美国深造。像满运龙是改革开放后北大历史学系第一位到哈佛大学进修美国史的留学生，一年后，进入约翰·霍普金斯大学，后获得美国史博士学位；陈勇通过对方层层选拔到康奈尔大学留学，获美国史博士学位。出国留学的同学还有郭琦涛、陆丹尼、杨志国、叶霖、胡新军、秦玉成、郑文鑫，其中绝大多数都获得了历史学博士学位，目前有五位在美国的大学任教。杨玉圣是后来在北京师范大学任教期间通过富布莱特项目访美深造的。

以上是我第一次留美前后的主要工作与经历，特别是在改革开放以来在美国史方面所做的一点工作，微不足道。三十多年过去了，在今天来看，那只是美国史领域在我国的重新起步阶段。如今我们的美国史学不断发展壮大，人才辈出，硕果累累。原先我的学生那一辈年轻人，现在已成为今日美国史教学科研领域的中坚力量。在北大历史学系，美国史也后继有人。南开大学杨生茂先生的高足李剑鸣教授、哥伦比亚大学 Eric Foner 教授的高足王希教授，先后被引进到北大历史学系工作，使美国早期史、美国黑人史的教学与研究进入了一个新阶段，"长江后浪推前浪，一代更比一代强"。这也是我感到特别欣慰的。

2010 年 3 月

（原载满运龙等编《美国史探研（续编）》，河北人民出版社 2010 年版，收入本书时，略作修改）

第三编　妇女史新论

加强对国外妇女的研究

改革开放促进了我国妇女国际地位的提高和妇女研究的发展。近十几年来，我国妇女研究发展之快、参加人数之多、研究领域之广、成果之丰富，都是空前的。我国城乡妇女在政治、经济、社会、文化、生活等方面的重大变化，不仅是我国当代妇女研究的课题，而且是国际妇女研究中不可忽视的一部分。国外学者开始认识到，离开对占世界妇女人口1/4的中国妇女的研究，就谈不上对人类妇女经验的总结，也谈不上对世界人类进步的新认识。此外，1995年联合国第四次世界妇女大会在中国的胜利召开，不但为"世界了解我们，我们了解世界"创造了有利条件，同时，还使我们进一步认识到，对占人口半数的妇女的研究，已经超出纯学术研究范围，同国家政策、国情，以至国际政治及环境等研究紧密相连。时代对妇女研究者的要求不只是立足本国，还要放眼世界。

我国对国外妇女的注意与研究始于鸦片战争及签订一系列不平等条约之后，大约已有一百多年的历史。不甘屈服的中国人民为民族独立，向西方学习，寻求富国强兵的经验，其中也包括西方妇女的经验。早期维新派人物将在西方游历所目睹的社会、风土人情写成游记，其中便有不少关于西方妇女文化教育状况、社会风俗的记载，如王韬的《漫游随录》、李圭的《环游地球新录》等，令国人耳目一新。郑观应、陈虬等虽未有出国考察、游历的经验，但他们能通过看书、读报，结合别人的经验，将开发妇女人力资源、提高妇女文化教育水平与国家的富强联系起来。如郑观应曾说："女学盛者，其国最强，不战而屈人之兵，美是也。女学次盛者，其国次强，英、法、德、日本是也。女学衰，母教失，愚民多，智民少，如是国之所有者幸矣。"[1]陈虬还提出，要与西方强权决胜负，就必须把妇女的力量开发出来，"中国人口五万万，今无故自弃其半无用。欲争雄与泰西，其可得乎？"[2]康有为、梁启超等又结合西方进化论、民权论提出男女平等的主张，促进国家富强。进入 20 世纪以来，介绍西方妇女运动、妇女历史及妇女理论的著作不断出现。1902 年，英国哲学家赫伯特·斯宾塞论述男女平等的著作《女权篇》中译本出版。这是我国近代出版的第一部西方妇女理论译著。1906 年，美传教士林乐知的《全地五大洲女俗通考》出版，是我国出版的第一部系统介绍世界，重点是西方世界妇女历史、地位及妇女运动的著作。与此同时，恩格斯的《家庭、私有制与国家的起源》、约翰·穆勒的《妇女的屈从地位》、玛丽·沃斯通克莱夫特的《妇女权利论辩》等也都开始介绍到中国。

自辛亥革命、五四运动以来，举凡主张革命与进步的人士，如李大钊、陈独秀、蔡元培、胡适等，都很注意对国外妇女状况及妇女运动的研究，用其长、避其短。20 年代末王森然的《世界妇女运动大系》，全书共 13 卷，是我国学者写出的第一部系统介绍国外妇女运动历史与现状的著作。可惜书稿完成后因爆发抗日战争未及出版，直到 1995 年才得以面世。[3] 然而，历经战火，原稿只留下了"总论""英国妇女运动""美国妇女运动""德国及北中东欧诸国妇女运动""法及拉丁诸国妇女运动""苏俄妇女运动"等六部分。这是一部我国学者对西方妇女研究的集大成之作，它反映了我国 30 年代之前知识界对西方妇女运动的认识水平。

中华人民共和国成立之后，五六十年代，我国对国外妇女研究多集中于对苏联等社会主义国家妇女运动经验与马克思主义妇女理论的研究，出版了倍倍尔的名著《妇女与社会主义》最完整的译本，还对蔡特金等国际社会主义妇女解放运动领袖人物做了评介，奠定了我国马克思主义妇女理论及国际妇女解放运动研究的基础。

改革开放使我国对国外妇女的介绍与研究工作跨入一个新时期。以发展我国妇女研究为前提，对国外妇女运动经验做了大量译介研究工作。如翻译出版了西方妇女运动中的一些代表性著作，像西蒙娜·波伏娃的《第二性》、弗里丹的《女性的奥秘》及玛丽·沃斯通克莱夫特的《妇女权利论辩》、约翰·斯图尔特·穆勒的《妇女的屈服地位》等，也发表了不少我国学者研究国外妇女问题的专著与文章。随着妇女研究进入高等院校及科学研究机构、国际妇女研究学术的开展，在短短的十多年里，我国妇女界在对国外妇女研究上也取得了可喜的成绩。

然而，当前我们对国外妇女研究，特别是对西方妇女运动及妇女理论的研究是在中断了近 30 年的情况下进行的，而这期间特别是在 60 年代后半叶以来，正是西方妇女运动与妇女理论急剧变化的年代。因此，与我国的外国问题研究相比，如外国历史、外国文学、外国哲学、国际政治、西方经济等学科相比，外国妇女的研究存在着明显的差距，即便与二三十年代的研究相比也有令人不够满意之处，主要反映在这几个方面：

1. 专门性的理论介绍、研究多，基础性问题介绍、研究不够。如近年来我国学者对西方妇女哲学、心理学、人口学等方面的介绍与研究是比较深入的，成果亦多。然而，对西方的妇女运动特别是 60 年代中叶以后西方妇女运动的情况与理论等基础性问题的介绍与研究却十分不够。到目前为止，我们还没有一部系统而完整地介绍西方妇女运动史的专著或译著，更不要说世界妇女运动史了。同样，关于西方当代女性主义理论方面也还没有系统的研究著作出版。这势必影响我们对西方妇女问题的深入研究。

2. 翻译中的问题。我们在阅读研究西方妇女运动及理论的译著时，常常遇到一些名词问题。有些翻译名词使人百思不得其解，有些名词虽然能够让人看懂字面的意思却与其原义相距甚远。这就妨碍了我们对西方妇女运动与理论的认识。

如 empowerment 这一西方妇女运动著作中的常见词，像 Women's empowerment、empowerment of women 等，仅在《北京宣言》中便出现几十次。这么一个重要的词语，至今还没有一个令人一目了然的翻译。当前，在一般情况下多译为"赋权妇女"或"赋予妇女权力"。但是，结合上下文来看颇为费解，甚至无法理解。难怪《中国妇女报》编辑冯媛在《妇女研究论丛》上撰文征求解答。

又如 gender 一词，gender 理论是当代西方女性主义理论的基石，至今仍无确切的译法。最初译为性别，因为 sex 亦译为性别，为避免混同，故又进一步将 gender 译为社会性别，但是还不能让人明白它的确切含义。

此外，还有一些西方妇女运动中常见的名词，像妇女学、妇女研究中心等译成中文时尽管看起来明白易懂，但是从西方的含义来讲，却有另一番解释。

如妇女学（women's studies）在西方主要是指始于 70 年代用女性主义观点为指导，为西方妇女运动服务而建立的一种新的学科体系。在大学它力争用女性主义观点开设新课程、改造旧课程、为妇女运动培养理论研究与实际工作的人才。妇女学最早开始于美国，之后遍及欧洲，也影响到西欧及第三世界的一些国家。到目前为止，仅美国一个国家开设的妇女学课程积累起来便达几千门，现又向中学拓展。另外，还值得一提的是，在西方，所有妇女学课程的主讲人与研究者都是女性主义者。与妇女学在高等学校设置直接关联的是大学校园内妇女研究中心（Center for women's studies）的建立。它是妇女运动深入高等院校的重要步骤，是用女性主义理论进行妇女问题教学与研究的基地。1995 年世界妇女大会之后，在美国有乔治·华盛顿大学、马里兰大学等 6 所大学已获许建立妇女学系或妇女研究中心，纳入学校正规编制。这一发展势头仍在继续。

3. 认识上的问题。我国学术界还没有完全认识到对占人口一半的妇女研究的重要性与迫切性。这一情况直接影响到我国对国外妇女运动及妇女理论的研究。到目前为止，我国还没有一个该专业领域的正式的研究机构，甚至研究小组。研究国外妇女的人都是"业余"的、没有组织的。有些大学虽然成立了妇女研究中心，但绝大多数都不是实体单位（包括我所任教的北京大学），可以说，外国妇女研究还没有提上日程。而国外某些国家对我国一国妇女研究的人员比我国"业余"研究各国妇女的人员多好多倍，而且形成了"中心"。如英国的伦敦大学、里兹大学等，德国的柏林大学，法国的巴黎大学，以至挪威、丹麦等，更不要说我们的近邻日本、韩国了。在美国大学中从事中国妇女问题研究与教学的人员则更多了，从东到西的著名大学都有中国妇女问题研究专家，研究范围之广、内容之细远远超过了我国学者的研究。而这一差距随着我国国际地位的提高、国内的发展迅速，正在不断扩大。这不能不引起我们的重视与正视。西方女性主义的口号是"妇女问题就是政治问题"，她们对国内的问题是如何看的，对国外的妇女问题是怎么看的，对中国妇女问题又是怎么看的，我们是否也需要加强了解、深入研究、培养队伍，以做出回应？

我国一向有研究国外妇女问题的传统。在今天，如何结合我国国情加强对国外的妇女研究，其中也包括国外对我国的妇女研究，正迫在眉睫。

注释：

[1] 刻本《盛世危言》第 2 卷《学务》。

[2] 刻本《治平通义·救时要义》。

[3] 王森然：《世界妇女运动大系》，大众文艺出版社 1995 年版。

（原载《妇女研究论丛》1997 年第 3 期，收入本书时，略作修改）

美国妇女运动的历史考察

众所周知，作为当代西方世界强权国家之一的美国，与欧洲英、法、德、意、西班牙等具有悠久历史的国家相比，是个历史较短的年轻国家。连同建国前英国统治下的殖民地时期的历史在内，至今尚不足 400 年。然而，美国妇女在争取民族独立、唤起妇女自身解放、争取资产阶级民主权利等方面的斗争，却并不落人后，反倒是起步早、规模大，并对全世界妇女运动做出了重要的贡献。在这个意义上说来，它又是一个"古老的国家"。本文将在这方面做一个历史的考察。

一

美洲大陆原是印第安人的故乡。他们由亚洲经白令海峡移居到这里已有三万余年的历史，是美洲最早的居民。1492 年，哥伦布的"地理大发现"为当时欧洲的强权国家向美洲殖民开辟了道路。继西班牙、葡萄牙、荷兰、法国之后，英国于 1607 年在北美东海岸建立了第一个殖民地——弗吉尼亚殖民地。之后，在一百多年的时间里，通过多种途径，陆续建立起 13 个殖民地，史称英属北美十三殖民地时期（1607 ~ 1776 年）。其间，从 1619 年开始，又陆续有大批黑人被运往北美，或作为劳动力，或作为奴隶，但大量的是作为奴隶被贩卖进来的。从此，红、白、黑三个种族、三种文化开始汇集。北美殖民地妇女的历史就是从这里开始的。

英属北美殖民地最初是作为移民垦荒拓殖地而建立起来的。殖民地以农业生产为主。由于缺少劳动力，妇女与男子都参加劳动，与此同时，妇女还在生儿育女、繁衍后代方面做出贡献。

英法七年战争（1756 ~ 1763 年）后，英国加紧对北美殖民地的控制，在政治上实行高压政策，在经济上巧立名目增加税收，遭到殖民地人民的极力反对。妇女也积极投入，如她们在各个城镇都成立了"自由之女"的组织。为了抵制英货，她们号召殖民地妇女用当地原料自己纺纱织布，自己缝制土布衣服。她们的口号是："宁穿土布衣，不买英国货。"在她们的带动下，殖民地家家架起了织布机，机杼之声随处可闻。殖民地广大妇女还积极投入到反对英国殖民者向北美殖民地大批倾销东印度公司茶叶的斗争中。为了抵制英国进口茶，她们改变了长期以来形成的喝茶习惯，用当地的土产草药或咖啡代替。波士顿有300多名主妇公开声明："除病人急需外，决不喝茶。"北卡罗来纳的威尔明顿妇女在举行了全城游行后，立即将自己家中茶叶全部焚烧一空，以示决心。伊登顿地区有名望的妇女自动组织"茶社"，宣誓要为公共福利和反英事业而斗争。波士顿地区的上层妇女一向喜欢在私人家庭中举行的下午饮茶聚会，这时也改用其他方式进行等。殖民地妇女反对饮用英国茶的自觉行动，与1773年底在波士顿海港发生的由数十名男士化装成印第安人登上三艘茶船，在"把波士顿海港作为'大茶壶'"的口号声中，一夜之间将价值10万英镑的342箱茶叶统统倾入大海的"波士顿茶会"，共同构成了独立战争前夜的革命高潮。梁启超曾高度评价了这一抵制英茶的倾茶事件，并指出它足可与我国鸦片战争前夕林则徐禁烟、销烟之壮举相媲美。

独立战争开始后，广大妇女以实际行动支持了这次战争。第一，当男子离开家乡开赴前线后，后方的事务如农田的活计、城里的生意等主要由妻子们来承担。她们干得十分出色，从后方保证了战争的顺利进行。第二，大批贫穷士兵的妻子携带儿女随丈夫的军营前进。她们为士兵烧火做饭、洗衣缝补，还兼做护士，是战争中一支有力的后勤队伍。第三，战争中还涌现出捍卫独立的女英雄，著名的如马萨诸塞的妇女德布拉·采普森·肯尼特化装成男人并取名罗伯特·施特来夫参加大陆军作战，在军队中服役近两年之久。后被发现，才离开军队。又如佐治亚的妇女南希·哈特只身一人便俘虏了一组保皇党人。至于妇女潜入敌方、刺探军情，十多岁的女孩跑封锁线等情况，更是不胜枚举。第四，殖民地上层妇女也行动起来了，如宾夕法尼亚埃丝瑟·里德领导的妇女协会为前线士兵募捐，购买他们急需的衣物，献爱心。她号召说："为了回报前线士兵对我们生命、财产和自由的保卫……请把花在做高级华丽服装的钱、把梳理时髦发髻的钱节省下来奉献给士兵。"协会成员用分片包干的办法，很快募得7000美元。在她的带动下，马里兰、新泽西、弗吉尼亚也都成立了妇女协会，开展捐献活动，取得较大效果。

除上述行动外，殖民地妇女也行动起来为争取妇女权利而斗争。早在 1776 年初，当《独立宣言》尚未发表之前，殖民地革命领袖之一、后来成为美国第二任总统的约翰·亚当斯的妻子艾比盖尔·亚当斯给她正在参加大陆会议的丈夫写信说，在制定新的法典中"千万不要忘记妇女"。她的名言是："要记住，所有男子，如果可能，都会成为暴虐者。如果不给予妇女以特别的关注，我们便决心酝酿一场起义，我们决不能把我们自己捆绑在一部听不到我们的声音或不代表我们的法律中去。"她还提出要对美国的婚姻法进行改革，因为"它使妻子完全成为丈夫的附庸"。尽管她的意见未被采纳，然而她却无愧为美国女权运动的前驱。

二

1776 年通过的《独立宣言》、1787 年通过的美国宪法，都号称是在天赋人权基础上制定的，然而作为美国革命力量的妇女与黑人以及印第安人等都没有获得选举权，宣言与宪法所宣布的人权实质上只是白种男子有产者的权利。妇女选举权的获得还经过了一个长期而艰巨的历程。

美国妇女争取选举权的运动始于 19 世纪 40 年代后半叶，是 30 年代妇女积极投入废奴运动与禁酒运动的产物。她们与男子一起投入运动，然而却经常受到男子的不平等对待，这一点迫使妇女重新审视她们的政治与社会地位，在为黑人争取平等权利的同时也为争取妇女权利而斗争。1837 年，两位反对奴隶制的杰出女性——安吉利娜·格里姆克和萨拉·格里姆克两姐妹共同起来抨击"男主女从""女人要做男人附庸"的观点，坚持"男女都有同等的权利与义务"。1838 年，萨拉·格里姆克写的《妇女状况和两性平等书信》和安吉利娜·格里姆克写的《致凯瑟琳·比彻的信》，公开指责妇女在法律上和社会上的不平等地位。不少妇女在反对奴隶制的斗争中还发觉她们的处境与地位"和奴隶极为类似"：都没有选举权，都不能控制自己的财产（寡妇除外），都没有受良好教育的机会，在就业方面受到很大限制。"在对奴隶权利的调查中，我更好地了解到了我们妇女自己的处境"，安吉利娜·格里姆克的这句话反映了当时很多妇女的心声。

然而，更激起妇女强烈不满的是：当一些美国著名妇女废奴主义者如露西娅·莫特、伊丽莎白·斯坦顿等以代表身份随同她们的丈夫参加在伦敦举行的世界反对奴隶制大会时，会议组织者竟不准她们正式注册报到，理由只因为"她们是妇女"。争取妇女权利的斗争已成为刻不容缓的事情，终于1848年7月19～20日在纽约州的塞尼卡福尔斯召开了美国历史上第一次争取妇女权利大会，有300余人参加了大会。会议讨论并通过了《妇女独立宣言》。它以《独立宣言》为范本，重申天赋人权原则，历数男人对妇女达18项之多的种种压迫，要求男女平等，给妇女以选举权。这是美国历史上妇女第一次正式提出对选举权的要求。塞尼卡福尔斯大会的召开标志着美国女权运动的开端，其首要任务是争取妇女选举权。

从19世纪50年代开始，美国妇女争取选举权的斗争是在苏珊·安东妮和斯坦顿共同领导下进行的。她们在全国范围内讲演并发表文章。内战开始后，她们征集签名支持解放黑人。内战之后，仍继续进行争取妇女选举权的斗争。但在对待宪法第14条修正案问题上，妇女领袖之间出现了分歧。1869年3月，斯坦顿与安东妮成立了全国妇女普选权协会，致力于争取妇女选举权的斗争，希望通过斗争使联邦政府制定妇女选举权的修正案。她们属于当时女权运动的激进派。同年底，以露西·斯通为首成立了美国妇女普选权协会，主张各州单独进行，争取用各自修改本州宪法的战略，最终达到实现妇女选举权的目的，被称为运动的温和派。1890年，两派合并，成立了全美妇女普选权协会。最初，由斯坦顿任主席，因年老体弱，两年后由安东妮继任。进入20世纪，妇女争取选举权的运动从领导到路线都发生了很大变化。经历了从卡瑞·凯特领导的、强调温和路线的战略到艾丽丝·保罗的激进路线。她们曾在威尔逊总统就职的前一天组织了5000名妇女的首都大游行，并组织其他示威活动等，在引起人们对妇女争取选举权的同情与支持方面收到一定效果。此外，第一次世界大战期间由于很多青年男子开赴前线打仗，在后方缺少劳动力的情况下，妇女出来顶替，较好地完成了工作。这一行动不但考验了她们对国家、对民族的责任感，同时，也证明了她们的工作能力。上述一切，最后导致了1920年给妇女选举权的宪法第19条修正案的颁布。然而，长达70年的争取妇女选举权斗争的胜利并不意味着妇女获得了真正的政治权利与妇女解放，它仅仅可以说是开始起步了。正如女权主义者克里斯蒂尔·伊斯特在回答黑人运动领袖杜波依斯所说的那样："男人们说：'感谢上帝，这场旷日持久的女权运动终于结束了！'但是妇女们却说：'现在我们总算是可以开始了。'……现在她们才可以说，她们真正追求的目标是和世界上其他人奋斗的目标是一样的，那就是自由。"

三

继美国掀起争取选举权运动之后，20 世纪初又开始了妇女争取控制自己身体的运动，即由妇女自己掌握并实行计划生育的运动。这一运动的创始人为玛格丽特·桑格（我国旧译为山额夫人）。是她，发明了英文节制生育（Birth Control）一词，更由于她对人类节制生育的伟大贡献，故有"节制生育之母"的称号。

玛格丽特·桑格

桑格于 1879 年出生于一个爱尔兰穷苦的移民家庭。父亲是一位石匠，母亲因生育过多而劳累致死，死时年仅 48 岁。她短促的一生共怀孕 18 次，活下来的子女 11 人，桑格排行第六。1900 年结婚，随同丈夫迁往纽约，在那里的贫民窟从事医护工作，主要是入户照看因无钱住院生产而又病情严重、卧床不起的产妇。这些生活在贫民窟的妇女因不懂避孕方法，婚后便怀孕不止，但又无力养育子女，经常实行自己堕胎，既危险又容易感染其他疾病。据当时的统计，在美国每年因不愿养育而自行堕胎致死的妇女约 2.5 万人，不满 1 岁死亡的婴儿年逾 30 万人。她母亲的悲剧，甚至比她母亲更为惨痛的悲剧，在纽约以及其他地区的贫民窟已经司空见惯。目睹这一切，桑格决心为消除这一严重情况而奋斗。她认为问题的关键是妇女应有权控制自己的身体，掌握避孕办法，按照计划进行生育，做一个自愿的母亲，而不是由男人随心所欲，不顾后果。1913 年，她自费创办了全美第一份宣传节制生育的杂志——《妇女革命》双月刊，自任编辑兼发行人，还免费赠予贫民窟的各种家庭。当邮局按照政府法令规定拒绝邮递这种"有伤风化"的出版物时，她立即组织人亲自送上门去。她还亲手编写了全美第一本指导避孕的小册子——《家庭节育须知：一个护士对妇女的忠告》，第一版印刷达 10 万册，不少国家都立即翻译成本国文字出版。她还在纽约贫民窟建立节育诊所，免费提供咨询与指导。此外，她还在全国演讲，推动实施计划生育。

由于这是向传统生育观的挑战，也是妇女争取自身解放斗争的一部分，因而必然遭到各方面的反对。她为此先后入狱 8 次，并曾逃亡国外，经过艰苦卓绝的斗争，在国内外进步力量的支持下，最终取得胜利。在第一次世界大战期间，美国政府还将她的"节育须知"更换书名为"士兵须知"发给士兵。各地开始建立节育诊所，推动计划生育活动。1921 年底，成立了美国节制生育同盟这一全国性组织，桑格当选为第一任主席。

桑格于 1922 年来中国，应北京大学蔡元培校长及胡适邀请到北京大学讲演，宣传计划生育。把男女之间的"性"事作为学术问题公开在大学宣讲，并由一位妇女主讲，这在当时的中国是一件破传统的创举。演讲次日，她的"节育须知"由北大学生译成中文免费散发，这又是一个破天荒的创举。从此开始了中国的节制生育运动。潘光旦先生曾指出："山额夫人游中国后，生育限制论风起云涌，极为热闹，至今节育器已在市上公开买卖。"

四

选举权的获得并不意味着妇女在各方面取得了平等地位。直到 20 世纪 60 年代，妇女在政治上仍处于基本上无权的状况，到 1967 年，她们在各州议会中的席位只占 4%，法官中仅占 2%。在经济上，妇女就业仍然受到严重性别歧视，缺少就业机会，不能与男子享有同工同酬的待遇，妇女大多数只能从事低报酬的工作，如秘书、小学教师、售货员、清洁工、服务员、护士等。妇女"贫困化"的情况有增无减。这一切是促使她们再度掀起女权运动的"物质"前提。

20世纪60年代，美国女权运动再现高潮。与19世纪的女权运动是在反对奴隶制运动基础上发展起来相似，20世纪的女权运动是在日益增多的妇女参加民权运动、学生运动、反对越南战争等运动中发展起来的。尽管她们满怀豪情与男子一样投入运动，然而即使在这些进步的运动中，他们也备遭歧视，不但不能与男子平等地参加工作，有时还受到性骚扰。与前次主要争取选举权的内容相比，新的女权运动在法律上而且在政治、经济社会等方面都要求男女平等，从根本上改变妇女地位，并从观念上向传统的文化模式挑战，使妇女获得真正的解放。

在第二次女权运动中，首先向舆论界宣战的是贝蒂·弗里丹，她于1963年出版了《女性的奥秘》一书。她在书中对舆论界长期以来制造的白人中产阶级妇女安于他们的舒适生活与温馨家庭论提出质疑。她称舆论界制造的"由厨房、卧室、性、孩子、家组成的、使妇女感到心满意足的世界"是妇女的"舒适的集中营"，是对妇女最有效的压迫方式。妇女们成了这种"舒适集中营"的"牺牲品"，而不能成为她们所应成为的那种真正的人。事实上，妇女亦为此感到困惑。她援引一位年轻母亲的话说："当我自己已拥有我想拥有的一切时……却感到了失望。我开始感到我是个没有独立人格的人……我究竟成了什么人？"弗里丹认为，女人和男人一样，也要发现自我，要认识到女人首先是人，她应有作为人的一切权利。女人应该像男人一样有人的自尊、独立和自由。"要达到上述目的，唯一的道路就是要进行创造性的劳动。"该书出版后在白人中产阶级妇女中引起很大震动，销量高达300万册，由于被一些有影响的杂志转载、节录、介绍，很快又使读者增加了一百多万人，对60年代女权运动再现高潮起了推动作用。1966年，"全国妇女组织"成立，目的是尽快结束妇女在就业、教育、社会保障等方面的歧视，促进男女在各个领域中的平等。弗里丹任第一届主席。1970年，她协助组织了纪念妇女获得选举权50周年及争取男女平等权利的全国示威活动。具体目标是：实行堕胎自由、教育与就业机会均等、社区举办托儿所中心等。鉴于她的著述与实际活动方面的影响，有人把她同著名黑人领袖马丁·路德·金相提并论，称她为"妇女界的小马丁·路德·金"。

继"全国妇女组织"成立之后，美国女权运动中又出现了激进派。她们主要由受过良好教育的白人青年妇女组成，曾是民权运动、反越战中的积极分子。她们要求终止男性统治的父权社会，用组织妇女提高觉悟小组的办法激发女性自觉推动女权运动，在战略上主张直接行动，一鸣惊人。她们曾于 1968 年 3 月，在华盛顿组织数百名妇女于国家公墓旁举行火焰游行，提出"要埋葬妇女的传统地位"。同年 9 月，又在大西洋城发表反对选美的通告——《不要再选美国小姐了！》，并公布《十点抗议内容》。她们声称反对将妇女当作男人性压迫及性奴役的工具、按照男人的喜好制定"美的标准"以及任何以赚钱为目的的商业化选美。9 月 7 日，即选美当天，她们组织妇女解放小组，黑人妇女、大中学校女生、妇女和平小组，妇女福利和社会工作小组，妇女就业机会均等、妇女堕胎自由及计划生育等小组参加抗议活动。当选美活动开始，她们按照事先的布置，纷纷将装扮美女的假睫毛、假发、卷发器、束腰等"妇女垃圾"统统投入垃圾箱，还将取悦于男人的性感杂志《花花公子》等几种刊物也一并丢入。在抗议活动上还牵来一只戴有"美国小姐"字样王冠的小羊，出台亮相以示讽刺。这些活动均通过电视转播到全国，对于谴责当代美国男女不平等问题起到一定效果。

女权运动中出现的另一有影响的派别为社会主义女权派。她们认为性别歧视是阶级社会的产物，妇女最终解放是和消灭阶级相联系的，必须推翻资本主义制度方能实现。她们把现实社会的斗争如男女同工同酬、教育与就业中的机会均等、堕胎自由、社区举办免费托儿中心等与实现社会主义的总目标结合起来，赢得了广大妇女的支持。

总的来说，六七十年代的女权运动，经过艰苦斗争，克服重重困难，取得了一定成果。第一，对美国社会中存在的严重性别歧视，人们开始有了清醒的认识，为争取男女平等权利而斗争的队伍日益扩大；第二，妇女参政、就业、受高等教育的人数也有很大变化；第三，女权运动中建立起的妇女学已成了为妇女争取平等与解放提供理论武器的研究基地。然而，妇女获得真正意义上的解放，还有一段漫长的道路要走。

（原载陶洁编《域外女性》，北京大学出版社 1995 年版，收入本书时，略作修改）

蔡特金与国际妇女运动

——纪念国际劳动妇女节七十五周年

克拉拉·蔡特金（1857～1933 年）是国际无产阶级妇女运动的伟大旗手、"三八"国际妇女节的创始人、国际共产主义运动的著名领袖。她从青年时代起就积极投身工人运动，为争取妇女解放而斗争。在国际共产主义运动史上，正是蔡特金首次把被压迫妇女的解放事业引上无产阶级的革命道路，并把它作为工人运动的一个重要组成部分纳入国际共产主义运动。

青年时代

克拉拉 1857 年生于德国萨克森恬静的维特劳山庄一个知识分子家庭。父亲是乡村学校教师，善于演奏乐器。母亲受过良好的高等教育。在父母熏陶下，克拉拉自幼喜爱文学，加上她聪慧好学，11 岁时就已阅读了歌德、席勒、莎士比亚、拜伦和狄更斯等名家之作，并能背诵许多佳作。后来她在讲演和文章中经常引用那些作家的名句。"你不愿奉献自己的生命，你也就永远得不到生命"，便是她最喜欢引用的。

1871 年是德国历史上的重大转折点。这一年，德国在"铁血宰相"俾斯麦领导下，经过王朝战争的道路，完成了自上而下的统一，资本主义获得了飞速发展。这一年，也是克拉拉生活的一大转折，她离开了宁静的维特劳，随同全家迁居莱比锡。莱比锡是当时德国文化和工商业中心，克拉拉在此有幸欣赏到歌德的《浮士德》和《哀格蒙特》、莎士比亚的《哈姆雷特》和《奥赛罗》、席勒的《堂·卡洛斯》和《威廉·退尔》等世界第一流的名剧。

但是，莱比锡也是资本主义世界的缩影，商业区的灯红酒绿难以掩饰成千上万的工人的凄楚。克拉拉对广大工人阶级寄予莫大的同情，并努力探索他们受苦的根源和摆脱贫困与不幸的出路。1874年，她进入莱比锡一所师范学院学习。由于她常向教师提出一些有关工人处境的问题，因而在校期间她便得了"女改革者"的绰号。

然而，克拉拉对资本主义有较深刻的认识，并决心把个人贡献于工人阶级解放的伟大事业则始于与欧西勃·蔡特金结识之后。欧西勃是流亡莱比锡的俄国大学生，因在俄国参加革命活动被沙皇政府驱逐出境。欧西勃熟读马克思和恩格斯著作，富于革命抱负，介绍她阅读《共产党宣言》和马克思、恩格斯的其他著作，邀请她参加社会民主党人主持的工人集会。在那里，她第一次听到社会民主党领袖威廉·李卜克内西代表工人阶级的富有说服力的演说，感受到工人阶级为争取自身解放而体现的不屈不挠的革命精神。她决心为工人阶级的解放事业奋斗终生。

考验的时刻来到了。1878年，克拉拉以优异成绩通过国家考试，取得担任女教师的资格。此时，克拉拉如果凭掌握英、法、意三国外语，凭她的写作才能以及谈吐清楚、长于辩论的口才，谋求一个待遇较高的教师职务，过舒适的生活，本是不成问题的，这也是当时一般女知识分子追求的最高理想。可她却走上了一条充满风险的革命道路。这年正当俾斯麦为镇压社会主义运动，公布了臭名昭著的《反社会主义者非常法》，白色恐怖笼罩全国，克拉拉毅然加入了德国社会民主党，以实际行动投入反"非常法"的斗争。

"非常法"迫使革命者由公开斗争转入地下活动。欧西勃被列入第一批黑名单，随后被驱逐出境。欧西勃转赴法国继续从事革命活动。不久，克拉拉也被迫离开德国，从奥地利、意大利辗转到瑞士，协助德国社会民主党的刊物出版者尤里乌斯·毛特勒，把党刊由瑞士秘密运回德国。这是一项非常艰巨的任务。过去，这项任务都由男同志承担，克拉拉是第一个被大胆启用的女同志。出人意料，她干得比男同志更加出色。

1882年底，克拉拉也来到巴黎，同欧西勃·蔡特金结了婚。婚后称克拉拉·蔡特金[1]。她共生了两个男孩。他俩的收入少，生活负担日益加重，经常吃不上饭，付不起房租，有一次，被房主撵到公园去待了半宿。

尽管过着十分艰苦的流亡生活，他们对党的革命事业是始终不渝的。在巴黎，他俩结识了法国工人运动活动家盖德和拉法格夫妇，盖德夫妇赞助他们的革命斗争。他俩还一起参与组织流亡巴黎的德国社会民主党人的工作。

精力充沛的蔡特金更协助欧西勃为巴黎、柏林及维也纳的秘密刊物写稿。一些编辑部对妇女持有偏见，即使是党的刊物也谢绝妇女文章，蔡特金只好借用丈夫的名字发表。当时，欧西勃一直以病弱的身子为革命工作，1888年底，他终因艰苦的生活及繁重的工作病倒，不久后辞世。欧西勃的死，使蔡特金失去生活的伴侣、革命的战友，她的担子更重了，但是，她以惊人的毅力克服了重重困难。

把妇女运动纳入国际共产主义运动

蔡特金在从事工人运动的同时，十分重视广大妇女的解放问题。资本主义制度下女工的困难处境更加引起她的关注，她们在工厂同男工一样是资本家的剥削对象，在家庭又受夫权的压迫，还被排斥在工人运动之外。

在蔡特金看来，错误地对待妇女问题，不把占有人类半数的妇女都解放出来，是不能把工人运动进行到底的。她通过撰文、演讲及其他方式宣传妇女解放在工人运动中的重要作用，批判那些反对妇女参加政治活动、把女工的存在视作降低男工工资根源的种种谬论，并同当时流行的那种把争取选举权作为终极目标的资产阶级妇女运动划清界限。由于她大力宣传与奋斗不懈，妇女解放问题受到了日益广泛的重视，终于被列入国际共产主义运动的日程。

1889年7月14日，在第二国际成立大会上，蔡特金以柏林社会主义者妇女代表和大会书记（她是大会11名书记之一）身份做了有关妇女问题的报告。她身穿朴素的玄色连衣裙，上衣纽扣直扣到颈端，梳着整齐、光亮的头发，毫不修饰，俨然是个普通青年女工登上了国际工人代表大会的讲台。

她在报告中指出，唯有参加推翻资本主义的斗争，建立社会主义制度，才是妇女获得解放的唯一出路。她强调妇女必须劳动，自己创造解放的条件，同时，就某些工人领袖反对妇女参加劳动、反对男女同工同酬等错误论点加以分析批判，进一步阐述了男女同工同酬的重要意义。她吁请各国代表，要十分重视妇女力量，要像培养男工一样，把产业女工培育成一支工人阶级不可缺少的战斗部队。

蔡特金的报告热情洋溢，富有说服力。由于她的宣传与倡议，通过会上会下的艰苦斗争及一系列深入细致的工作，妇女运动终于被纳入工人运动中去，并成为工运的一个重要组成部分。这是当时年仅32岁的克拉拉·蔡特金对国际共产主义运动所做的重大贡献。

定三月八日为全世界劳动妇女解放斗争日

1890 年，俾斯麦《反社会主义者非常法》被迫取消，蔡特金又回到祖国，在国内外的社会党人大会上继续坚持争取妇女解放、争取民主权利的斗争。除在集会上发表妇女问题演讲外，她还利用零星时间走上街头，听妇女们谈论，耐心地回答她们所关心的问题。有时，她深入厂区，在工厂门前散发传单，与女工们交谈。她的长子马克辛回忆说："只要有五六位妇女在场，我母亲也从不吝惜自己。她乘车去偏僻的小城镇，既不因坐小火车或马车的疲劳奔波而畏缩，也从不因在风雨中步行数里而却步。相反，正是这少数妇女的聚会给予她很多益处，她感到这些小集会使她与妇女听众保持着特别密切的接触。克拉拉谈到关于妇女和社会主义，关于军国主义……许多问题。"[2]

从 19 世纪末到 20 世纪，蔡特金更加全力以赴地投入国际妇女运动，并把争取妇女解放与争取妇女选举权以及与反军国主义战争问题紧密结合起来。

1907 年 8 月 17 日，在德国斯图加特召开的第一届国际社会主义妇女大会，是一次具有重大意义的世界妇女集会。全世界无产阶级妇女代表，破天荒第一次聚在一起共商如何维护切身利益、摆脱贫困和不幸及争取美好未来前景等问题。大会被视作未来重大国际妇女代表大会的开端。此次大会是与国际社会主义者代表大会同时召开的。参加这两个大会的不仅有蔡特金于 1893 年即已相识的露莎·卢森堡，且有伟大的列宁。

参加国际社会主义妇女大会的，有来自德、意、俄、法、荷、比、瑞典、挪威、匈、瑞士、美、英、捷、奥和芬兰 15 个国家的 58 位妇女代表，另有一位印度妇女代表列席会议。蔡特金在大会发言中提出，要反对剥削，加强维护女工、母亲、妻子和女公民等的权益，同时应争取政治平等，使妇女能在反对资产阶级社会的斗争中支持有阶级觉悟的无产阶级，并能赞助他们推翻资本主义社会制度。她说："毫无疑问，只要各国妇女并肩战斗，相互学习，无产阶级妇女运动的工作将会更有威力、更有成效。"[3]

大会在妇女选举权问题上发生过争论，最后采纳了蔡特金的意见，同时选举她任国际妇女组织的第一任书记。

1909 年 3 月 8 日，美国芝加哥女工为争取男女平等举行示威游行，这一斗争获得了以蔡特金为首的国际妇女组织的声援和支持。

1910 年，第二届国际社会党大会在哥本哈根召开，第二届国际社会主义妇女代表大会也于同时召开，来自 17 个国家的妇女代表参加了这次大会。大会讨论了一系列有关妇女解放的问题。为了纪念并支持 1909 年 3 月 8 日美国芝加哥女工的斗争，蔡特金向大会提议，把 3 月 8 日这一天定为国际劳动妇女斗争日，使这一天永远成为全世界劳动妇女为团结、解放和维护自己权利而斗争的节日。建议得到大会一致通过。从此，3 月 8 日成为国际劳动妇女节，蔡特金的名字与"三八"国际妇女节紧紧地联系在一起。

《平等报》：蔡特金不朽的纪念碑

1891 年秋，蔡特金受德国社会民主党委托，主编《平等报》，它的副标题是"一份维护女工利益的杂志"。

要把《平等报》办成具有马克思主义思想、为无产阶级妇女谋利益的社会主义刊物，既需有远见卓识，又要富有组织才能、广博的知识素养和丰富的政治经验，同时还应经常与读者保持密切接触，这一切，蔡特金都具备。但在开创初期，编辑部的条件却极其简陋：没有编辑室，没有助理编辑，没有写作人员，连打杂的也没有，经费十分匮乏。蔡特金全力以赴，从写社论到组稿、校对、印刷……一切几乎全由她亲自动手，并且是在她仅有的一间房间里进行的。

《平等报》是双周刊，当每隔两周这份报纸递到妇女读者手里时，她们竞相传阅，有的还组织学习讨论。这份报纸成了她们提高思想觉悟、增强斗争意志和扩大政治视野的学校。

第一次世界大战后，社会民主党内的思想分歧愈来愈大。由于蔡特金坚持马克思主义思想的办报方针，坚持反对社会民主党内的右倾错误思想，1917 年 5 月，社会民主党右翼领导竟然撤去了她做了 25 年之久的《平等报》的主编职务。这个错误的决定虽然令人愤慨，但它无损于蔡特金的伟大形象，她为真理而斗争的精神赢得了德国和国际无产阶级妇女的尊敬。

蔡特金的战友，政论家、历史学家弗·梅林在祝贺蔡特金 60 岁生日时写道："她数十年工作的精神和要点是：她以工作把自己锻炼成社会主义妇女国际的第一位导师和领袖"，"发行多年的《平等报》就是蔡特金永垂不朽的纪念碑"。

为医治疾病和工作需要，蔡特金的晚年住在苏联，继续为全世界妇女解放事业而奋斗。就在双目失明之后，她仍坚持在病榻上口授完《列宁给全世界妇女的遗训》这篇著名论文。1933 年 6 月 20 日，蔡特金病逝于莫斯科。

回顾历史，克拉拉·蔡特金在半个多世纪的战斗生涯里为国际无产阶级妇女运动树立了光辉榜样，培养和锻炼了一代无产阶级妇女。她的一生，是伟大的一生。

注释：

[1] 按照欧美人的风俗习惯，女人结婚后要改从丈夫的姓氏，名字不变，因此，克拉拉结婚后称为克拉拉·蔡特金。为便于我国读者记忆，很多作者都把她称为蔡特金，虽然这一称呼不够准确，但在我国已成习惯。根据上述情况，下面凡是提到蔡特金的地方，都是指克拉拉·蔡特金。

[2]《克拉拉·蔡特金——生平与事业》，第 112 页。

[3]《克拉拉·蔡特金——生平与事业》，第 212～213 页。

[与杜美合作撰写，原载《人物》（妇女增刊）1985 年，收入本书时，略作修改]

玛丽·沃斯通克莱夫特与她的《妇女权利论辩》

玛丽·沃斯通克莱夫特是西方妇女运动的先驱。她的《妇女权利论辩》（又译作《妇女权利辩论》）是世界上第一部由妇女站出来为妇女权利申辩，争取男女平等、妇女解放的力作，是国际妇女运动开端的标志。

诞生于 18 世纪法国大革命高潮时期的《妇女权利论辩》，一经问世便震动了英国及西方世界，当年便出了第二版，并在法、英、爱尔兰等地出版。这部著作的作者就是玛丽·沃斯通克莱夫特。

玛丽·沃斯通克莱夫特于 1759 年诞生在英国伦敦附近的一个乡村。幼年时随父母迁到伦敦。因家境困难，为了生活，她从小就时常流浪。19 岁时，正式离开父母外出工作。她曾做过富孀的陪伴人，也曾以缝纫为生，还曾做过家庭教师和学校管理员等。颠沛流离的生活、坎坷的经历，再加上作为一名妇女，特别是经济窘迫人家的妇女，其处境更为艰难。这一切对于她日后成为妇女运动的前驱是有一定影响的。

1787 年重返伦敦是她一生中的重大转折点。这不仅结束了她为糊口和养家到处奔波的艰苦生涯，转而投入以卖文为主的生活中去，而且还由于这次重返英国她结识了一批追求进步的知识分子，在他们的影响下，她也走上了进步知识分子的道路。她和她同时代的进步知识分子一样，都是启蒙运动思想家的信仰者和追随者，相信理性，反对特权、偏见和压迫以及社会上的一切不公平现象。他们都对英国腐朽的、保守的政治制度不满，希望能改变它。

然而，玛丽·沃斯通克莱夫特比她同时代的人走得更远，她不仅赞同启蒙思想家提出的"天赋人权"思想及于男性，而且还远远地超过他们，指出"天赋人权"亦应包括女性。主张男女平等、贫富一样。这在当时封建思想、传统文化有深厚影响的欧洲是十分难能可贵的。尤其应当特别指出的是，她对欧洲长期以来占统治地位的男尊女卑、男优女劣文化传统压制下的妇女提出了一条解放之路，并从理论上做了详细的论证。这一切都体现在她于 1792 年出版的《妇女权利论辩》的论著中。

作为一部划时代著作，这本书的主要贡献在哪里呢？我认为主要有四方面。

第一，她首先从被压迫妇女立场出发，指出"天赋人权"的局限性，要求将"天赋人权"及于女性。从根本上说，玛丽·沃斯通克莱夫特是拥护法国革命和"天赋人权"理论的。在英国，是她，第一个起来抨击著名保守派学者、历史哲学家和政论家埃德蒙·伯克（1729～1797 年）名噪一时的反对法国革命的《法国革命随想录》（1790 年），并在很短时间内写出了《男子权利论辩》一书，进行反击。她赞扬革命使男子获得了"天赋人权"，进而揭露英国当权者对工人阶级的剥削和英国存在的严重贫富不均现象。此书一经问世便引起各方面的注意，几乎所有有影响的杂志均对她的著作做出反应，她顿时成了当时政治论争舞台上的中心人物。特别应当指出的是，她的这部著作是先于美国革命启蒙思想家托马斯·潘恩（1773～1809年）的同类著名著作《人权论》一年出版，这说明了，她对法国革命的较早认识和她政治上的洞察力。然而，她并没有把她的理论停留在表面上提倡"人权"，而实质上是主张"男权"的时代认识上，而是比他们更前进了一步，提出妇女也是和男人一样的人，同样是具有理性的人，"天赋人权"亦应把妇女包括在内，也应使她们拥有与男人一样的权利。这就是《妇女权利论辩》一书的理论出发点，是对当时尚处于进步时期的"天赋人权"理论的重大突破，也是她对人类文化所做的重大贡献。

第二，她把长期以来在西方存在的男尊女卑、男优女劣的传统看作后天教育和整个社会环境造成的，而非生就如此。"妇女的卑劣是由于给她们以卑劣的教育与培养造成的"，这是她对男尊女卑原因的基本看法。这也是她对启蒙思想大师卢梭所主张的对男孩女孩天性不同而应施以不同教育主张的挑战。在卢梭看来，女孩天性柔弱、爱美，从小就喜欢玩镜子、玩娃娃，应因势利导使之向取悦于男性，日后做一个好妻子、好母亲的方向发展，对女孩的教育应在这方面下功夫。玛丽·沃斯通克莱夫特用大量篇幅反击他这一论点，提出"'女性'是教育培养的结果"，"女孩喜欢玩娃娃是因为不给她们其他的玩具"，"为取得男女平等就要从小给男孩女孩以平等的教育"和同样的平等环境。因此，她主张用开发男孩智力的办法同样去开发女孩的智力，男孩女孩进同样的学校、共同在一班上课，从而就能使女孩与男孩获得同等的知识与进步，妇女卑劣地位的问题便可得到解决。

第三，她提出用立法手段，制定国民教育规划，通过用国家力量办学的做法使所有妇女都能得到受教育的机会。这比她的妇女先辈们所提出的改变妇女地位的教育方案更前进了一大步，有着质的区别。

在西方，早在15世纪初法国宫廷女官皮桑（1365～1430年）首先提出用使妇女受教育的办法解决男女不平等问题，她于1405年完成的《淑女城之书》便是为此目的而写的。她说"如果人们把女儿同儿子一样看待，一样地送到学校读书，也让她们学习自然科学，她们也会像男孩子们一样认真而严肃地学习，了解一切科学和技术的精妙"，并借理智之神的口说，要让淑女们"走向知识的原野"。然而，解决的办法却只是给那些高官显宦家的少数特权淑女建立一座"淑女之城"，让她们在那里受特殊的教育。之后，在历代，在不同的国家都有一些先进的妇女提出这方面的主张。然而，从皮桑以来直至玛丽·沃斯通克莱夫特之前的妇女所提出的主张，都只限于使少数特权妇女受教育、获得知识从而摆脱低劣处境方面。她们提出的办法也都限于私人指导、办私塾、建立"淑女城"等，根本没有考虑解决大多数妇女受教育问题。玛丽·沃斯通克莱夫特提出的在使所有妇女受到与男子同等教育方面的主张，无疑是一个重大的突破。

第四，她还提出要把妇女从"政治上受奴役"的状况下解放出来，并进一步提出使妇女与男人共同管理国家的大胆主张。她说，如果妇女不是天生就低劣，如果通过教育可使妇女成为与男子一样可以发挥作用的人，那么为什么要把妇女排除在政治生活和法律之外呢？因此，她提出要求妇女和男子一样地管理国家大事，"一个文明国家应当尝试……让她们分享教育和政治的利益，看看她们在变得聪明和自由之后，是否能更上一层楼"。这是《妇女权利论辩》一书的思想顶峰，也是她生活的那个时代妇女思想解放的最高点。

通过以上对玛丽·沃斯通克莱夫特和她的《妇女权利论辩》的介绍与分析，我们不难看出，《妇女权利论辩》确实不愧为一部划时代的著作。她在妇女运动史上第一次提出了妇女也应与男人一样享有生而平等的权利、受平等的教育的权利。通过教育水平的提高达到享有参政的权利、在法律上与男人平等的权利等。在保障妇女受教育权方面，她又提出用国家立法的形式，采用国家办学的办法来解决，并提出受教育对象应当包括男女、不论贫富。这在当时来说无疑是具有先进性和进步性的主张。尽管她的作品还有时代的局限性与阶级的局限性，然而，仍不失为妇女运动的一面旗帜。

玛丽·沃斯通克莱夫特是在提倡男女平等，破除男尊女卑、男优女劣的传统势力方面做出重大贡献的第一位妇女。

她，理应成为西方妇女运动的先驱，西方妇女解放运动的第一面旗帜。

（原载《中国妇运》1993 年第 1 期，收入本书时，略作修改）

写出有时代特点、有中国特色的外国女性史

一

加强对外国女性经验的研究，著述外国女性历史，译介外国女性著作，在我国有着上百年的历史，它是与我国近代历史上开始的富国强兵、振兴中华紧密相连的。鸦片战争及其以后一系列的帝国主义侵华战争，使我国逐渐沦为半封建半殖民地社会。为了寻求民族复兴之路、探求列强称雄之道、总结外国富强经验，我国早期先进的思想家们看到了一条新的、长期为我国忽视的（或鄙视的）外国经验：要重视开发占人口半数的女性的经验。他们看到西方及日本重视女权给国家、民族带来的好处，开始提倡"妇女解放"，如倡办女学、提倡天足、办女报等，并提出妇女在强国保种中的重要地位，也从此开始了对外国女性历史的书写。

二

20世纪初，我国出现了第一部系统介绍外国女性历史的专著——《全地五大洲女俗通考》。作者林乐知（Young J. Allen，1836～1907年），为美国监理会传教士，1860年开始来华传教，也曾任过中国政府的翻译及教习等职，还曾办过报纸、开办过教会女学、翻译过大量书籍。他所编著的《全地五大洲女俗通考》是以西方人观点、传教士眼光为中国人书写的世界妇女史。他结合当时国人对外国不甚了解的情况，在介绍各国妇女情况之前，先把该国的历史做一较详细论述，在叙述各个国家妇女情况时，将该国

妇女社会、政治、法律地位的演变，婚姻、家庭状况等做了详细的论述，并附有插图及重要妇女人物的介绍。为使读者能读通、读懂外国妇女历史，此书还对各国妇女间的不同情况做了比较研究，并结合中国妇女情况也给以对比说明。此书当时是一部了解外国妇女状况极为有用的世界妇女通史（从古至 20 世纪开端）；但是，用今天的眼光来看，该书除有阶级局限性、时代局限性外，尚有浓厚的基督教新教色彩，当然更缺少女性视角及社会性别观点的分析。

三

十月革命一声炮响，给我们送来了马克思主义，同时，也为我们送来了马克思主义的妇女观。

我国第一部全面介绍马克思主义妇女观的著作是倍倍尔著《妇女与社会主义》，时为 1927 年。倍倍尔（1840～1913 年）是德国工人运动的著名活动家，德国社会民主党的创始人和领导人。他所写的《妇女与社会主义》是关于妇女解放与社会解放的经典名著。本书用马克思主义观点详细考察了妇女在人类发展各个历史阶段的社会地位。他指出，经济上的从属关系是社会上一切从属和压迫关系的起因，人类最初的阶级对立和阶级压迫是与男性对女性的奴役与压迫同时出现的。他还进一步指出妇女解放与社会主义革命的密切关系，并展望未来妇女在创立新社会主义社会中的重要作用。该书于 1879 年在德国出版，至 1910 年已出 51 版，并译成多种文字在世界各国发行，影响极广。在我国，1927 年，夏衍将该书由日文翻译成中文，开始介绍到我国，产生了很大影响。到 1955 年，已出了 6 版。1995 年，马恩列斯著作编译局有关同志又根据德文原文重新译出。

四

1929 年，由我国学者自己编写的第一部介绍近代外国妇女运动的专著——《世界妇女运动大系》完成，并交付上海商务印书馆准备出版。该书作者王森然（1895～1984 年）是一位进步知识分子，同情妇女革命与妇女运动。他用丰富的资料，根据近代各国妇女状况与妇女运动的不同特点，用分国别介绍的办法书写了这部内容翔实、观点进步的著作。遗憾的是，书稿交上海商务印书馆之后，淞沪战起，未能及时出版，且原稿在战火中失去大部。1995 年，始将残稿整理问世，由北京大众文艺出版社出版。现今出版的《世界妇女运动大系》仅保留有原著的前编即"总论""英国妇女运动""美国妇女运动""德国及北中东欧诸国妇女运动""法及拉丁诸国妇女运动""苏俄妇女运动"等六部分。其中"总论"全面概括了关于妇女解放理论及妇女运动的意义、妇女与政治关系及 20 世纪前全世界妇女运动之新倾向。其余各编都是对西方主要国家妇女状况及妇女运动的具体论述，每编最后并附有该国妇女运动领袖人物及著名妇女的小传。该书反映了 20 世纪 30 年代前我国学者对世界妇女运动的最新认识。尽管该书正式出版于 1995 年，但它代表了我国学者 30 年代前对世界妇女运动认识及研究水平，具有史学价值，且是研究 30 年代前世界妇女运动的重要参考著作。

上述三部著作是我国在 20 世纪出版的最具代表性的、全面论述世界各国妇女历史及妇女运动的著作。它们的共同特点是：站在作者所处时代的高度来看待妇女问题，观点进步，赞成妇女解放，拥护妇女运动。倍倍尔的著作更是用马克思主义妇女观写出的第一部经典著作。同时，作者能结合当时中国读者的实际水平，写出或翻译出符合中国实际需要的内容丰富的世界妇女史，让人读得懂，读得明白。

时间进入 21 世纪，世界发生了重大变化。经济全球化使妇女状况与妇女运动发生了极大的变化。21 世纪号称是"妇女的世纪"，占人口半数的妇女问题的研究，已经超出仅仅是关注妇女问题的范围，而成为全球关注的重点之一，是了解各国政治以至全球政治不可忽视的部分。认真总结历史经验，写出一部有时代特点、有中国特色的外国女性史，让我们更全面地了解世界，让世界更好地了解我们，是我们进入 21 世纪迫切需要解决的任务之一。

（原载魏国英、王春梅主编《女性学理论与方法》，吉林人民出版社 2002 年版，收入本书时，略作修改）

首届国际妇女史研究大会印象

　　首届国际妇女史研究大会于今年 8 月 31 日在西班牙首府马德里举行，会期两天。这次会议是规模盛大的第 17 届国际历史学大会的分支会议。

　　挪威著名妇女史专家艾达教授任大会主席并主持了开幕式。大会的中心议题是"妇女的一生：社会－经济和政治方面"，共分少女、结婚、生育、母亲、离婚、寡妇、单身 7 个专题组，依次进行讨论。与会者发言热烈，各有独到见解，内容涉及古代、近代、东方、西方，并就不同阶级、阶层、文化背景进行分析研讨。

　　对少女问题的讨论多集中在各个历史时期不同国家的女孩受教育情况。其中印度德里大学阿帕拉·巴苏教授对印度西部一个中上层家庭从 19 世纪后半期至 20 世纪中叶四代女孩受教育情况的调查报告，引起不少人的兴趣。在对结婚、离婚、寡妇问题的讨论中，西方学者的发言多集中于财产关系，特别是财产继承关系的问题上。日本学者提出，即使在古代日本，离婚妇女及寡妇也都有财产继承权，而且寡妇可以再婚，这是与西方完全不同的。关于生育问题的讨论，发言较多地涉及人工流产在一些国家中所遇到的障碍是否与宗教信仰有关的问题。在母亲问题的发言中，西方学者多集中于 18 世纪西方工业化之后工厂禁用已婚及有孩子母亲的问题、非洲殖民地的母亲除受上述歧视外，还蒙受种族歧视，只能做一些笨重的活计。日本女学者早川纪代还进一步揭露了日本军国主义者在侵华战争时期和第二次世界大战时期所实行的"母亲政策"，名为照顾母亲、尊重母亲，实质是保证日本侵略战争中的兵源，是为军国主义侵略扩张服务的。在单身问题的发言中，我对我国历史上单身妇女与西方国家的异同进行了比较。此外，与会者对老年妇女的概念与标准提出看法，认为它也是因时、因地、因文化背景不同而有所不同的。

　　在第 17 届国际历史学大会其他分支会议上，还有一些涉及妇女问题的内容。如工业化与妇女的专题组，专门讨论各国工业化以来给妇女带来的影响及后果，分为理论与职业变化、中小学教师、服务性行业、工农业等四部分。发言内容偏重对西方资本主义国家妇女情况的分析与介绍。虽然工业化为广大妇女走出家门提供了就业机会，但受压迫、受歧视的地位并未改变。在其他专题组与分支会议上也有一些有关妇女史问题的内容。如人物传记史组关于书写妇女集体传记的尝试，美国著名史学家葛莱第教授在说到他当前正在主编新《美国人物辞典》的原因时说，原来28卷本的《美国人物辞典》中妇女人物数目太少，与男性人物比例悬殊是修改的主要原因之一。此外，在"行业组织"专题方面有关于18世纪法国妇女行会情况的报告，在"疾病与社会"专题方面有19世纪后半期加拿大妇女健康状况的调查等。

在会议外，吃饭、休息的时间也成为交换意见、交流情况、展开讨论的机会。虽然马德里天气炎热、干燥，一般会场没有空调，但人们还是利用3小时休息时间，开展小型交流活动或个别交流。我多次介绍了我国妇女史研究的情况与特点，引起与会人员兴趣，并从中进一步了解到国外妇女史的研究情况。

总之，会内外的交流活动，给我留下的主要印象是：

（1）妇女史学在欧美等国经过30年来的提倡与发展已成为一个独立的学科，成为历史学中不可缺少的一部分。以美国为例，几乎各高等院校都开设了妇女史的课程，多数院校都设置了研究所（室、组），队伍大、出版物亦多。英、法次之。亚洲的日本、印度也急起直追，虽然起步较晚，发展亦快。以日本为例，早在40年代就已出版了日本著名进步史学家井上清的《日本妇女史》。到目前为止，日本出版的妇女史主要著作有《日本妇女运动大事记》（1968年出版）、4卷本《明治时期妇女史》（1969年出版）、10卷本《日本妇女资料档案集成》（1976～1980年出版）、32卷本《近代妇女名著选》（1982～1985年出版）、5卷本《日本妇女史文集》（1982年出版）等。另外，还出版了日本著名妇女运动领袖的文集，如10卷本《平塚雷鸟文集》（1981～1982年出版）、7卷本《山川菊荣文集》（1983～1984年出版）。为我国读者所熟知的《啊，野麦岭》《望乡》也属妇女史中的新著。这里应当特别提出的是日本对中国妇女史的研究，1979年日本成立了中国女性史研究会，两年前开始出版《中国女性史研究年刊》，目前已出至第二期。据了解，在日本各种刊物发表的关于中国妇女史论文到目前为止约有200余篇。研究的侧重点多在经济、社会地位，以及婚姻、家庭、教育、财产继承权等方面。日本妇女史研究的队伍与欧美最大的区别是，在日本既有专家、学者，也有非科班出身的妇女群众。欧美则仅限于受过专门训练的学者，这也是日本妇女史发展迅速的原因之一。

（2）妇女史学研究领域已逐渐从对个人、事件等方面转向对妇女不同阶级、不同阶层及少数民族的整体研究，着重在社会、政治、经济、文化、教育诸方面，从上述第 17 届国际历史学大会及首届妇女史研究大会上讨论的问题便可见一斑。同时，在对妇女地位的研究上，除继续研究妇女受压迫、受歧视的问题外，还开始发掘历代妇女在各自"岗位"上对民族、社会、国家以及世界所做出的贡献，不仅要揭示她们被压迫的地位，更为重要的是要看到她们也是推动历史前进的积极力量。要做到这一点，不但要打破传统重男轻女的历史观，而且在研究的方法与材料的收集上也要来个大转变。重新认识妇女在历史上的作用，是当前妇女史学界研究的一个新课题。

（3）国外妇女史学界正在把科研成果体现到大、中、小学历史教科书中，增加历史教科书中妇女人物及事件等方面的内容，充分显示妇女的作用。妇女人物在教科书中出现的数目，同男性人物数目的对比，已经成为衡量教科书是否符合要求的标准之一。有的国家的学者还在调查儿童读物中对妇女人物形象的描绘与所占比例，把妇女史研究的成果普及到儿童中去，以使人们从孩提时起树立正确的妇女观。

（4）妇女自古以来在任何国家和地区都毫无例外地处于被压迫地位，因此，妇女史的研究学者都对妇女持同情态度，从而或多或少地都接受了一些马克思主义观点。恩格斯《家庭、私有制和国家的起源》一书是他们的必读之书。这正说明了马克思主义是被压迫者求解放的理论。一般地说，妇女史学家比较进步，比其他学科的专家同我们的共同语言多。然而我们也应看到，当前国外妇女史研究界所提出的问题，多是西方学者所关注的问题，研究的主导思想与内容也多是以西方为主，他们对东方及第三世界妇女历史状况特别是广大劳动妇女状况了解不够，妇女史研究的成就也不多，这是国外妇女史研究的不足。同时，我们在对待外国学者的著述要本着"洋为中用"的原则，不能全盘接受。对此要有一个清醒的认识。

会议决定第二届国际妇女史研究大会将于 1995 年在加拿大蒙特利尔市与第 18 届国际历史学大会同时召开。其中心议题仍在征求意见，并欢迎我国妇女史学工作者提出建议。

（原载《妇女研究》1990 年第 6 期，收入本书时，略作修改）

王森然先生对妇女史的贡献

众所周知，王森然先生是我国卓越的教育家、文学家、史学家和艺术家，是一位博大精深的学者，著作等身。除在学术上的重要成就之外，先生一生对光明、对进步、对革命的追求，使得他始终把学术研究同国家前途、民族解放、世界大同紧密相连。因而他的著述都带有浓厚的革命色彩，他不仅研究中国，也研究外国，研究世界。他站在中国人民的立场上，从广大人民的利益出发积极探索国外的历史经验教训，使其为革命、为社会所用。我因从事世界历史教学与研究工作，涉及中外妇女历史与妇女理论的比较研究，最近有机会读到王森然先生所著《世界妇女运动大系》一书的原稿及新近出版的样书。在此我就王森然先生对妇女史研究的重大贡献，做一简略的梳理，作为对王森然先生百年诞辰的纪念。

1992 年，为迎接联合国第四次世界妇女大会在北京召开出版的《世界妇女运动大系》是王森然先生完成于 20 世纪 20 年代末期的一部巨著，经蔡元培先生推荐由商务印书馆出版。原著长达 120 多万字，因经战乱，原稿毁于"一·二八"淞沪会战，后经王光美同志和吴泽炎同志的奔波，原稿的前六编在遗失半个世纪之后失而复得。现有文稿重点在欧美诸国的妇女运动，约 50 万字。它的出版是对中国妇女学研究的一个重大贡献。

《世界妇女运动大系》是我国第一部全面、系统介绍并论述世界妇女运动的宏伟著作。虽然中国对西方妇女的运动介绍在 19 世纪末就开始了，但主要是通过翻译介绍外国人的著作来了解国外的妇女理论与活动。然而，中国学者著述的，站在中国人的立场，为了中国妇女解放的目的，系统、全面介绍世界各国妇女运动的历史、理论的著作，按其写作时间考证，本书当为第一部。

在论述西方妇女运动起源时，先生特别着重指出，18 世纪法国革命人

王森然先生

权领袖制定的《人权宣言》是一部没有包括妇女权利在内的《人权宣言》，觉悟起来的法国妇女当即起来草拟了一份《女权宣言》以示反抗，并号召全体妇女起来为争取妇女权利而斗争，成为西方妇女运动的旗帜，西方妇女运动自此始。然而《女权宣言》的作者，却以扰乱治安的罪名，在革命的高峰时期被送上了断头台，这说明妇女运动的艰巨性与长期性。

先生并以国别分编的体裁系统地介绍了各国的妇女运动及其特点。特别对十月革命后苏联妇女的巨大变化做了详细的介绍。

《世界妇女运动大系》的另一贡献，是对当代盛行于西方的妇女理论的介绍。为了不因东西方文化背景不同，翻译名词的不统一、不规范而造成对西方妇女理论理解得不够深透，王森然先生特别对重要的妇女理论做了详细的解释，必要时用原文的音译来代替。西方妇女运动中有难以理解的内容，他都做了不失原意的注释与说明，使我们能对西方妇女运动理论的基本观点与内容有一个较为确切的理解。习仲勋同志曾对王森然先生《世界妇女运动大系》做过专门的评价："系统地介绍了世界各国妇女运动的概貌，对我国妇女运动的历史和当时的状况做了颇有见地的总结，对我国妇女运动与革命的关系，妇女运动的前景做出了积极的探讨。"《世界妇女运动大系》在原作完成 70 年后的今天，仍然具有十分重大的意义。

先生著作的第三个特点是对西方妇女杰出人物的介绍。除在一般情况下进行介绍外，在每编的最后还另辟专门的章节进行重点人物的详细介绍，被他列为专节人物介绍的有 40 余位。所介绍的人物有妇女革命领袖、在科学领域做出杰出贡献的科学家如居里夫人，以及女飞行员等。当然，介绍最多的是妇女政治领袖与著名改革家，凡是我们熟知的西方妇女运动领导人均有详细的宣传，如蔡特金、卢森堡、爱伦凯、路易丝·米歇尔等。对俄国十月革命前妇女革命者的介绍最多，主要说明她们斗争的艰巨性和革命成果来之不易。

《世界妇女运动大系》一书是王森然先生的重要著述之一，其涉及面之宽、研究之深、见解之新，经过 70 年的风云变幻，直到今天仍不失为研究西方妇女运动的必读书。

王森然先生已经离开我们很多年了，但先生为中国妇女解放事业而研究世界妇女问题所付出的巨大代价，先生精益求精的学风，都随着王森然——这个光辉的名字一道，使我们永远怀念。

1991 年 11 月 7 日

（原载靳尚谊主编《王森然研究资料》第 2 辑，文化艺术出版社 1994 年版，收入本书时，略作修改）

北欧地区妇女学研究综述

近年来，随着我国妇女学研究的发展，有关国外妇女学研究的情况与进展也不断被介绍进来。然而，对北欧的情况却介绍得不多。1991～1992年，丹麦哥本哈根大学女教师赛西莱女士到我们所在的北京大学，对中国妇女问题进行研究，同时也带来了丹麦及北欧妇女学研究的资料与信息，为我们打开了了解北欧妇女研究情况的窗口，自此开始填补这方面的空白。

一

北欧地区指丹麦、瑞典、挪威、芬兰、冰岛王国等五个国家以及自治领法罗群岛和格陵兰。这些国家和地区的人口共计2500多万人，社会、经济、文化以及语言都是相通的，妇女生活模式和所走过的道路也都类似，甚至在今天，北欧五国中各国妇女的受教育情况、就业情况以及妇女参政情况也不相上下。

西方国家经常把北欧五国看作男女平等、共同参与社会和政治的理想国家。与西方国家相比，那里的妇女在就业率方面、在职妇女的收入与生活水平方面、妇女的独立性与参政方面等，水平都较其他西方国家为高。从参加劳动就业的妇女人数比例来看，北欧五国中妇女参加劳动就业人数居西方世界首位。据统计，1989年，16岁至74岁年龄段中，挪威妇女参加劳动就业的人数占妇女总人数的62%，瑞典占70%。其中，在25～45岁年龄段中，妇女参加劳动就业的人数占全体妇女人数的比例则为：瑞典为91%，丹麦、芬兰均为87%，挪威为79%（据《1991年北欧五国年鉴》）。从妇女受教育方面来看，今日北欧五国妇女在大学和高等院校中，男女学生的比例不相上下。女生多半集中在人文科学和师范教育方面，男生多半从事科学及技术等方面的学习，但在研究生院获得博士学位的女研究生比例仍小。与男生相比，女博士生所占比例为：丹麦占 19%、挪威占 19%、瑞典占 24%、芬兰占 34%。妇女在研究人员中所占比例亦很少。

近年来，北欧五国中妇女参政的比例上升很快，在世界上处领先地位。芬兰、瑞典、挪威三国议会中，妇女所占席位均在 30% 以上。芬兰在 1991 年大选之后，妇女在下院拥有的席位数为世界之冠，占 38.5%。挪威女首相属下的内阁，其中女大臣的比例也位居世界第一，占 45%。从 1980 年起，冰岛共和国的总统一职也一直由一名妇女担任。然而，上述情况绝不能说明北欧五国的妇女已在公众事务和私人领域获得了真正的权力，或在社会上具有很大的影响力。尽管北欧五国妇女能够在政府部门担任较高的职位，但总的来说，"政治领域仍然是属于男人们的天下，社会上最有权力的机构仍旧掌握在男性手中"。劳动力市场上男女之间的鸿沟依然界限分明，女性职工与男性职工相比，仍属于低工资的那部分人。

二

当代北欧妇女学发展的历史与其他西方国家一样，都和女权运动有密切关系。对男女性别角色的研究与家庭文学研究可以追溯到 20 世纪 60 年代。当时，先是在学术界继而扩充到社会上，都展开了关于"性别角色"的大讨论。进入 70 年代，随着女权运动在北欧五国的兴起，对妇女问题的研究与女权主义运动结合起来，并集中到当时政治方面，即集中于国家对男女平等政策的讨论与制定方面，被视为北欧女权主义研究的特点，故又称"北欧国家女权主义"。为了推动女权主义理论研究，加强女权主义学术研究的宣传，他们还建立了"北欧暑期大学"，它吸引了大批北欧的大学生和青年学者参加。在 70 年代，这对于宣传女权主义理论、深入女权主义理论研究、扩大女权主义学术队伍起了很大作用。

虽然总的说来，北欧妇女学研究与女权运动有着密切关系，研究进程也大致相同，但是由于运动的目的性、策略性以及男女平等政策等方面的不同，北欧各国也不完全一样。再加上各国妇女问题研究者所研究的侧重点不同，便形成了各国妇女学研究上的不同特点。大致说来，70 年代女权主义运动在丹麦和冰岛最为激进、波及地区最广，芬兰反响最弱，挪威和瑞典介乎其间。这种情况也反映在妇女学研究中。

今天，妇女问题研究在北欧五国已争得了立足点。然而，除少数例外，妇女问题研究大都未能进入大学的正规科系中去，多半是在大学设置的妇女研究中心进行的。然而，更多的情况是在大学以外的独立研究机构中进行。例如，挪威最初的妇女研究工作就是在大学之外的、独立的妇女研究机构中进行的，它的所有费用均来自挪威全国委员会的资助。在妇女研究问题上，这种单独进行的研究组织形式，在很长一段时间内便成为挪威妇女研究的一种模式。经过一段时间并取得一定成绩后，挪威各地的大学才开始陆续建立起妇女问题研究中心。芬兰妇女研究机构的建立则又是另外一种模式。在芬兰，妇女问题的研究在很长一段时间内是在正规大学的科系内进行的，专门研究妇女问题的研究所或研究中心是在最近几年才发展起来的。

北欧五国及两地区目前共有 20 余所大学设置了妇女研究中心和妇女研究项目。这些中心的工作是多方面的，主要是从事研究、开设课程、讨论问题及讲演等。许多中心还设有专门的图书馆，提供广泛的信息服务。除大学的妇女中心外，还有许多研究所、研究组织等，它们也从事妇女问题的研究。

上述中心在从各方面推动妇女问题的研究上起了十分显著的作用。然而，设置在大学内的妇女问题研究中心却都不能从该大学获得足够的研究经费。有时为了某项具体研究任务，还需找临时的特别资助。最值得注意的是，只有一小部分女性学者可在大学担任终身教职，大部分女性学者只能在获得短期资助的情况下进行研究，或只担任半薪教职。由于她们中的大部分人不能在学校中获得正式教学职位，因此也就不能对学校的课程设置产生较大影响，不可能开出一定数量的课程。而学术界又将妇女问题的研究视为学者个人的兴趣所在，并不把它当作一门正规的学问来看待。为了妇女问题的研究继续开展，大部分女权主义者采用"双重战略"，即一方面努力把自己所从事的妇女问题研究深入地开展下去，另一方面又加强与外界合作，使妇女问题的研究与其他学科的研究结合在一起。按照她们自己的话说，"我们需要单独的研究所、一个'我们自己的空间'，与此同时，也需要一个把性别研究深入各个学科的研究联合体"。

此外，为了推动和组织各国自己的妇女问题研究，在北欧五国还普遍设立起"协调员制度"。协调员的任务是促进妇女问题研究各网络间的联系，编辑出版简报、杂志，组织讨论会，反映学术界妇女要求，并用各种方法帮助女权主义学者开展工作。协调员的使命也不尽相同，如：挪威的协调员是由挪威自然科学与人文科学研究会（NAVF）所属的"妇女与研究秘书处"指定的，而芬兰的协调员则是由芬兰议会"男女平等委员会"指定的。

与挪威、芬兰相比，丹麦和瑞典在设置协调员制度上起步较晚。1985年，丹麦才开始设置由国家研究会资助的2位拿半薪的统筹全国性妇女工作的协调员。瑞典全国性的协调关系如何建立目前还在讨论中。冰岛的女权主义研究者和积极分子还只是刚刚建立起一个非正式的联系网络。雷克雅未克大学于1990年设立妇女研究中心，使得妇女问题的研究又迈出了一步。北欧五国的妇女研究似乎正向同一模式发展，那就是，在联合地方团体的基础上，依靠国家资助，建立地区级及国家级的妇女研究组织。

三

北欧各国之间的妇女学研究合作历史悠久。1981年在北欧各国的女权主义学者们的倡导下，为推动妇女问题研究和女权主义理论研究，建立了北欧妇女的联系网络——"北欧论坛"。设立这一论坛的目的是为了更好地提供信息交换的场所、联系学者、争取北欧各研究机构的更多资助。80年代，北欧各妇女问题研究中心的代表们之所以能定期会面，就是靠了这一网络的大力支持。

"北欧论坛"不仅持续扩大卓有成效的女权主义研究者之间的接触，而且成功地游说了北欧部长联席会支持北欧妇女研究联合会的工作。其结果是，联席会同意从1991年起，为北欧妇女研究设一名协调员，并提供其8年的费用。协调员的工作包括：向各国妇女研究机构提供重要讨论及会议的信息，协调北欧各国间学位后的继续教育、研究性课程、交换学生及研究人员等工作，协调员还与北欧的一个"参议组"一起，调查将来在北欧组织妇女问题研究协作关系的各种可能性。

北欧的女权主义研究者们还以不同的学科为基础，各自组成了非正式的联络网。有时，这种网络还形成交叉之势，定期举办有关历史、医学及妇女健康、法律、文学和政治科学的讨论和大会。事实证明，北欧五国的妇女问题研究者们通过各学科渗透，收获颇丰，相互间的接触触发了学术灵感和思维活动，使研究向纵深发展。新建立起来的联络网还把哲学、语言学、科学技术也包括进来。

北欧五国间在妇女研究方面出现的竞争势态刺激了北欧五国交叉研究项

目的出现。某些由北欧部长联席会资助的研究项目取得成果，如合作出版了一些书籍，其中最著名的是伊丽娜·哈维奥－马拉妮主编的《未完成的民主制》（1985），此书是在对北欧五国妇女参政进行详细调查研究的基础上写成的。另外，1991年秋，她们对北欧妇女争取自由解放的历史开始进行研究。1991年出版的《北欧妇女问题的信息及资料文件指南》就是北欧各国妇女研究组织与图书馆工作人员合作的结晶。

北欧妇女研究者们深信，北欧妇女研究合作组织将继续保持彼此之间的合作关系，并在一个深刻变化着的世界中显示其重要性。与此同时，北欧妇女问题研究学者也不断扩充其研究领域，她们对发展的前景充满希望，力争将北欧五国之间的交流扩展到全世界。

（与周洁合作撰写，原载《妇女学苑》1992年第3期，收入本书时，略作修改）

妇女与高等教育

中国的妇女教育有着长久的历史，然而在长期的封建专制统治下，在"男尊女卑""三从四德"的束缚下，古代妇女既无人身自由，也无入学读书的权利。她们受教育的场所在家庭。"甲午受创，渐知兴学"，先进人士开始认识到近代学校教育，其中也包括女子学校的教育在挽救民族危亡、振兴国家中的重要作用。

1898年，与我国第一所国立大学——京师大学堂（北京大学前身）（只招收男生）创办的同时，上海创办了中国人自办的第一所女子小学堂。它是近代中国女子学校教育的开端。20世纪上半期，中国妇女争得了进入高等学校受教育的机会。1919年建立的北京女子高等师范学校是中国自己创办的第一所女子大学。继而，1920年，北京大学在国立大学中首开女禁，招收女生，中国的大学实行男女合校制自此始。

然而，中国妇女高等教育真正得到发展却是在1949年中华人民共和国成立之后。

首先，政府制定了一系列法律保障妇女受教育的权利，在高等院校学习的女大学生人数大增。从1949年的2.76万名增至1993年的85.2万名，女生所占比例亦从1947年的17.8%发展到1993年的33.6%。同时，女研究生的数目与男女生之间的比例也在不断增加。

其次，在学科的分布上，女大学生学习的领域也大为拓宽。1949年以前很少招收女生的专业如地质学、工程学等，1949年之后也有不少女生在学习且取得了好成绩。新兴的尖端科学技术学科，也都为女生敞开了大门。她们与男同学一起共同受教育，取得了可喜的成绩。到目前为止，在国内高等院校中的各个系科，几乎没有一个系科没有女生的。

再次，受过高等教育的女知识分子队伍在1949年后不断发展和壮大，成为社会主义现代化建设事业的生力军。在教育战线，1993 年，普通高等院校中，女专职教师约占全体教师总数的 1/3。全国有 20 余位女性担任了大学的校长、副校长。在科学技术领域，1993 年，我国已有女科研人员809.7 万人，占科研人员总数的 35%。1993 年，有 29 名女性荣任中国科学院院士、6 名荣任首届中国工程院院士，分别占总数的 5.4% 和 6.3%，她们之中有不少人在尖端科学技术领域中取得突破性的成果。在医疗卫生领域，1993 年，中国受过高等教育的女性从事妇幼卫生专业的女技术人员，占全部医务人员的 55%。改革开放以来，她们独立完成的获国家级奖励的医学科学技术成果占总项目的 1/4。此外，还有一大批受过高等教育的女性参加到各级政府的各部门工作中去，在各条战线上做出了贡献。

齐文颖教授参加非政府组织"妇女与高等教育论坛"

中国妇女高等教育的发展，还表现在改革开放之后，为推动高等院校妇女学科的发展，不少院校开设了有关妇女问题的课程、培养了研究生、建立了妇女研究中心或研究所（室），发展了具有中国特色的妇女研究事业。

[原载第四次世界妇女大会、'95 北京非政府组织妇女论坛丛书编委会编《'95 北京非政府组织妇女论坛中国论文选》（下），中国妇女出版社 1998年版，收入本书时，略作修改]

第四编　怀念祖父与父亲

毕生从事女子师范教育的齐国樑先生

齐国樑是河北省立女子师范学院的创始人，女子教育的倡导者。青年时期就读于日本广岛高等师范和美国斯坦福大学及哥伦比亚研究生院，学习师范教育。1916 年，他出任直隶第一女子师范学校校长。后来以女子师范学校为龙头，将直隶第一女子师范学校中学部、小学部、幼儿园部合为一体，均直属河北省立女子师范学院，齐国樑任院长。齐国樑自 1916 年出任校长至 50 年代学校解散，时间长达 30 余年，其间他把全部知识贡献给了女子师范教育。

一

我的祖父齐国樑先生于 1884 年（清光绪十年）出生于河北省宁津县（今属山东省）城内一个世代为农的家庭。祖父的父亲、我的曾祖父齐俊元先生是当地一位著名的开明士绅。早年曾读过私塾，也有过一个小小的功名。他热心于当地的教育与公众事业，以助人为乐，邻里乡亲有事相求无不乐于相助。曾祖父相信"忠厚传家"的古训，淡泊名利，起堂号为"宁远堂"，取"宁静以致远"之意。他拥护维新变法，赞成革命，鼓励他的儿孙们接受新式教育。为支持人们除旧习，他亲自带头剪辫子，除使全家男人都剪掉辫子外，还亲自到城里的集市上宣传剪辫子的种种好处，对凡愿意剪掉辫子者一律赠以草帽一顶，以示鼓励。祖父的母亲、我的曾祖母谢氏是继娶。她与我曾祖父结婚后，共生有五个儿子，我祖父是他们的长子，其余依次是齐国栋、齐国桢、齐国椿和齐国枢，没有女儿。曾祖母是一位聪明、能干、勤俭持家的好手。曾祖父身体不好，除进行一些公益活动外，常年卧床休息，看看书而已。由于曾祖父是独生子，既无兄弟，又无姊妹相助，家中一切事务里里外外完全落到了曾祖母一个人身上，她不但把家庭事务打理得井井有条，而且使 5 个儿子都受到良好的新式教育，其中我祖父和他两个弟弟齐国椿、齐国枢还有机会出国留学。一位妇女撑起了家庭的整个天空，她赢得了邻里乡亲及小辈们的赞赏与尊敬。由于曾祖母的所作所为，"男尊女卑""男强女弱"的封建传统观念在这个家庭中产生了动摇。这也为日后祖父毕生从事妇女教育事业奠定了良好的思想基础。

齐国樑先生在他父母的教育下，自幼勤奋好学，熟读经书，写得一笔好字，加上天资聪慧，很早便中了秀才。他还是一个有理想、有抱负的爱国者，青年时期追求进步、笃信教育救国论，立志学习师范。中学离开家乡到省会保定师范学堂求学，从偏僻的县城农村走向省府使他的眼界大开。为把家乡变得与省城一样美好，他一如既往地努力学习，吸收新知识，开拓新思路，并鼓励他的弟弟们和同乡、同学们离开家乡外出学习，共同改变家乡面貌。保定求学期间，由于他学习刻苦努力，作业认真，一丝不苟，注意身体锻炼，德智体全面发展，期末考试总是全班第一，为他的家乡、他的家庭和他本人争了光。每逢假期回家他都受到县长的亲切接见，被待为上宾。毕业时，县长还代表全县赠予他铜墨盒一个，以示鼓励。这只铜墨盒一直摆在宁津县老家曾祖父母的屋里。后来家乡屡经变动，如今铜墨盒早已不知去向。但是关于铜墨盒的故事却一直铭记在我们家人的心中。

清朝末年以来，我国教育崇尚学习日本，其中包括高等师范教育制度，都是从日本学来的。祖父为了进一步发展我国教育事业，实现他的教育救国理想，在完成他在国内的师范教育后，决心到日本留学深造。在日本，他进的是著名的广岛高等师范（大学）。这是他第一次走出国门到另外一个世界学习，这令他眼界更为开阔，有天外有天之感，他决心把日本师范教育中的长处学到手。然而，在日本学习需要克服许多难以想象的困难，首先是要过好语言关，他经过顽强的拼搏很快便跟上去了。最使他难过的是饮食关，可以说这一关他始终没有过好。中国的饮食习惯与当时日本的饮食习惯是十分不同的，特别是日本人的饮食习惯与我国北方人的饮食习惯差异极大。日本人喜食生鱼片，学生食堂供应的伙食多是生鱼制作的菜肴，这是祖父最怕和最不习惯的，只能经常以主食米饭团充饥。而米饭也是当时我国北方人，特别是农村长大的北方人所不习惯的。学习上要争取好成绩，饮食上又不习惯，时间久了祖父得上了终身难愈的胃病，只得靠喝咖啡来振作精神。从此，他每日必喝咖啡，这成了他终身的习惯。1915 年，他最终以优异成绩结束了日本广岛高等师范的学习，获得学士学位。在日本大学的学习使他亲眼看到了日本师范教育的特点、学校的规模与设备、课程的要求与培养方法，以及同中国师范教育间的差距。同时，日本女子教育中崇尚实用的特点，以及从以美国为主的欧美国家学来的家政学这一新兴学科的设置，也给他留下了极为深刻的印象。当时在日本兴起的家政学科主要开设于女校，教授女学生科学管理家庭、料理家务、教育子女的基本技能，这为提高妇女的家庭与社会地位，为妇女顺利走出家庭、谋求独立生活创造了条件。他由此萌生了在中国兴办家政学科的念头，后来办家政学科成为他办学的一大特点。

正当他即将完成日本学习之际，他忽接国内直隶教育厅电函，催请他回国就任位于天津的直隶第一女子师范学校校长。他于 1916 年 1 月到任，从此开始了终生为我国女子教育事业奋斗的历程。

二

我祖父齐国樑先生就任的直隶第一女子师范学校，创建于 1906 年（清光绪三十二年）春，是一所有着近 10 年历史的女校。该校原名北洋女子师范学堂，主要是为培养高等小学的女教师，用以推动并普及我国女子教育而开办的，由总理天津女学事务的傅增湘开创。最初的校址位于天津河北三马路西口租赁的一所民房内。开始只设简易科，招收女生 46 人，于该年闰四月二十二日开学。后来把公历 4 月 22 日定为校庆纪念日。为使更多的孩子得到受教育的机会，同年 7 月，在上海、天津两地增招学生 67 人，除个别学生退学外，共有在校生 107 人。分为第一部、第二部两部，定期一年半毕业。在此基础上，于 1908 年春，开始招收完全科新生两班，学制 4 年，仍分为第一部和第二部。两年后，又在附近的西窑洼增设附属小学堂一处。之后，北洋女子师范学堂迁移至天纬路，那里地点合适，校舍宽绰，为日后的不断发展奠定了基础。辛亥革命后，1912 年春，学校易名为北洋女子师范学校。1913 年 5 月，改归省立，又易名为直隶女子师范学校。其后，学校规模不断扩大，除原有的附属小学外，又增添了附属女子中学与附属蒙养园（即今日之幼儿园）。在这一段时间，继傅增湘之后，校长也屡易其人，均属当时名家。1915 年，校长李家桐因病辞职，由南开校长、著名教育家张伯苓代理，学监马千里执行校务。由于当时又成立了新女师，故将原来的直隶女子师范学校称直隶第一女子师范学校，新成立的称直隶第二女子师范学校。张伯苓由于身兼南开与女师两个学校的校长，任务十分繁重，乃推荐当时尚在日本留学、即将毕业的齐国樑先生为直隶第一女子师范学校校长。经省教育厅批准后，祖父他于次年初回国就任。

我的祖父是属于五四运动前夕那批从国外留学归来的爱国知识分子的类型。他们怀有强烈的爱国心和民族使命感，追求进步，主张男女平等，提倡教育救国。他们有理想、有抱负，并具有为祖国前途献身的精神。直隶第一女子师范学校（以下简称女师）便成为祖父实现理想的第一个基地。祖父办女师的主导思想具体反映在他归国后不久，在直隶省社会教育办事处举办的演讲会中所做题为《女子教育》的演说中。该演说经整理后写成文章，以同一题目发表在 1917 年出版的《直隶第一女子师范学校校友会会报》上。第一，在他看来，办好女学的关键是要牢固树立起男女平等的信念。他坚持用男女平等的思想办学，要求政府与社会拿出与办男学同等的紧迫感来兴办女学，并在这一前提下，针对女性特点办好女子教育。他在该文中指出："人类生存各半，社会业务男女平担。男子教育宜重，女子教育亦不可轻。男子教育宜急，女子教育亦不可缓。两者本相辅而行，固不可有偏倚只见存乎其间。"他又指出："男女之身心必各殊，其天职亦异，故教育宜于男子者未必宜于女子。同一知能往往在男子为切要，在女子为迂远必也。察其特性、审其天职，因物付物，然后可收改良之结果。"第二，他认为我国教育应向西方及日本等文明国家学习"男女教育并重"，同时还需不断反对保守的"泥旧者"把办女学视为多余、多事和"先进的""趋新者"又不按女性特点办女子教育的错误态度。第三，要不断批判我国传统封建旧文化中的"重男轻女""男尊女卑""男强女弱""女子无才便是德"等腐朽落后思想，将女子教育与提高全民素质结合起来，与妇女解放结合起来。第四，反对把女子教育视为单纯的书本教育，而是要重视智、德、体三育之全面发展。第五，他指出要通过女子教育培养女性人才，促使国家兴旺发达，由是国家前途无量。上述思想就当时我国情况来说，无疑是先进的。祖父正是用这一思想来办女学、制定办学方针、把女师不断引向新型女子师范学校轨道上去的，使之成为培养新型女性师资的基地。

为实现上述方针，首先要调整学校的领导班子，整顿师资队伍，更新课程。他继续启用赞成妇女解放、提倡妇女走出家门入学堂接受新式教育的马千里先生协助他主持校务。为了学习国外妇女教育的先进经验，以提高女师办学水平，祖父还给他创造条件到日本做短期参观访问，这收到了较好的效果。教师队伍也进行了调整，聘请了一批思想新、学问好、责任心强并赞成男女平等、妇女解放的教师充实到本校各级教师队伍中去，并根据每位教师所长，重新安排了课程内容。以国文课为例，过去的教学只重视古典文学，特别是古代女性诗词的讲授，而今加强了新文学著作的选读，并给教师以自由空间，其可根据本人所长自选教材、自编讲义。如 1926 年入学的校友王振华在回忆她在女师上学的情况时就曾说："在顾随（顾羡季）先生的班上，初中三年的国文课程是以讲授鲁迅等进步作家的作品和苏俄及其他外国作品为主的，并印发了大量讲义供同学课外阅读，对同学很有帮助。"她还回忆说："1926 年在北洋军阀褚玉璞统治时期，他下令叫中学生读'四书五经'，北伐革命之后，国民党也是如法炮制，但女师在教材上并不严格规定，老师教学是很自由的。"王振华校友虽回忆的是 20 年代后半期的情况，但女师早初情况也与此相差无几，既重视当代作品，也不忽视传统优秀作品，同样以内容新、要求严著称。其他文科课程如英文、史地等情况也都类似。

女师是以培养河北省地区各县及天津市的小学教师为主。师范班为 6 年制即初中 3 年、高中 3 年，毕业后分配至河北省及天津市的小学任教。后来根据需要，又增加了幼儿师范班和乡村师范班，学制 3 年，毕业后分配至幼儿园或农村初级小学工作。如同其他师范学校学生一样，凡属河北省及天津市籍的学生免交食宿费，毕业后由教育厅统一分配工作。如打算毕业后深造投考高等院校，需先在小学任教两年后才得报考。外省籍的学生则实行交费上学制，但毕业后升学则不受限制。由于女师是一所享誉全国的女校，加之对本省市学生实行公费制，每年报考的人数很多，一般来说，录取率为10%。

为适应培养高质量小学教师及幼儿园教师的需要，女师除重视发展文科外，也十分重视理科的师资与设备条件，聘请第一流的中学师资来校任课。实验室宽敞明亮，实验设备一应俱全。理科课程除在课堂上由教师演示外，还安排学生动手实验，加深课堂讲课印象，并培养学生动手能力，每周两小时，连在一起以利操作。化学实验用品每人 1 份，每个学生都有自己的柜子用来装实验用品。生物实验室四壁都是标本和挂图，显微镜每 2 人 1 架，用以观看动植物的组织结构，然后画出图来，写出观察结果。动物课还让学生进行解剖，如解剖青蛙、鸽子、兔子、鱼等，这在当时是很先进的。

女师对音乐、美术、体育等小学必备的课程也十分重视。初中音乐课程除注意教授中外名曲及乐理知识外，还经常让同学欣赏各种器乐演奏与中外唱片，用以提高学生的音乐修养。同时，也很注意民歌、民谣的教唱与欣赏。高中时期，重点是乐器的训练，先是风琴，继而钢琴，还有为数不多的提琴、琵琶等。设有专门的练琴室，供学生练习之用。美术课程包括国画、油画、水彩画、粉笔画等都有造诣较高的教师来教，理论与实践并重。但是由于个人的兴趣与爱好及努力的程度不同，掌握的程度也就不尽相同，但作为课程要求，必须掌握基本素描和图案，以便将来工作应用。体育课的教学也非常突出，从体操、国术直至田径、球类都有专门课程设置，有专门场地练习。田径内容有长跑、短跑、跨栏、跳远、跳高、垒球掷远、铅球掷远、标枪等。球类训练包括篮球、排球、网球、垒球、乒乓球等。为满足当时同学中要求滑冰、骑自行车的要求，学校并设有专门的冰场、自行车场以及旱冰场，备有一定数量的冰鞋、旱冰鞋、自行车等供学生练习使用。这在当时的学校中是不多见的。高中三年级还设有小学体育教材编写与教学方法课，每位同学都要独立编写一部分儿童体操与儿童舞蹈的教材，并进行实习。

把国外新兴的家政学科介绍到中国，与国内的女子师范教育结合起来，开设专门课程，培养新型的女性师资和兼顾家庭的合格主妇是祖父齐国樑在日本留学以来的夙愿。自清末设女学以来，传统的女子师范学校及普通女子中小学，普遍结合女性做家务的特点，设有"劳作课"或"缝纫课"。这些课程主要教女学生剪裁衣服、织补、绣花等旧日称作的"女红"，没有什么理论，主要是实际操作。任课教师也多半是文化水平不高，或根本不识字的"女红"巧手。以女师为例，它也设有这个课程，那是从晚清北洋女子师范学堂沿袭下来的、由政府规定的必修课程。祖父任校长以来，励精图治，加紧改造旧学校，努力建设新式的女子师范使之顺应新时代的需要，除进行前述建设外，还将在日本所见到的家政学这一新兴学科引入女师。1 年后，经省府批准，女师正式设置了家事专修科，并开始招生。五四运动时期天津学运及妇女运动著名领袖郭隆真，即为该专修科的第一批学生。由于家政学在国内是首创，既无先例可循，又没有现成的师资可聘，祖父特地从日本聘请了东京高等师范家事科毕业生佐竹、加滕两位女士担任课程讲授。为了解决学生不懂日文、教师不会中文的矛盾，祖父在任校长的百忙中还亲自担任课堂及课外辅导的翻译。经过难以想象的艰苦奋斗，家政学终于在女师创建起来，女师也成为国内培养有关家政师资的重要基地。家政学伴随着女师的成长与发展而逐步壮大。中华人民共和国成立后女师解散，与此同时，家政学也在中国的土地上消失了。直到 80 年代改革开放之后，家政学又受到有关部门及有关人士的注意，开始恢复。

为了使女师能多出人才、快出人才、出好人才，除注重聘请好教师、增添新设备、开设新课程等外，祖父还不断努力扩大校舍，美化校园，为师生提供良好的教学环境，并竭尽全力搞好学生课余生活，营造一个丰富多彩的文化氛围，使学生的才能进一步得到发挥。

在校舍的扩充与美化方面，校友张敬铭在为《天津文史资料选辑》第三十五辑所写的对女师的回忆文章《欣慰的回忆》一文中，做了很好的描述，现择要摘录如下：

> 直隶省立第一女子师范的校舍，在当时看来是宽阔的。东自大经路（现名中山路）向西横越二经路直到三经路附近，南自天纬路，北抵地纬路。一片青砖楼房自远远的地方就能望见，当时一提"女师"很少有人不知道。
>
> 临天纬路是一排两层楼的教室，楼上是师范高年级教室，楼下是乡村师范、幼儿师范的教室。这座教室楼的下面东西两侧各有木结构的长廊一直延伸到地纬路教室的两侧，构成一个自天纬路到地纬路的一个大大的长方形。师范部、中学部以及乡师、幼师的教室除音体教室外全在这个大院子里，地纬路教室前面是一座工字楼，那是物理、化学、历史、地理等科的教室、挂图室和实验室。天纬路教室楼和工字楼之间被两侧走廊左右框起，中间是一个四四方方青砖墁地的大院子，那就是我们人人喜爱的"大院"。这个大院子是体育、集合、游戏的场所，也是师生联系、同学交往的场所，它成为女师学生在校生活中寄托各种感情的活动阵地。晚饭过后，走读生回家了，在校的师生都喜欢到"大院"来散步。学生们准备上晚自习，看见老师来了，常常在这里问问上课没听好的内容和一些课外题。多数同学喜欢三三两两地搂着肩膀在院内边谈边走，女师的大院留下了少女们的青春脚步，她们无邪的笑声、初识的清愁、对未来的倾诉……
>
> 穿过大院东面走廊的小门是另一个院落。音乐教室设立在这里。音乐教室前面是一片小小的树林。林中有石桌和石墩，同学们常常围坐在石桌旁唱歌或读谱，更常见的是音乐组的同学在这里练曼德琳和小提

琴。音乐教室内还常常传出师生们演奏贝多芬等的古典名曲，歌唱赵元任等写的歌曲，如《卖布谣》《教我如何不想他》。

女师的校园也是十分美丽多彩的，虽然没有山山水水，但是春、夏、秋三季却是花开不断、绚丽多姿的，如报春的二月兰，初夏的榆叶梅、黄雀花、刺梅等，秋季的菊花更是为人瞩目，由女师花匠师傅培育出的上百种菊花点缀在校园各处，万紫千红十分好看。女师举办一年一度的菊花展览会吸引了全市不少的爱花者来参观、购买。我祖母喜欢花，每年必去参观，并购买几盆带回家来，摆放在客厅内慢慢欣赏。

女师学生的课外生活是丰富多彩的，在校当局及学生自治会组织下经常举办各种展览和比赛活动，如各门学科的成绩展览会，学生结合实习写出的各科教案展览会，经常举办的讲演比赛、作文比赛、体育比赛、歌咏比赛、国画及西洋画展、中外器乐演奏，以及国剧、歌舞演出等。这些活动既培养了学生的业余爱好，让他们得以施展才华，又丰富了校园生活，并且对他们日后工作的发展起了不可估量的作用。就讲演而言，女师十分重视学生的口头表达能力，因为它是当好学校教师的一项重要基本功，不但平时注意对学生的锻炼与培养，而且通过经常性的班级讲演比赛、全校性的讲演比赛进一步鼓励她们。这对于当时大多数女生没有当众讲话习惯、见生人说话就脸红的青少年学生来说，尤为必要。女师的演讲训练不但为大多数学生一经毕业就能成功地走上讲台开口讲课打下了良好的基础，还值得一提的是，天津早期革命运动中不少有宣传能力的杰出妇女人物也多出自女师。天津第一个妇女革命组织——天津女界爱国同志会的演讲队正、副队长郭隆真、邓颖超都是女师学生，队员中也有不少是女师的，她们在组织广大女同学一起勇敢地走向街头、深入群众、宣传革命、宣传妇女运动等方面起了十分重要的作用。这一切除了她们本人的革命觉悟、坚定不移的斗争精神以及个人的天资与口才外，或许也与女师平时注意对学生的讲演训练不无关系。

女师的体育活动在天津是出名的，除了拥有良好的师资与设备外，他们极为重视平时的训练。拿球类来说，每班都发有篮球和排球供学生随时练习之用，其他球类如垒球、网球等可以由学生到体育馆自由去借。那时女师的球队，班有班队，校有校队。其他如田径类的活动、柔软体操等项也同样不错。因而，在天津运动会上女师的成绩总是名列前茅，涌现出不少球类高手。

女师也同样重视学生对书法、绘画方面的训练，经常举办学生的作品展，并将最优秀的作品刊登在学校出版的刊物上。这次在收集整理祖父与女师的资料过程中，我惊喜地发现在《直隶第一女子师范学校校友会会报》第三期上刊有邓颖超同志亲笔书写的"甫事"两个大字，下面署名是"一年级邓文淑书"。这是从全校学生的同类书法中挑选出的唯一的一篇大字习作，笔法是那样刚劲有力、有功夫，哪里像是出自一个十三四岁女孩稚嫩的手，但它却是邓颖超同志少女时期的手迹，是一份重要的历史文物照片，也是直隶女师的光荣。在那份刊物上还刊登有数幅女师学生的绘画作品，有中国工笔画，也有西洋画和图案画，这些作品反映了女师的教学与学生水平。

鼓励同学经常动笔写些文学作品、进行翻译和时事分析等也是女师教育的一大特色，在女师创办的前述《直隶第一女子师范学校校友会会报》上设有书画、论著、学术、实验、教授（主要是各学科教案）、家政、游记、传记、书牍、文艺、课选、小说、校闻等栏目，主要以刊登学生作品为主，每年出 2 期。我也欣喜地在该刊专门刊登同学课堂作业的"课选栏"中发现了当时为初中一年级学生张若名的文章《校舍记》。张若名是邓颖超同志在女师的同班同学。香港著名中国妇女史专家黄嫣梨女士在《张若名与五四时期的天津妇运》一文中称："张若名（1902～1958 年）是近代中国妇女运动的先驱，五四运动天津的领导核心——觉悟社的创办人之一，后与周恩来、郭隆真等赴法勤工俭学，是中国近代史上第一批留学欧洲取得博士学位的杰出知识分子。"同时，更令我兴奋不已和惊奇的是，在同一本刊物上竟发现了我国妇女解放运动领导人、鲁迅夫人许广平的五篇文章。她当时是女师的预科二年级学生。这五篇文章是："书牍类"的《中秋节约旧同学来校赏月启》、"文苑类"的《中秋节家居之乐与留校之比较》、"课选类"的《不畏难说》（教师评语为"通篇浑浩流转有长江大河一泻千里之势，而波浪回转又复曲尽之妙"）、《人才必出学校说》（教师评语为"识力高绝，题无余蕴"）、《校友会开常年大会志感》（教师评语为"具伟大之眼光、据伟大之议论，神往古今，目游中外的未易之才也"）。五四运动时期，在天津女师成立的"天津女界同志会"，是一个以女学生为骨干、团结各阶层妇女的爱国群众团体。该会中心刊物《醒世》的主编即为许广平，此绝非偶然。

女师为河北省、天津市以至全国培养了大批优秀的小学及幼儿园教师。该校还涌现出一大批爱国革命活动领袖和妇女运动的领袖与积极分子，如邓颖超、许广平、郭隆真、张若名、刘清扬、李峙山、王贞儒等。1918 年，北京学生为反对《中日陆军共同防敌协定》组成学生救国会，并派代表南下串连。在天津他们寻求会见的就是女师家政专修科三年级学生郭隆真。他们在上海召集的会议中，女师毕业生刘清扬特地赶去参加。1919 年，五四运动的消息传到天津后，在妇女界中是郭隆真首先起来响应，在女师宣讲"国家兴亡，匹夫有责"的道理，号召同学们立即组织起来，采取行动。在此基础上于 1919 年 5 月 25 日成立起"天津女界爱国同志会"，女师毕业生刘清扬被推举为会长，女师附小老师、原女师毕业生李峙山（即李毅滔）为副会长，女师学生郭隆真、邓颖超为演讲队长，刘清扬和张若名等被"天津女界爱国同志会"选为该会代表参加，并担任重要职务。同年 9 月，由周恩来同志领导的"觉悟社"成立了，它主要是由南开的周恩来等同志，与女师的郭隆真、张若名等首先提出发起的。"觉悟社"最初成立时成员共 20 人，男女各占一半，名单是由周恩来同志提出的，南开大学与南开中学有 7 名代表参加。女生代表中也大多数为女师学生，如刘清扬、邓颖超、郭隆真、张若名、李峙山、邓岩、张嗣清等。作为"觉悟社"的喉舌——《觉悟》于 1920 年创刊，女师学生的文章也占有一定比例，如邓颖超的《为什么……?》、张若名的《急先锋的女子》、邓岩的《我们的姐妹》等。1919 年 12 月，天津女界爱国同志会与天津学生联合会合并，成立新学联，张若名当选为主席。除此之外，在五四运动以来历次革命爱国活动中，女师的学生也都是站在运动的前列。如 1919 年 6 月，当巴黎和会代表（包括中国政府代表）决定在丧权辱国的《凡尔赛和约》上签字的消息传到天津，天津各界联合会做出决定坚决反对，并派 10 名代表前往北京参加全国性的"反对签订和约"斗争行动。10 名代表中只有 2 名女性，即女师的刘清扬和张若名。又如 1919 年 8 月，为反对山东济南镇守使马良在济南枪杀爱国回族人士马云亭等 3 人而在全国掀起的要求严惩马良的怒潮中，又是有 3 名女师代表刘清扬、张若名、汪培娴等代表天津妇女与其他男性代表一起前往北京请愿。在请愿过程中，刘清扬被捕，宁死不屈，天津妇女代表郭隆真、张若名等 3 次赴京请愿，直至刘清扬被释放为止。之后女师学生参加的其他重要革命活动在这里就不一一列举了。但还应提及的是，为配合革命运动，女师学生还主编了一些重要的刊物，除前述许广平主编的《醒世》外，主要还有由邓颖超及李峙山主编的《妇女共鸣》等刊物。

女师的学生为中国革命和民族独立与解放做出了重大贡献。正如邓颖超所指出："可以说，民国初期的爱国革命活动中，妇女界的绝大部分杰出人物都曾是这所学校的学生。在'五四'爱国革命的活动中，天津女师的同学，当时在学联会中的地位和作用是和南开同学一样有决定性的。"她还指出："我们天津直隶第一女子师范学校的学生，当时虽然还不知道全心全意为人民服务，但是有满腔的热情。为了救国，为了民族的独立，为了争取民主自由反对封建势力，有勇于牺牲一切、在所不计的革命精神。"

与此同时，我们还应看到的是，女师还是天津以至全国妇女运动的核心。当时妇女解放的中心内容如男女平等，男女社交公开，大学开女禁，婚姻、恋爱自由，废除娼婢，反对化妆打扮等，在女师都能得到强烈反应。邓颖超、郭隆真、张若名、刘清扬、李峙山、王贞儒等都是推动妇女解放的积极分子，并始终是站在运动前列的。正如邓颖超同志在上文中同时指出的："在天津首先是把男女同学分别组织的学生联合会合并，共同工作。""当时北京男女学联会的合并晚于天津的学联。她们很羡慕我们天津学联的合并和我们工作的良好表现……"女师的学生对促成这一局面，功不可没。黄嫣梨女士《张若名与五四时期天津妇运》一文，在分析张若名能成为近代妇女运动先驱的原因中有过这么一段话："张若名当时就读如此开放的学校，而本身又为一激进之知识分子，因此她能够成为近代妇女解放运动的先驱，除本身的秉性，她的学校背景是不容忽视的。"我想这也是对女师的学生、学校和她们的校长一个比较公正而客观的评价。

三

20世纪20年代后，我国的教育制度又开始从学习日本的经验转向学习欧美。面对这一新形势，为了进一步办好我国的女子教育，办好女师，我的祖父齐国樑先生以37岁大龄，向省教育厅请假，暂时离开女师，于1921年赴美深造。原拟申请直接进入世界驰名的美国哥伦比亚大学师范学院研究生院学习，但当时该校不承认日本广岛高等师范的学历，遂先入美国另一著名大学——斯坦福大学教育系本科学习。斯坦福是以对学生严格要求著称，对于本科生，不但要求全面学好基础课程，而且还要学好体育课程，这尤其是后者对他来说更为不易。他拿出当年在日本学习和在天津办女师的劲头，不但在一年内补齐了进入哥伦比亚大学所需的课程，还神奇地通过了体育课程。一位与美国青年相差十六七岁的人，与他们同在一个班级上体育课，游泳、打球、跑步样样来，并获通过，其困难程度可想而知。在天津的家里原来还保存着我祖父在斯坦福大学上棒球课的照片，一套球衣、裹腿、护膝，头戴棒球小帽，手持球棒，英姿飒爽，与同学一起丝毫看不出来与周围人年龄的差距，而且是一个患有严重胃病者。1年后，他以优秀成绩完成学业，获取学士学位，进入哥伦比亚大学师范学院研究生院学习，3年后获硕士学位。

在美国学习期间，他除上课学习外，还特地考察了美国学校的家政学科。家政学科发端于美国，在美又称家事学、家庭管理学、家庭经济学。它是中小学女生的必修课程，最初目的是教授女孩子如何管理好家庭，掌握当家庭主妇的基本功，如烹调、缝纫、园艺。进入20世纪，随着美国工业化的进展，妇女面临的问题日益增多，如就业问题，提高文化水平问题，离婚问题，子女教育问题，营养、卫生和健康问题。如何能在那个复杂多变、矛盾丛生的社会使美国妇女拥有一个稳定的家庭，处理好外出工作与家务之间的矛盾，过上健康的生活，是美国家政学面临的新课题。这是一门新学问，将之提高为一门学科进行科学研究，在大学中开设课程、培养师资，是历史的进步。对比日本的情况，他的印象是"新大陆妇女工作能力之强，及所负家庭社会责任之重，较诸昔所见东瀛妇女者更高出数倍"。其原因之一，在于家政学科在美国学校中的受重视与普及。他还注意到当时美国一般大学中的家政学仅为一选修课，稍大的大学都成立了家政系，康奈尔大学还设置了家事学院。哥伦比亚大学师范学院内设置的实用艺术部把家政学、看护学、食品学、服装学及图画、音乐、体育等学科作为其重要组成部分。在美国5年的学习，还使他进一步深切感到"欲图女子智能之充实及家庭之改进，尤非设立专科学院，加以研究提倡不为功"。

1926年，他获哥伦比亚大学研究生院硕士学位，本拟继续读博士学位，但因女师急需他回校任职，遂返回天津。他是带着进一步发展家政学、像美国那样设置专门学院的愿望回国的。回国当年，他便向省教育厅申请，拟将女师扩大为大学级别的家政学院。由于时局不稳，教育厅欠款问题尚未解决，维持现有学校状况已很困难，哪里还有力量扩充改建大学呢？

1928年夏，时局趋于平稳，省教育厅有设立省立大学的考虑，祖父提出了成立河北省立家政艺术学院的申请。省政府经过反复研究讨论，考虑到省内中等女子学校师资缺乏，遂决定在原来的女师校内增设大学级别的女子师范学院，在其中设置家政、国文两系，面向全国招生，仍任命祖父为院长。同年，学院正式招收了家政系、国文系学生各一班，9月10日开始上课。1929 年，河北省立女子师范学院正式成立。1930 年，鉴于在同一个学校内分设师范学院与师范学校两部分，院校并立，给行政带来很多不便，经省教育厅批准，将院校合并，总名称为河北省立女子师范学院（以下简称女师学院）。

女师学院是一个综合性的女子高等师范学府，至 1936 年为止，共陆续设有家政、国文、史地、英文、教育、生物、理化、数学、音乐、体育、图画等 11 个系、23 个班级。学院面向全国招生，学生经常保持在 350 人左右，连同它所属的师范部、师中部、小学部、幼稚园部，共有在校生 1826 人，是全国同等院校中规模最大、经费最多的，一般地说，超出普通女子师范院校经费五六倍之多。

女师学院的校舍是在原来女师校址基础上逐渐向东部扩建起来的。经过几年的发展，它已建起了规模不小的校行政与教学大楼、科学馆、图书馆、体育馆、音乐馆等建筑，各种设备应有尽有。经改建的学生盥洗室、浴室都是现代化的一流设施。食堂也是全新的，设有中餐部、西餐部、零售点等三部分及回民食堂。至七七事变前，它的新式的、庄严巍峨的建筑群矗立在天纬路上，构成了金刚桥下河北地区的一条靓丽的风景线。

为把女师学院办成国内一流的女子教育机构，祖父还花大力气聘请著名学者、专家、教授来校任教，如冯沅君、李何林、李霁野、董潘、丁善德、张洪岛、李恩科、孙家玉等，著名文学家曹禺、家政学家陈意等也曾在这里兼过课。女师学院还聘有少数外籍教师讲授外国语言、文学等。为加强对学生的毕业实习指导，使之更好地完成学业，女师学院还设有"毕业试验校外委员"制度，聘请了当时在燕京大学任教的陆侃如教授指导中国文学，辅仁大学的英千里教授指导莎士比亚研究、西方文学批评，师范大学的王桐龄教授指导中国现代史，袁敦礼教授指导体育行政，燕京大学的周学章教授指导教育哲学，陈意教授指导家庭管理和食物微菌等，收到良好效果。

为活跃学术气氛，提高学生素质，增加她们的知识面和扩大学生眼界，女师学院还经常邀请校外人士来校演讲，如冯友兰讲的《先秦诸子起源》、周作人讲的《学英文的方法》、熊佛西讲的《我为什么要作剧?》、李蒸讲的《师资训练》以及五四时期的"觉悟社"成员谌小岑讲的《中国妇女运动与民族革命》，这些演讲对同学很有启发与帮助，受到同学们的欢迎。

努力办好女师学院的家政系始终是祖父办女师学院的一个重要原则，也是他自日本留学以来的一个心愿。为此，他聘请了留美归来的家政学专家孙家玉主持女师学院的家政系，请他作系主任，参照国外标准结合我国情况制定教学规划，安排课程。在宽敞明亮的科学馆内建起了先进的化学及营养分析实验室，还专门辟有烹调用的中、西餐大厨房，以及家庭管理实习用的"家宅"。毕业生服务各地，成绩斐然。

此外，女师学院的学生业余生活也是丰富多彩的，她们经常演出名剧，举办音乐演唱及演奏会、球类比赛等，培养了兴趣与能力，丰富了校园生活，并受到社会的瞩目。当地的《大公报》《益世报》以至青年会的刊物经常刊登女师学院这方面活动的消息。

在祖父领导下的女师学院及所属各部都出版有各自的刊物，这也是祖父办学的一大特点。仅以北京大学图书馆收藏的新中国成立前旧期刊为例，我们能看到 1949 年以前女师及女师学院出版的如下刊物：

1. 女师学院出版的刊物

《朝华月刊》，1929 年创刊，主要刊登校内师生学术研究、文艺作品及翻译作品等。主编孔若君是茅盾夫人的弟弟，思想进步。

《女师季刊》，1929 年创刊，性质同上。

《女师学院周刊》，1930 年创刊，是一份报道校闻的综合性刊物。主要栏目有《学校大事》《会议记录》《校闻》《论文》《文学作品》《国内外大事》《名人讲演》《新书介绍》《校友消息》《赴外地参观》《体育比赛》《学生作业》等。

《女师学院期刊》（半年刊），1933 年创刊，以刊登校内教师的学术论述为主。

《河北省立女子师范学院图书馆月报》，1934 年创刊。

《河北省立女子师范学院 42 周年校庆特刊》，1948 年出版。

此外，就我所知，女师学院出版的刊物北大图书馆没有收藏的尚有：以刊登文学及学术论著为主的《我们的半月》（1930 年创刊）；家政系主编的《家政汇刊》（1931 年创刊），其创刊号主要栏目有《衣食》《维他命与身体健康》《化学与家政关系》等；国文系主编的《弦》（1932 年创刊），以刊登文艺作品为主。

2. 女师学院师范部出版的刊物

所见不多，只看到北大图书馆收藏的《直隶第一女子师范学校校友会会报》（创刊时间不明，估计在 1916 年）第三期，出版时间为 1917 年。

另外，前述许广平主编的《醒世》杂志也为直隶第一女子师范学校出版。

3. 女师学院师中部出版的刊物

《女师学院季刊（师中部）》1932 年创刊，由师中部学生会编，每年出四期。主要栏目有《论说》《笔记》《诗词》《小说》等。

此外，从其他刊物上看到的女师学院师中部出版的刊物还有：《女师专刊》，女师学院师中部学生自治会编，年出 4 期，1927 年创刊，刊登内容以文艺作品为主。《师中月刊》，女师学院师中部编，1931 年创刊，刊登内容以短论、文艺、诗词为主。《涛声》，女师学院师中部学生自治会编，1932年创刊，刊登内容以摄影、论著、文学作品为主。

4. 女师学院小学部出版的刊物

《女师学院小学部汇刊》，女师学院小学部汇刊编委会编，1932 年创刊，每年出 2 期，以刊登附小教师的文章与教学方案为主，也有各年级学生的作业等。

如此大量的刊物出版，为教师和学生提供了广阔施展才华的园地，锻炼了他们的写作与思考能力，同时也开展了校内校外的交流，甚至与国外的交流。我在国外几所著名大学图书馆都看到过女师学院出版的刊物。

女师对我国教育，特别是女子教育的贡献是多方面的，它的成功与祖父依靠全校师生员工兢兢业业、脚踏实地、一丝不苟地工作，吸收国外先进经验、高瞻远瞩且具有世界眼光的开明办学是分不开的。祖父也赢得了师生的爱戴与尊敬，如 1928 年毕业于女师小学，后又考上女师学校，在女师先后受教育长达 12 年的毕业生张敬铭同学回忆道："我在女师读书时期，正是齐璧亭院长从日本和美国留学回国不久，也可以说是女师的维新时代。学校领导事业心强，师资水平高，许多年轻有为的教师都担起了重担。齐院长可说是知人善用、人尽其才的领导了。回想当时的行政人员，也都是精干的。以后改为女师学院，院长也还是齐璧亭。师范、中学、乡师、幼师统设教务主任一人、庶务主任一人、各部门的职员各二三人。附属小学的主任兼管幼稚园（现在的幼儿园），各教学单位主任都兼课。就是这一些负责人，把学校管理得井井有条、蒸蒸日上。现在回想起来，他们那种勤勤恳恳忠于教育事业的精神，实在是难能可贵的。"又如在 1930 年至 1937 年七七事变前，在女师学院任教并任英文系主任的李霁野教授在谈及女师学院的情况时说："说句公平话，女师还算是一个比较开明的学校，也有很光荣的传统。邓颖超同志是女师学生，'五四'时代很活跃，周恩来同志那时在南开中学学习，他们共同战斗，起了很大作用，早就传为佳话。我们讲课不受什么干涉，选材也自由。顾羡季、李何林的国文课主要讲鲁迅的作品，使学生受到启蒙教育。地下党所领导的读书会使一些学生受到马列主义影响，部分学生加入了共产党。"

1937 年爆发的七七事变，中断了女师学院进一步向前发展的步伐。先是日本侵略军炮轰八里台南开大学，继而日军又向女师学院掷下 4 枚炸弹。学校办不下去了，女师也办不下去了。为了国家的教育事业，祖父迅速安排好学校的事宜，亲自带领部分师生离开天津，历尽千辛万苦，先是转移到陕西城固县，后又到甘肃兰州，先后与西北联合大学及国立西北师范学院合作办学，并任国立西北师范学院分院院长兼家政系主任。为了在西北地区办好家政系，他还得到了教育部特批的中英文化教育基金的资助，并多次被邀请到四川省讲授家政学，推进了大后方的家政教育。

抗日战争胜利后，1946 年，祖父又回到天津，继续担任女师学院院长直至女师解散为止。

新中国成立后，他曾被选为河北省政协副主席、河北省人大代表、国民党革命委员会河北省分部副主任、国务院参事室参事等。"文化大革命"中遭迫害，于 1968 年死于天津。后祖父得到平反昭雪，恢复名誉。

四

祖父把他一生最宝贵的年华和知识全部贡献给了祖国的教育事业和女师学院。可以说他的生活与经历与女师的成长是密不可分的。就新中国成立前而言，女师的历史就是他一生办学的历史，除此之外，很难再找到别的什么。他"爱校如家"或者说是"爱校胜过爱家"。自从到女师工作的那一天起，只要不是出差或出国留学，他无论春夏秋冬下雨刮风，每天都按时到校上班，除春节休息几天拜年外，他是没有寒暑假和星期日的。他生活上也十分俭朴：吃得十分简单，每天早餐桌上的两杯咖啡算是奢侈品；穿得更加朴素，夏天是一身白夏布长大褂、布鞋，冬天是长袍马褂，没有沾上一点美国高等贵族学校毕业生的不良习气。他常说："我们严格要求学生艰苦朴素，不尚浮华，我们当校长的更应艰苦朴素，以身作则。"为了解决学校经费少（省教育厅经常拖欠经费）、学校购书难的问题，他把从国外带回的大批书籍，先是放在院长办公室供师生借阅，后来女师图书馆建成，全部捐赠给了图书馆。对员工及学生中经济上有困难的他无不有求必应，慷慨相助。在西北办学期间，因为只有他一人在外，没有任何家庭负担，每月除吃饭和必要的生活费外，他把剩余的工薪都捐了出来。

祖父的家庭生活也是围绕着他的教育事业转的。在我们家中教育是中心，女师是中心，除此之外无他。他不到 20 岁时便由父母做主与祖母结了婚。祖母名傅玉珊，出身于宁津县农村一个世代为农的家庭。两人结婚后生活很和谐，生有一子便是我父亲齐思和。早年祖父在外求学的时候，他们母子便住在宁津县城内，祖父经常来信鼓励祖母读书识字。1916 年，祖父从日本留学归来，任女师校长后，祖母便带我父亲来到天津与祖父同住，料理家务。她虽然文化水平不高，但是聪明能干，在祖父影响下也很关心教育事业、识大体、顾大局，凡是祖父做的事情她无不赞同，且热心相助，也结识了一些天津教育界的名流。当时省教育厅经费短缺，学校常常发不出工资，祖父还要帮助学校师生中一些经济困难的人，并供两个弟弟在北洋大学读书。每遇到这种情况，祖母总是自觉地带着我父亲回到宁津县老家暂时生活一段时间，等情况好转后再回天津。抗日战争爆发，祖父带领师生到大后方，音信全无，更不要说给祖母提供生活费了。祖母一人在天津，在日伪统治下的沦陷区苦苦支撑，从未向任何人伸手要过一分钱，喊过一声苦，反而还尽力帮助亲友渡过难关。她的那种坚忍不拔、勤俭耐劳、助人为乐的精神绝非一般人能具有的，何况她是一位妇女。这种日子直到抗战胜利祖父归来全家团聚为止。

祖父重视教育，而重视女子教育也是他治家的原则。除前述他弟弟们都不同程度地受到良好的教育，我家里的女性也都受过良好的教育。长期在天津从事商贸工作的、祖父的弟弟齐国桢先后两位夫人都是女师毕业的。他的两位女儿：长女齐思华也是女师毕业，长期从事小学教育工作，是一位很有成就的小学教师；二女儿齐思敏（参加革命后改名齐红鸣）也曾在女师学习过，未及毕业便参加革命，后来一直在中国人民大学从事苏联问题的资料与档案整理，有过很多贡献。他其他的女儿以及五弟齐国椿的女儿齐思玖等也都受过良好教育，齐思玖长期在部队幼儿园工作，成绩卓著。

我父亲以及我们姐弟六人都是在祖父直接教育与影响下成长起来的。我父亲齐思和是祖父母唯一的孩子，在祖父母的关怀与爱护下，加上他天资颖慧，从小学到研究生院，进的都是第一流的好学校，考试一直名列前茅。父亲小学读的是天津私立第一小学，中学读的是天津南开中学。之后，父亲又被保送至南开大学历史学系就读，当时任教的是范文澜老师，范老见他喜爱文史，有特别的"悟力"，建议他到北京读书，遂转学至燕京大学历史学系，毕业后被保送到美国哈佛大学研究生院继续攻读历史，1935 年获得博士学位。像祖父一样，父亲也是把一生献给祖国的教育事业。他回国后一直在大学任教，是我国史学界的著名教授，著述甚丰，在史学界有"博古通今，学贯中西"的美誉。他历任北京师范大学、燕京大学、北京大学历史学系教授、系主任、燕京大学文学院院长等职。我的母亲王秀华是女师的毕业生，后又考入家政系继续学习。女师的教育，特别是家政系的教育对她影响很深，并直接应用到我们姐弟身上。我们姐弟六人在这个主张男女平等、重视教育的家庭中，都受到很好的教育，六人中有五人是北大本科毕业，其中三人又是研究生毕业。因为三弟喜爱石油专业，他报考了石油学院，目前是辽宁省石化厅厅长。其余五人有两人是北京大学教授，一人为中国社会科学院研究员，一人为中国科学院研究员，一人为地矿部的高级研究员。我们姐弟之所以能有今天的成就，要深深地感谢祖父母、父母对我们的教育与培养，同时，更使我们从另一个侧面看到女师教育之成功。祖父母已经离开我们了，父母也离开我们了，但是他们为祖国教育事业献身的精神、坚定不移地为祖国培养人才的执着态度、既重视男性教育又重视女性教育男女平等主张，却永远激励着我们，并作为这个家庭的光荣传统代代相传。

（原载中国人民政治协商会议天津市委员会文史资料委员会编《近代天津十二大教育家》，天津人民出版社 1999 年版，收入本书时，略作修改）

忆我的祖父

——河北省立女子师范学院创办人及院长齐璧亭先生

今年是河北师范大学前身之一的北洋女师范学堂建校百年华诞。作为河北省立女子师范学院创办人及院长齐璧亭（1885～1968 年）先生的后代，我愿借此机会对河北师范大学表示衷心祝贺，并追忆我祖父生前从事教育的几件事，以资纪念。

我的祖父齐璧亭先生，又名齐国樑，是著名教育家、爱国主义者。他出生于河北省宁津县（新中国成立后划归山东省）一个开明士绅家庭。他的父亲以维护维新、同情革命著称。我祖父自幼受到良好教育，又由于他天资颖慧、勤奋好学，少年时期便考中秀才，闻名乡里。及长，他赴省会保定师范学堂就读，这奠定了他毕生从事师范教育的思想基础。毕业后，他考入天津北洋大学堂（今天津大学）。因学习成绩优异，他被学校选派留学日本广岛高等师范，1915 年毕业，获学士学位。经著名教育家、南开中学校长兼直隶女子师范学校校长张伯苓先生推荐，1916 年 1 月，省教育厅电请祖父回国，接任直隶第一女子师范学校（以下简称女师）校长，由此开始了他毕生献身女子师范教育的历程。

祖父是当时我国中等师范学校校长中第一位也是仅有的一位具有国外学历并具有学衔的校长。他以爱国主义精神和振兴中华的决心办教育，把从国外学到的先进教学理念、管理经验及一切有用的知识与技能都运用到发展学校的教育中去。他还将日本学校的家政教育学科引入女师，增设了家政专修科。国内缺少教师就从日本聘请，并自任翻译。这是我国在师范院校创办家政学科的开端。此后，家政学一直是女师（直至河北省立女子师范学院）办学的一大特点，培养了大量人才。为办好女师，他一再谢绝省教育厅的副

齐国樑先生

厅长任命。为了破解教育经费不足、省里经常拖欠教职员工资的困境，他几次将我祖母及他的正在上学的独子也即我的父亲送回原籍生活。

在祖父的努力下，女师愈办愈好，到 20 世纪 20 年代前后，已成为全国名校。那里人才辈出，涌现了刘清扬、郭隆贞、张若茗、邓颖超、许广平等妇女运动领袖。留法勤工俭学第一批河北省的三个女性名额，全部被女师学生延揽。她们是刘清扬、郭隆真、张若茗。

1920 年，北京大学初次招收女生，报名者来自全国各地，只录取了九名，其中二名是女师学生。她们是韩恂华、赵懋云。

女师刊物出版之多也是有名的，许多国内外著名大学图书馆有收藏女师刊物，其中北京大学图书馆收藏最多。学生业余生活丰富多彩，体育表演、球类竞赛、歌咏、话剧等演出活动，经常被当地媒体报道。

由于当时我国教育已由学习日本开始转向学习欧美，为了学习美国高等院校办学经验，祖父以惊人的毅力克服种种困难，于一年之内补修完美国顶尖大学斯坦福大学普通教育的课程，获学士学位。三年后，他获另一著名大学哥伦比亚大学师范学院硕士学位。学成归国后，他立即用新理念投入到办学中去。

在办好女师的基础上，他决心再上一个台阶，创建省立女子师范学院，填补我国没有省级女子师范高等院校的空白。从申请办院经费到各系筹建直至教师聘请、招收学生等，他无不事必躬亲。1929 年，河北省立女子师范学院（以下简称女师学院）建成，连同原有的直隶女师、中学、小学、幼稚园组成一个完整的、统一的教学体。如此大规模、完整的教学体在当时为国内外仅见。祖父被任命为院长。

新建的女师学院设国文、英文、教育、史地、家政、音乐、体育七系。各系都是新式的、有学术造诣的青年教师做主力，其中有不少人后来成为我国学术界、文艺界的泰斗，如文学界的冯沅君、英文界的李霁野、钢琴界的丁善德、提琴界的张洪岛。教师中还有刚从美国专门学习家政学归来的孙家玉等。女师学院位于天津河北天纬路东头 1 号，它那宏伟的主楼建筑，一流的体育馆、图书馆，先进设备的理化实验室、生物标本室，具有国际水平的家政实习室，以及大片的教室群等与师范部、中学部相连，直延至天纬路西部尽头，跨过横穿马路再与小学部、幼稚园衔接，形成金钢桥下一道靓丽的风景线。

正当学校向前发展之际，日寇侵华的七七事变爆发。祖父带领部分师生到大西北抗战办学，与北平大学、北平师大、北洋工学院，联合组成西北联合大学。抗战胜利后，祖父回到天津，重新主持学校的恢复工作。新中国成立前夕，南京国民政府邀请祖父南下办学，遭到祖父的严词拒绝，他留下来坚持办好女师学院，直到我国独立女学停办。

祖父任女师校长、女师学院院长达 30 余年，是国内同类院校中任期最长的院校长。女师学院在他精心管理下与时俱进，办校理念不断提升，教育质量不断提高。女师及女师学院桃李满天下，那里的毕业生为祖国的教育事业、为妇女解放事业、为振兴中华做出了重要贡献。

勤奋·创新·爱国

——纪念先父齐思和先生百年诞辰

　　2007 年初，天津古籍出版社的名师讲义系列丛书中推出了先父齐思和先生（以下称齐先生）的《齐思和史学概论讲义》。该书原本是齐先生于1935 年获哈佛大学博士后，任北平师范大学历史学系副教授主讲"历史概论"一课的讲义。"史学概论"一课在中华人民共和国成立前属历史学系本科生学习的基础课程之一，是历史学入门课，也是交给同学们开启史学大门的一把钥匙。凡属有条件的大学均设有此课。齐先生在北师大历史学系开设这门课程的同时，还应胡适先生邀请在北京大学历史学系开设同名课程。当时学术界著名刊物《食货》发表评论说："齐先生在美国饱学史学方法归来，现在北平师范大学、北京大学讲授史学概论等课……如今摘出他的《史学概论》一部分供我们发表。"足见这门课程在当时引起了很大反响。

　　"史学概论"的原始讲义，是我于 2005 年在北京大学图书馆善本阅览室发现的。原讲义线装一册，下印北平师范大学教材课，蓝色封皮，外加蓝色书套，古色古香。从书后所附借阅登记表可以看到，从中华人民共和国成立前至今不断有人借阅，由此可见它受重视的程度。这次出版的《齐思和史学概论讲义》，除收有 20 世纪 30 年代齐先生在北平师范大学历史学系开设此课的原始讲义外，还增加了他于 1952 年院系调整后在北京大学历史学系任教期间，与中国古代史教研室诸教授合开的"中国史学要籍介绍"课程中的"历史地理书籍"一课的讲义原稿，以及有关论文 5 篇——《先秦历史哲学管窥》（《史学年报》1929 年第 1 卷第 1 期），《史学之价值》《最近两百年来中国之史学界》（1931 年《朝华月刊》第 2 卷，第 3、4 期合刊），《改造国史之途径步骤》（《大公报·史地周刊》1936 年 5 月 1 日），

《晚清史学的发展》（《燕京社会学报》1949 年第 2 卷，1980 年修改稿）。

2004 年，该书的出版正值齐先生 100 周年诞辰，这是对他最好的纪念。就 20 世纪 30 年代来说，齐先生开设的"史学概论"课程是一门打破传统的创新课，不但内容新，反映中外史学的最新进展，而且主讲人也新，是由刚从学校毕业的新秀，带着时代对史学概论课的新要求走进课堂，为课程注入了新鲜血液，增添了新的活力，受到同学们的欢迎。30 年代曾在北平师范大学历史学系就读的万福增先生，在 70 年代还对齐先生当年讲课的情形记忆犹新，盛赞不已。

史学概论课是每周两次，每次 1 小时，为期半年的课程。全部课程讲义分为 8 章 24 节，每章之后，附有"参考书举要"及简短的说明与评论，供同学学习时参考。8 章的题目分别是：第一章 历史之意义与范围；第二章 历史之目的及其价值；第三章 历史之科学观及其在科学中之地位；第四章 历史之相关科学与辅助科学；第五章 历史之体裁；第六章 历史之分类；第七章 史料论；第八章 史料之寻求与整理。

那么，讲义的特点又是什么呢？初步看来，我认为其特点有三。

第一，它建立了融中外史学于一体的史学概论新体系。之前，国内各大学历史学系所开设的概论课程，全部都是关于中国史学的内容，讲课者也都是博学多识的资深老教授，像北大历史学系的朱希祖教授。而西方国家开设这门课程，也仅限于西方国家的史学。我国的教会大学，间或也有开设西方史学概论或内容类似但名称不同的课程，主讲人为西方教授，如燕京大学历史学系的瑞士籍教授王克斯。但是，齐先生的史学概论课是一门单独的、全新的史学概论课，将中外史学融为一体，这在中外大学乃属首创。

第二，高瞻远瞩。讲义是一部站在 20 世纪 30 年代的制高点上，俯瞰中西史学源起与发展，适应时代与学科，并适合学生需要而编写的。依此，作者经过筛选，最后确定为 8 个专题（章）24 个问题（节），并一一做了解答，明确说明其当时所达到的高度、代表作品和代表人物。如第一章的"史学范围"一节，除明确说明中外史学家对史学范围划分的异同外，还重点指出史学发展到 20 世纪 30 年代已由"政治史""帝王将相史""战争史"，进入以"人民史"为主的阶段。"此主张自英史学家格林著《英国人民史》启其端"。受其影响，有法国人薄（Henribert）主编百卷本《世界文明史》、美国人史莱辛格（Schlesinger）主编 12 卷本《美国生活史》等。历史学的发展是无止境的，今天的制高点将为明日的顶峰所代替，"史学愈发达，则去真理愈近"。

第三，文字上表达深入浅出，明白易懂。史学概论课是一门内容复杂、难度较大的课程。要使学生能于短时间内掌握它，既要求主讲人有博大精深的史学根底，又要求能深入浅出地将课程内容讲解清楚，帮助学生理解掌握。讲义达到了这一目的。以第五章历史之体裁为例，作者在论及中国旧史之体裁时指出，史学之起源始于文字之发明，但文字发明之初，所记者仅限当时之事，如殷墟卜辞、周初金文以及《尚书》中《盘庚》以下诸篇。残留在民间的传说可追溯得更远。在我国，有组织的史书存于今者当以《春秋》为最古。至于《春秋》的体裁则为当时流行的、最简单的编年体。我国历史有固定之体裁始自纪传体，始于汉代司马迁著《史记》，后来史学家奉为典范，遂成为我国史学的正体。纪传体的目的是表彰忠烈、贬斥奸恶。其缺点是同为一事分在数篇，断续相离，前后层出。至汉末，荀悦又重兴编年体，宋司马光著《资治通鉴》将编年体推向顶峰。然而，在长期实践过程中，又由于纪传体是以人物为中心，自短于列事；编年体虽以事为中心，而为年月所拘，难详本末，往往一事隔越数卷，首尾难稽，也非叙事之佳体；遂又有袁枢《通鉴纪事本末》出，为我国史学界又添一新体裁。从此，纪传、编年、纪事本末，成为我国旧史学三种重要体裁。但在史学范围不断扩大、内容更加复杂的今天，势必要引起历史体裁的新变化。讲义还指出，对比西方史学，其渊源出于古代埃及、巴比伦，最初是与中国一样，体裁也是简单的纪事体。然而，他们所记大多为宗教之事。西方正式的史籍源于希腊荷马史诗，但此作品大抵是采集各诗而成，其所叙述的战争内容虽略具史实，但杂有当时的传说与诗人的渲染。西方真正的信史是从希腊史学家希罗多德的《历史》开始的，故他被称为史学之父。他不仅系统地叙述了希波战争，而且开创了西方用散文形式写历史的新体裁。其后，大史学家修昔底德、色诺芬，罗马史学家利瓦伊等，皆用这一体裁著书立说。于是，记叙体成为西洋史正式体裁。又，目录学是历史研究者必备的知识，尤其是中国古代史的分类，对史学家来说也难以掌握。讲义分别在第四章与第六章对此做了明白的交代：古代书籍甚少，无需分类。我国目录学开始于刘歆的《七略》，论目录学之书以《汉书·艺文志》和《隋书·经籍志》最为重要。清代《四库全书》是一部集中国图书目录学大成之佳作。对比西洋史的分类，西方早期史学家也多依史书的体裁分，如培根的分类法，将史书分为编年、传记、记述三类，编年又分为世界史、国别史。现今西方图书馆多依内容进行分类，如杜威氏十进分类法，于史部分为通史、地理游记、传记、古代史、近代史等六大类，大类之下再分若干小类。这种内容的分类虽较旧法便利，但还存在时代划分不准确、地域划分不灵活等缺点。美国国会图书馆所用的分类法，对上述分类有所改进，特别将史学与辅助科学加以区分，尤为恰切，但还存有粗率的地方。而我国各大图书馆对两者均有采用。

1949年中华人民共和国成立以后，我国图书馆统一采用本国制定的新图书分类法，目录学进入一个新时代。讲义在其余章节中也体现了上述特点，这里不再赘述。以上就是讲义的内容梗概与特点。随着时间的推移、时代的进步，讲义有一些当时看来有价值而用今天价值观衡量已是落伍的内容，这在所难免。然而，它的内容、基本观点，有助于引导学人读史、治史。它作为一份宝贵的文化遗产，会永存人间。

齐先生有此著述，是与他的治学、品格、素养分不开的，观其一生，可用"勤奋""创新""爱国"六个字来概括。

齐先生1907年生于河北省宁津县（今属山东省）一个开明士绅家庭。其祖父齐俊元是当地有名的维新派。其父亲齐璧亭是国内著名的教育家，早年曾留学日本广岛高等师范学校，获学士学位。从日本归来后，璧亭先生便接替著名教育家张伯苓先生，任直隶第一女子师范学校校长。数年后，璧亭先生又留学美国斯坦福大学获教育学学士及哥伦比亚大学师范学院教育学硕士学位。璧亭先生1926年自美归来后，在回原校任职的同时，还在1928年创立了河北省立女子师范学院并任院长。由于他对中国女性教育的卓越贡献，中华人民共和国成立后他历任国务院参事、河北省政协副主席，直至去世。由于有这样的家庭环境，齐先生从小学直到研究生，读的都是当时的名校，向他授业者亦是名师。俗话说"名师出高徒"，自入天津私立第一小学，聪颖、勤奋的他，在英、汉、算等课程上都取得了优异的成绩，为以后的学习打下了良好的基础。五年级时，他利用暑假圈点了全本的《纲鉴易知录》，并顺利考入天津南开中学。当时学校的数理化课本是英文版的，所开设的每一门课程他都喜欢，且成绩都是优。在南开中学及南开大学历史学系一年级学习期间，又直接受教于名师范文澜先生，并得到范老的真传，开始入了历史学门径，特别在经学方面奠定了良好的基础。大学一年级时，他发表学术论文《魏弇年代学术考》（《南开》1927年第41期），后又在范老建议下，转学考入燕京大学历史学系二年级，插班学习。也是经范老介绍，他与思想进步、勤奋好学的经济系学生连士升同住一室，直到大学毕业。从此他们建立了终生的友谊。连士升当时为燕大地下党员，齐先生从他那里学会了背诵英文版的《共产党宣言》，直到晚年还能流利背诵。

齐思和先生

1926 年，燕京大学由城内盔甲厂旧址迁至西郊海淀燕园新址。这所教会大学的办学理念和办学方针由培养传教人员转变成大力为中国培育现代的、各学科的、适合社会发展需要的人才。以历史学系为例，它除加强中外历史、外语等教学外，也加强国学的研究与教学。为此，该系除陈垣、洪业等教授继续留校任教外，还陆续聘请了王桐龄、孟世杰、张星烺、容庚、张尔田、邓之诚、顾颉刚、钱穆等名师来系任教，可说是名师云集。齐先生很注意吸取每位教师所长，就连哲学系冯友兰教授开设的哲学课他也不错过，用心听讲。他根底好，又勤奋，故学问扎实，中英文俱佳，因学习成绩拔尖而誉满全系。入校当年就被选为系学术科长。次年，历史学系创办《史学年报》，他当选为主编，并连选连任直至毕业。《史学年报》以刊登系内师生学术文章为主，因学术价值高而广受西方史学、汉学专家赞誉，至今犹有影响。1931 年，齐先生由燕大毕业，因学习成绩优秀获得"金钥匙奖"。他的毕业论文《黄帝的制器故事》（《史学年报》1934 年第 2 卷第 1 期），发表后博得国内外学术界好评。英国著名学者李约瑟在其名著《中国科学技术史》一书中充分肯定了齐先生在这方面的研究成果，并加以吸收采用。

齐先生大学毕业的当年，正值美国哈佛－燕京学社在中国和美国各设置一名全额奖学金，互换学生，让中国学习成绩优异、有培养前途的应届大学毕业生，赴哈佛大学研究生院就读，并要求学生在 4 年内拿到哈佛博士学位。当时燕大虽有不少国外大学毕业的博士及硕士，但上至校长下至教师没有一位在哈佛就读过。哈佛大学是世界名校，能与哈佛结缘，是提升燕大学术地位的一个千载难逢的重要机会，所以经校系再三评选，决定选派历史学系应届毕业生齐思和赴哈佛就读。历史系洪业老师还建议齐先生"既然到美国哈佛大学，就要学他们最拿手的美国史，及教授们的特长和史学方法"。

1931 年，齐先生来到誉满全球的美国历史学重镇——哈佛大学。当时正值哈佛历史系的黄金时代，名师荟萃，讲座级教授居全美之冠。美国史大师如莫里森、史莱辛格，国际关系史权威兰格，英国史专家艾伯特都在这里任教，还有各国来访的历史学家、学者。齐先生听了他们的讲学，大受教益。哈佛大学的图书馆藏书之丰富，仅次于美国国会图书馆，而且校园附近书店林立，24 小时开放，真是一个读书学习的好地方。齐先生在那里充分利用哈佛学术上的优势，除努力向美国史大师学习外，还选修了其他西方史学大师课程，诸如英国史、欧洲古代中世纪史、大战史、国际关系史、史学方法等。他在课堂上认真听讲，课下认真研读这些大师的著作，努力学习他们所长，获得了他们的好评。如在哈佛就读伊始，在以对学生严格著称的莫里森班上，他的第一次作业便被这位大学者批上"Good English"。他还曾获得美国史学大师史莱辛格的青睐，在他回国后，这位美国学者还来信表示关心，这在美国师生关系中是十分难得的。如果说南开与燕京为他打下了坚实的中国史与史学方法的基础，那哈佛大学则进一步使他确知并深研美国史、西洋史及西方史学方法。他在哈佛学习，两年获得硕士学位，四年获得博士学位，并获"金钥匙奖"，成为燕大校史上敢吃美国名校名系"螃蟹"的第一人。

齐先生 1935 年归国以后，首应北平师范大学历史学系的聘请，在历史学系开设两门课程——史学概论和美国史。同时，应胡适先生之邀请，在北大历史学系开设了同名课程；还应清华大学历史学系的聘请，开设战后国际关系史；又应母校燕京大学历史学系的聘请，开设中国上古史。他在北京四大名校同时开设 4 门不同课程，除中国上古史外，其他 3 门课程在国内均属首创。他来往奔波于城内外，白天忙于上课，晚上备课、写讲义或写学术论文，日夜忙碌。齐先生备课认真，每课都写有讲义，供学生参考阅读。他讲课，全身心投入，能做到旁征博引，中西对比，且不时穿插一些有关的历史轶闻趣事，时常提出一些带启发性的问题，生动活泼，引人入胜，并能做到准时上课，准时下课，绝不拖堂。对此，听过他讲课的学生至今还津津乐道。1937 年，北大历史学系聘齐先生为专职教授，未及赴任，七七事变起，国立院校纷纷南迁。其父齐璧亭率领河北女子师范学院师生远赴西北，与北师大合组西北师范学院。齐先生因是独生子，只好留下照顾多病的老母。为摆脱日伪控制，他又重新回到燕大历史学系任教。因为燕大为美国教会创办，当时尚非日伪所能控制、操纵，直至 1941 年珍珠港事件爆发燕大关门时为止。他在燕大历史学系所开设的课程有中国上古史、春秋史、战国史、西洋通史、西洋现代史、史学名著选读等。西洋现代史课程，能突破日军的新闻封锁向学生们传递当时世界的最新发展信息。学生们将此课视为了解外部世界的窗口，不管是文科还是理科，都有很多学生选修，穆楼（今外文楼）最大教室 103 室因此座无虚席，甚至连过道、门外都挤满了旁听者，可谓盛况空前。现任教于首都师范大学的著名史学家戚国淦教授对此课至今记忆犹新。1941 年 12 月 8 日，太平洋战争爆发，英、美对日宣战，日军强占燕大，学校停办。齐先生断然拒绝了日伪的高薪聘请，改任私立中国大学政治经济系教授，主讲中国通史、西洋通史课，同时，又在天津工商学院讲授中国经济史，直到中华人民共和国成立。1952 年，院系调整，他到北京大学历史学系任教，主讲世界古代中世纪史。

齐先生中西历史兼长，博古通今，知识渊博。我国史学史名师、南开大学历史学系杨翼骧教授在其《中国史学史讲义》（天津古籍出版社 2006 年版，第 158 页）中指出："在我国能做到中西兼通的知名教授有三，齐思和先生即属其一，另外两人是北师大历史系的陆懋德教授及清华的雷海宗教授。他们都能教世界通史与中国通史，讲中国史时，用世界史比较；讲世界史时，用中国历史比较。"齐先生对中外历史知识的渊博，可谓"烂熟于胸，信手拈来"。他在史学上的创新，不仅反映在教学上，也反映在科研上。如他在战国史的创新方面，体现为对战国史地位的翻案。他指出"战国"一词原指战争的国家，在六国时已有，至刘向始以之为时代之名。自汉武帝之后儒家思想统一中国，从此，学术界受儒家思想影响，对战国时期历史持轻视而忽略的态度。因此，他们把秦亡汉兴的原因归于废封国、兴郡县。而齐先生早在 1938 年在《战国制度考》（《燕京学报》1938 年总第 24

期）中，通过对大量史料的研究，从"土地私有制度的成立""工商业之兴起""各国重要之变法运动""平民走入政治舞台""中央集权制的出现""中央及地方政府的变化"等方面，证明战国在中国历史上的重要地位。他说"经战国二百年的嬗变，至六国之亡，统一之局，郡县之制早已完成，嬴政不过将郡县制，整齐之，统一之，而施之于天下而已。实因而非创也。是故封国之废，郡县之兴，皆发生于战国"，从而得出"战国是中国政治制度历史上的重要关键时期"的结论。这是具有创新意义的重要结论。他并以此为出发点写出了一系列有关战国时期具有创意的文章，重要的如《商鞅变法考》（《燕京学报》1947 年总第 33 期）、《战国宰相表》（《史学年报》1938 年第 2 卷第 5 期）、《楚终战国之世未置相考》（《史学年报》1938 年第 2 卷第 5 期）、《李克、李悝非一人辨》（《燕京学报》1947 年总第 33 期）、《孙子兵法著作时代考》（《燕京学报》1939 年总第 26 期）等。

我国是一个农业大国，具有悠久的历史，并有丰富的记载与论著，挖掘它，发扬它，对前人研究中不正确的地方给以批评、纠正，是史学工作者的重要责任。齐先生对农业历史的研究有非常浓厚的兴趣，写出了不少具有创意的文章，如《毛诗古名考》《牛耕的起源》《孟子井田说辨》《先秦农家学说考》等。其中《毛诗古名考》是作者将《诗经》中所见的 15 种谷物列表表其在《诗经》中出现的次数，用以说明它们在当时国计民生中的重要地位，并依次对 15 种谷物的来源、出现与演变及实用情况做了考证。特别应当指出的是，他对清代经学大师程瑶田的《九谷考》及刘宝楠的《释谷》的批评。程瑶田主张说稷为今之"高粱"，因程氏征引浩博，且漫游北方、亲询老农，以后诸家均采如是说，其主张几乎成了定论。然而，齐先生却指出，《九谷考》虽是一部精心之作，但其中武断之处也不少，如以"稷为高粱，以粮为粟"，尤为谬误。齐先生指出，程氏关于稷的考证，至少有 10 个错误，并一一做出纠正，最后他得出"稷为今之小米，粱为高粱"的结论。齐先生的文章还对《诗经》中其他的谷物，甚至《诗经》中未列而于国计民生重要的谷物如玉米、花生的来源做了详细的考证。齐先生关于稷为小米的考证也得到了 20 世纪 50 年代半坡村考古发掘的印证，《中国农业科学》杂志特加以转载。

齐先生对我国的封建制度也有深入研究，他持西周封建说，主张西周时代为中国政治制度之开始。属于这方面的名篇有《封建制度与儒家思想》、《周代钦命礼考》以及《中国与欧洲封建制度的比较》、《西周时代之政治思想》（1948 年《燕京社会科学》第一卷，英文版）等。其他有关中国古代史方面的文章也都可以作为这方面的佐证。美国著名史学家、芝加哥大学教授何炳棣先生，曾在 20 世纪 30 年代末就读于燕大历史学系研究生院。他说从观点、方法、论断上获益最多的是与齐先生几度对中西方封建制度比较的讨论，国内自 1949 年后的半个世纪内对"封建"有 5 种不同的看法和主张，他相信最合理、最正确的是齐先生的看法（参见何炳棣《读史阅世六十年》，广西师范大学出版社 2004 年版，第 128 页）。关于周民族的起源问题，齐先生写的《西周地理考》（《燕京学报》1946 年总第 30 期）、《封建制度与儒家思想》（《燕京学报》1937 年总第 22 期），既是对钱穆先生等人持周民族源于汾水流域的有力反驳，也是对西周封建论的有力佐证。他对清代学者魏源的研究与评价赢得了海内外学者的高度赞誉，中国近代史专家、哈佛大学教授孔飞力称齐先生的名篇《魏源与晚清学风》（《燕京学报》1950 年总第 39 期）为"迄今研究魏源的最好著述"，香港学者陈云甫称赞齐先生对魏源的研究是一个"里程碑"。齐先生对晚清研究的名篇还有《晚清的史学发展》（《燕京社会学报》1949 年第 2 卷）等。

齐先生在世界史方面也做了大量的创新工作。20 世纪 30 年代他在北京大学、北平师范大学历史学系首先开设了美国史课程，是在我国开设美国史课程的第一人。在清华大学历史学系开设的战后国际关系史、在燕京大学历史学系开设的西洋现代史等，也都是前所未有的新课，且做到了每一门课都有讲义发到学生手中。1952 年全国院系调整后，他被安排在北大历史系主讲世界中世纪史。他随课分发的《世界中世纪史讲义》，1957 年由高等教育出版社出版，1959 年再版，是新中国成立后出版的第一部由我国学者编写的《世界中世纪史讲义》，为我国中世纪史教学奠定了基础。除世界中世纪史外，他还开设过英国史、世界史、世界史工具书的介绍等课程，并写出了多篇富有创意的文章，如《英国土地所有制的形成过程》（《历史研究》1964 年第 4 期）、《从英国庄园制看欧洲庄园制的特征》（《新建设》1964 年第 10 ~ 11 期合刊）、《中世纪西欧的集市与庙会》（《历史教学》1964 年 8 月号）、《从伽图的"农业论"看罗马农业》（《大公报》1951 年 11 月 3 日）等。

齐先生还以其深厚的史学根底，通过研究浩瀚的史料及史学著作，解答了一些前人、古人、洋人没有解决的问题，如关于匈奴的研究便是一例。匈奴是我国历史上重要少数民族之一，长期活动在北方草原，在汉朝时期，作为游牧民族的匈奴人，时常侵犯汉朝边境，这在我国史书中有大量记载。公元91年，北匈奴被汉将耿夔所破后"逃亡不知所在"。而后的公元374年，一支号称匈人的强大骑兵队突然在欧洲东部的东哥特境内出现，很快征服了东哥特人，接着又将西哥特人赶至罗马帝国境内，罗马皇帝亲自迎战，兵败身亡。之后其又占领了匈牙利平原，建立起一个强大的国家。那么，这支强大的队伍从何而来、由什么人组成，这个问题长期以来是西方史学家的未解之谜。驰名世界的罗马史学家吉朋甚至武断地说这个历史之谜是不可解决的。正是齐先生，经过长期探索与考证，在浩瀚的中外史书与史料中，找出了匈奴西迁的路线。匈奴人从公元91年离开漠北单于庭到公元4世纪出现于东欧，其间经历了280多年的时间，经历了悦般、康居、粟特和阿兰4个时期。他证明了外国人所说的匈人即我国史书上所说的匈奴人，解决了这一中外历史中的"千古之谜"。这是中国史学界的骄傲，也是齐先生向世界展示中国史学家研究能力的凭证。这项学术成果发表于《历史研究》1977年第3期，名为《匈奴西迁与其在欧洲的活动》。齐先生本来还准备将这一发现写成一部专著，提纲已写好，并收集整理出一部分资料，然而却因病逝而未成。

齐先生在中外关系史上的名篇，还有《中国与拜占庭帝国的关系》（《北京大学学报》1955年第1期）、《中国四大发明及其西传》（《光明日报》1978年10月5日）等。新中国成立后，他还主持并编写了《第一次鸦片战争》（资料集第一至六册）和《第二次鸦片战争》（资料集第一至六册），整理并出版了《黄爵滋奏疏、许乃济奏议合刊》、《夷氛纪闻》、《筹办夷务史末（道光朝）》、《西藏地方历史数据选辑（清初部分）》以及从框架、构思到三分之二的内容均出自齐先生之手的《中外历史年表》（合编本）。

还需要指出的是，齐先生是一位具有爱国主义思想的史学家。他热爱历史，勤奋读书，治史多创见，为繁荣祖国的历史学事业奉献了一生。他追求光明、进步、爱国，抗日战争胜利后燕大复校，他返回母校任教。他还多次向解放区捐款、捐药，支持解放战争。1947年，英国牛津大学聘请他到该校任教中国古代史，待遇优厚，他婉言谢绝。新中国成立前夕，清华大学历史学系陈同燮教授先后3次力邀齐先生同他一起到台湾，共同主持台湾大学历史学系，他坚决不同意。之后，美国哈佛－燕京学社邀请他到哈佛大学任教，也被他婉辞。他坚决不肯离开他热爱的祖国，要在祖国的大地上发展历史学事业。

（原载《燕京学报》新 26 期，北京大学出版社 2007 年版，收入本书时，略作修改）

燕园第一位哈佛博士

——追忆父亲齐思和先生的学术人生

齐思和（1907～1980年），字致中，山东宁津人，著名历史学家，燕京大学毕业后留学美国，在哈佛大学研究院获博士学位，1935年回国，任北京师范大学教授，燕京大学历史学系主任、文学院院长，《史学年报》主编，《燕京学报》主编。1952年院系调整后，齐先生任北大历史学系教授、世界古代史教研室主任，兼任中国社会科学院世界历史研究所学术委员等职。齐先生学识渊博，兼通古今中外，在先秦史、晚清史、世界上古史、世界中世纪史、中西交通史、英美史、史学理论与史学史等领域，造诣尤深。其代表性论著有《中国史探研》、《世界中世纪史讲义》、《中外历史年表》（合著）等，主编了《世界通史》（上古卷）等。1961年他任《世界历史小丛书》副主编，对历史学的普及做出了贡献。1980年，齐先生病逝于北京。

父亲先是在燕京大学读书，后来又在燕京大学执教，前后有20多年。

父亲属于20世纪的人：出生在20世纪，受教育在20世纪，去世在20世纪。20世纪的中国正处于一个大变化的时期，那个时代的学者也是各式各样的，父亲应该算哪种类型呢？我想他属于20世纪新式学堂教育出来的学者。从他的履历来看，他完全符合这一点：他的小学是在天津私立第一小学度过的，中学则是南开中学，大学一年级是在南开大学，二年级转到燕京，后来又去了哈佛……

父亲在南开中学的那批同学，可谓人才济济：曹禺，天天拿着毛笔在那里写小说；父亲的另外一个同班同学丰子恺画画。父亲那个时候已经对历史发生了兴趣，经常写一些关于历史的文章。这就引起了范文澜先生的注意，在当时也有点对父亲"重点培养"的意思。后来也是在范老的鼓励下，父亲在南开中学毕业之后就报考了南开大学的历史学系。

在南开大学历史学系父亲也是由范老教，读了一年之后，范老对父亲说："你这么喜欢念书，不如到北京去，天津毕竟是一个商业城市，北京才是文化城市，那里的名师多。"

那是在 1928 年，燕京大学正好招收插班生，父亲就报考了燕京大学历史学系的二年级。

父亲刚到燕京大学的时候，燕京大学的名气并不大，但已经颇受关注。到燕京大学之后，父亲像是到了另外一个天地，这个天地里的空气跟天津截然不同。当时燕京大学刚刚从北京城内盔甲厂旧址搬到西郊海淀新址，美丽的校园内云集了大量的名师。创办人司徒雷登一心想把燕京大学办成世界一流的大学。洪业先生刚从美国哥伦比亚大学学成归来，在他看来，现代化的中国首先要有现代化的教育。洪先生是搞历史的，自然把历史看成现代化教育中的重中之重。所以洪先生按照美国的模式，带着自己的期望，在燕京大学开始改造历史学系，延请了大量名师。

在此之前，燕京大学有名的老师不过陈垣先生一人而已，之后顾颉刚、容庚等人陆陆续续地来到燕京大学。后来燕京大学的发展，处处都带着洪业先生设计的影子。

"父命不可违" 被"逼"留学哈佛

父亲进入燕京大学的那一年，哈佛大学也正在中国寻找合作者，由美国铝业大王霍尔的基金会出资，在中国创办一个汉学中心。最后这个机会被司徒雷登和洪业先生争取过来，获得了那批资金的 4/5，组成了一个汉学机构，这就是哈佛－燕京学社。资金则由燕京大学来管，具体负责人是一个美国人，但是洪先生的意见举足轻重。

父亲是第一个由燕京派往哈佛的学生。当时燕京每隔 4 年可以推荐 1 个人到哈佛去学习，由哈佛－燕京学社出奖学金。同时，哈佛要求这个人一定要在 4 年之内拿到博士学位，如果拿不到，哈佛就要到别的学校去物色这样的人选。

父亲一进入燕京就显示了自己的史学功底。当时顾颉刚先生在燕京讲授"中国上古史研究"，父亲非常喜欢这门课。父亲曾回忆说，顾先生上课的时候常常旁征博引，见解新颖，学生都特别欢迎。顾先生上课，每堂课都要写满 3 个黑板。每遇到报纸杂志上发表了不同于他的学术观点，顾先生必定在课堂上引导学生各抒己见，开展讨论，借此来启发学生独立思考的能力。父亲听了顾先生的课，在大学期间就写了《与顾颉刚师论〈易系传〉观象制器书》那篇文章。1929 年，燕大历史学系筹办了《史学年报》，编辑《史学年报》的任务竟然落到了父亲这个"外来户"身上。

父亲担任《史学年报》主编 3 年，一直到他毕业。他毕业的时候，他的同学在《燕大年刊》上为他的毕业照片题词说："于学无所不窥，上自群经诸子，下至康、梁、胡、顾；每读一书必有新奇问题发现，尤精于考证学、史学方法、两汉历史。"

可能是这个原因，洪业先生看重他，把他作为去哈佛留学的人选。可父亲开始并不想去，因为父亲当时的兴趣在中国史方面，他自己说："四年的工夫在中国我可以做出很多成绩来，到美国我去做什么呢？做中国史？那里没有书，教授也不如中国。"但是洪先生就是看中了他，认为父亲能在 4 年之内拿到博士学位。

洪业先生劝告父亲说："你应该去，不光是能够保证 4 年之内拿到博士学位，保证这个人选落在燕京大学，而且对于你个人也有好处，到美国去，看看他们的研究方法，可以开阔你的眼界。"但是父亲还是不想去，洪先生无奈之下，就去动员我的祖父，祖父又去跟父亲谈。父亲当时还是有传统思想，觉得"父命不可违"，只好去了哈佛。

但是，去哈佛也有难题，让父亲感到犯难的是不知道到了美国之后学什么，学中国史，好像在那里没有什么可学的。洪业先生又建议父亲："你到那里去就学他们最擅长的学科。"三四十年代的哈佛，是美国史研究的重镇，可谓"明星教授"云集。洪先生建议父亲到那里去学美国史，父亲当时还不太情愿地说："美国史那么短！"洪先生说："虽然美国历史比较短，但是他们研究得比较深，你可以学习他们的研究方法，回来之后用这种新方法研究中国史，对于中国史你就能有新的突破。"

父亲到了哈佛之后，觉得自己责任重大，因为来哈佛就读不单关系到自己的学业，还关乎学校，所以父亲到了之后一头扎进了图书馆，开始了所谓的"三点一线"的生活。父亲的工夫没有白费，在哈佛，就连当时以严格要求著称的施莱辛格教授，都不得不对父亲刮目相看，给父亲论文很高的评价。这样度过了 4 年，父亲算是不辱使命，把博士学位拿了下来，而且也了解了当时国际学术界的发展。我们家里现在还保存着父亲在美国学习时的笔记，一大本一大本的。

回国任教　开辟比较史学

父亲学成回国之后，就任北师大历史学系教授。父亲为什么去那儿呢？他说："我一直在私立学校学习，想到国立学校去教书，了解一下那里的情况。"父亲带回来的是一个新的学科。听父亲说当时由国内去美国真正学美国史的包括他在内就只有两个人，另一位是皮明举先生，他是清代大学者皮锡瑞的后代，后来一直在湖南。当时父亲除了在北师大专职任教之外，还在北大、清华和燕京同时兼课。父亲在北大开的是史学理论和世界现代史。2005 年天津古籍出版社出版"名师讲义"系列图书，让我编父亲的讲义，我就在家里找了一通。经过了多少次劫难，父亲的手稿所余不多。幸好在图书馆找到了一份父亲 1936 年在北师大开的史学概论讲稿，后来又找出来一份 1957 年在北大历史学系开的历史古籍选读讲稿中的一章，我遂将这两份讲稿交给了出版社。

史学理论在当时的中国是一门新学科，很受重视，父亲利用自己在美国学到的方法，既研究中国的也研究外国的历史，形成了他独特的"比较史学"的学术特点。父亲回国的第二年，胡适曾经打算把父亲聘请到北大专职任教，跟父亲谈了之后，父亲也希望到北大去。父亲辞去北师大的教职，决定接受北大的邀请，但是紧接着七七事变爆发了，因为祖父齐璧亭（直隶第一女子师范校长）跟随学校搬到了大后方，父亲不得不留在北京以便就近照顾在天津的祖母，他又不愿意在日本人控制下的学校教书，所以就回到了燕京执教，没有去成北大。

直到 1952 年，父亲才到了北大，父亲和北大的缘分，到了这里才算"圆"了。

两度回燕京　出任文学院院长

父亲重回燕京大学的时候，我已经记事了。我跟随父母从琉璃厂旁的一个胡同搬到燕京，感觉像是进了一个大花园。从 1937 年一直到 1941 年珍珠港事件爆发，我们先是在燕京附近的冰窖胡同住，后来就一直住在燕南园

56 号。

珍珠港事件爆发以后我们就搬出了燕京。为了谋生，父亲和一批不愿意同日本人发生关系的教授都去了一所中国大学教书，那是当时跟日本没有关系的一所大学。

1946 年，燕京复校，又是洪业先生推动的。当时洪先生在城里新开路的住所，成了燕京人联络的中心，大家聚在这里反复研究复校的方案。那一年，我们全家也都回到了燕京，搬进了燕南园 51 号，那当时是燕南园最大的房子，因为父亲的藏书比较多，而且当时还是人文学院的院长。1949 年，学校开始调整房子，从 1949 年到 1952 年的几年里，我们在燕南园搬来搬去，最后在燕南园 66 号定居下来。那个院子，曾经是冰心先生住的。

记者手记

在已经去世的老一辈燕京人当中，齐思和是比较具有代表性的一位。他进入燕京的时候，燕京刚刚从盔甲厂旧址搬到海淀新址也即后来大名鼎鼎的燕园，也是从那个时候起，燕京大学开始以国内外名校为目标进行建校。燕京－哈佛学社就是这样背景之下的产物。因缘际会，齐思和成了两所世界知名大学进行合作的第一个人选。斯人已去，我们没有办法再得知当年齐思和去国求学的细节。

不过，当我辗转找到齐思和的女儿齐文颖老师的时候，齐文颖老师津津乐道的正是齐先生去哈佛的这段经历。齐文颖曾经到哈佛追随父亲的足迹并且拜访当时居住在那里的洪业先生——当年哈佛－燕京学社的擘画者。齐文颖叙述中的父亲，不单单是从文献资料上得到的认识，在某些程度上也是她自己经历中的一部分——尤其是在她长大之后与齐思和先生一起生活的日子里更是如此。

（原载《新京报》2005 年 12 月 29 日，本文系作者接受《新京报》记者的专访，收入本书时，略作修改）

第五编　史学论稿

英国平等派的第一个革命纲领与新模范军

平等派运动是 17 世纪英国资产阶级革命时期极为重要的小资产阶级民主派的运动。在它的直接推动下，英国资产阶级革命进入了一个新的资产阶级民主阶段（1647～1649 年）。

平等派运动从它产生、发展，直到最后结束，共经历了 14 年的时间（1647～1660 年），可以分为三个阶段：第一阶段，即平等派运动的产生及其与新模范军相结合的时期（1647 年）；第二阶段，即平等派运动超出新模范军的范围并与广大群众相结合的时期（1648～1649 年）；第三阶段，即平等派运动转入神秘主义及其最后瓦解的时期（1650～1660 年）。

本文仅拟就平等派运动第一阶段的几个问题，即：（一）平等派的第一个革命纲领；（二）平等派与新模范军的关系；（三）帕特尼军队代表会议，提供一些补充材料与说明，希望同志们指正。

一

1640 年开始的英国资产阶级革命发展到 1647 年，已进入一个新的阶段。当革命阵营对王党阵营取得了决定性的胜利后，革命阵营内部的矛盾即刻呈现出来。

革命阵营的右翼是代表大资产阶级和新贵族上层利益的长老派，他们在长期国会中占多数，控制了革命时期实际上起着临时政府作用的上、下议院。长老派把国会当作满足私利的工具，在革命过程中实施了一系列有利于大资产阶级与新贵族上层的措施：撤销枢密院、星室法庭和高等宗教法庭等封建专制机构，把行政和司法权完全掌握在自己手中；没收王党的封建地产，拍卖或抵押给大资产阶级与新贵族上层。1646 年 2 月，国会又通过法令，取消了骑士贵族领有土地对国王应尽的一切封建义务，把封建财产转变为任他们自由支配的私有财产，而农民对地主所承担的一切封建义务则全部保留。革命前夕一再为反对派所抨击的专利组织，长期国会也只取消了查理一世时期所建立的一些组织，而在此以前所设立的一切商业冒险公司的垄断特权仍继续保持。在宗教上，长老派教会被定为国教，强迫人民信奉；为人民所反对的什一税仍继续征收。

大资产阶级与新贵族上层的利益得到了满足。在他们看来，第一次内战的结束实际上就意味着革命的结束。对他们来说，当前最主要的问题就是如何进一步巩固在内战时期已经取得的成果。因此，当战争停止之后，他们便马上派代表与国王谈判复位问题，力图中止革命。这样，既得利益阶层就成为革命进一步发展的主要障碍。

然而，作为革命的最主要动力的广大人民群众，仍处于政治上无权、经济上困难、法律上毫无保障的境地。选举仍旧是富有者的特权，按财产资格规定的选举制度排斥了一般人民。人民的经济负担也很沉重，旧日的赋税与义务并未因革命而有所减免，相反，内战时期的庞大军费开支主要落在他们身上。长期国会为了弥补军费开支，从 1643 年起开始征收消费税，一切生活必需品从食品、饮料、烟草直到棉织物、肥皂、药品等，都在征收之列。此外，各州还要按月缴纳新模范军的维持费，这笔费用自然也加重了人民的负担。1647 年的国家总收入约为 1583000 英镑，其中消费税占 330000 英镑，军队维持费占 641000 英镑[1]，两者之和达国家全年收入的 60% 以上。1646 年的旱灾，1646～1647 年的歉收以及由此而产生的粮价飞涨，给城乡人民带来了无比深重的灾难。以小麦为例，过去小麦的平均价格每夸脱为 30 先令强，1646 年涨至 58 先令，而到 1647 年竟高达 65 先令[2]。这就是说，第一次内战结束之后，粮价较革命前上涨了 1 倍以上。但是城乡劳动者的工资却和革命前一样，仍为每日 7 便士[3]。

广大人民的苦难更由于他们在法律上的没有保障而加剧。当局可以不通过任何法律手续逮捕、惩罚、监禁及处死人民；私有财产也经常受到侵犯；不信奉长老派教会的人民被判为异端，受到迫害。总之，广大人民群众的境遇并未随着第一次内战的胜利而有所改善，他们仍旧生活在水深火热之中。对他们来说，俘获国王和第一次内战的结束，只意味着革命的开始，他们要在这个基础上把革命大力向前推进一步。英国资产阶级革命时期的平等派运动就是在这样的历史条件下产生的。

平等派运动正式开始的标志是 1647 年 3 月 15 日平等派以千百万庶民名义向下院呈交请愿书——《致尊敬的和代表国家最高权威的、聚集在国会的下院议员》（以下简称《请愿书》）。它是平等派运动的第一个革命纲领。由于平等派否认王权，反对上院，而把下院当作国家最高权力机构，因此这份请愿书是直接呈交给下院议员的。

《请愿书》第一次较全面地阐明了平等派的政治主张，提出了改进当前状况的具体方案。虽然随着革命的逐步深入，平等派在革命实践中不断地修改和充实它的内容，然而《请愿书》中的基本主张却始终没有改变。

《请愿书》首先针对当时不合理的政治制度提出了平等派的政治主张。它指出："任何政府的形式在宪法中都没有比在人民自由选举基础上而产生的国会更为公正。"英国人民的确也一贯地把国会当作解决他们痛苦的指望，"只是由于那些掌握国会权力的人或是把国会废而不用，或是滥用国会，以致辜负了人们对它的期望"，"内战开始以来，国会的力量足以把英国从一切压迫与苦难中拯救出来……使之成为……世界上最自由的国家"。它又指出，尽管国会也曾做了一些如废除星室法庭、主教制之类的事情，然而还是远远地不够，人民的痛苦仍旧存在，人民生而具有的权利仍未彻底恢复。

《请愿书》接着列举了一系列还存在的不合理现象，如仍执行过去星室法庭某些不合理的审讯制度，对信仰不同的人仍进行残酷迫害；而"直到今天，上院的勋爵仍有逮捕、惩罚、审判并监禁一切男女之权，这是对普通人民自由的最大破坏"；商人冒险公司的垄断依旧保存，"这不仅是对人民自由的威胁，同时也是所有那些勤劳的、靠纺织羊毛（英国的主要商品）为生的手工业者的一个极为重大的损失，它对所有的买卖人、航海人都极端不利，而且也危及航运事业"；教会什一税依旧保留；人民常常因债入狱；老弱贫病无人过问；等等。

《请愿书》的最后一部分是针对上述情况向下院提出的 13 点具体建议，其主要内容是：

1. 要求议员保持公正的权威，竭力防止一切由偏见而产生的消极议论，并请求他们，在人民的安全与自由、国家的和平与自由没有充分得到保证以前，不要放弃自己的权力。

2. 对百姓的裁决、罚款和监禁都要经过合法手续及同等地位人的审判，方得定罪。

3. 除非通过合法手续，任何机构都不得强迫任何人答复反对其本人及其近亲的问题，应立即释放那些因拒绝答复类似问题而被监禁的人。

4. 撤销一切对不信国教者加以迫害的法令。

5. 对于用和平方式传教和发表自己意见的人们都不得判处为异端而加以迫害。

6. 解散压迫人们的商业冒险公司，以激励勤劳向上的人们，并用严格法律防止类似组织出现。

7. 一切法律条文都尽可能符合基督教精神并用英文颁布[4]，使人们易于了解，以免使人民受到压制与迫害。

8. 宣布死刑时必须有两个见证人作证，对没有重大犯罪行为的人不得判处死刑。

9. 废除教会什一税。

10. 采取有效措施释放债务犯。

11. 除诚实昭著的人外，任何人不得担任典狱官职务。典狱官非经法律手续不得逮捕及拘留任何人；对待被监禁的人态度应当和蔼、有礼貌；对被监禁人所收的费用应公开合理。

12. 应加强救济事业，防止男女幼童行乞作恶。

13. 严禁对不信奉国教者加上任何轻蔑的称谓。[5]

从上述平等派的革命纲领中，我们可以清楚看出，平等派在政治上主张废黜国王，废除上院，取消一切特权，而代之以在人民自由选举基础上建立的一院制国会；在经济上主张取消垄断特权，废除什一税；在法律上主张健全法制，法律面前人人平等；在宗教上主张信仰自由。这些主张反映了城市手工业者等小资产阶级及农村富裕农民的要求，正因如此，他们便成为平等派运动的支柱。尽管这一纲领存在着小资产阶级的局限性，然而，当时它在不同程度上也符合城乡下层人民的利益，因此受到他们的拥护。

二

平等派运动并不是从一开始就和广大人民群众结合在一起的，在此以前，它经历了一段与新模范军相结合的时期。

平等派的纲领首先为新模范军所接受，这也并不是偶然的。1645 年国会军改革后建立起来的新模范军，在军队成分上有了很大的变化。新模范军的士兵除农民外，还有城市的小手工业者、工匠、学徒等。新模范军的军官除高级军官外，中下级军官也多来自中下阶层的人民。因此，他们的利益与广大人民群众的利益息息相关。

促使新模范军士兵首先接受平等派的纲领，还在于第一次内战时期平等派的领袖们在军队中进行了广泛的宣传。李尔本的小册子《致友人书的副本》《为英国生而具有的权利辩护》，欧维顿的《从新门监狱射入专断的贵族院的特权心脏的一支箭》及沃尔文的《爱的力量》等，都深受士兵欢迎。平等派关于废除王权、消灭特权、取消上院、信仰自由，以及最高权力应属于人民等思想，在士兵中流传甚广。此外，军队中一部分民主主义的军官像托玛斯·伦勃洛、爱德华、塞克斯比等，在接受了平等派的思想之后，又积极在新模范军中进行宣传。在平等派的影响下，士兵们都关心政治，经常讨论宗教和民主问题；他们仇视国王，反对长老派教会的统治。[6]当时亲自听到士兵们议论的新模范军的牧师理查·巴克斯脱写道："我已看出，他们（指士兵，下同——译者）是把国王当作暴君和敌人来看待，而且确实想完全控制他或搞垮他，同时他们想，如果他们能在战场上打败他，那么他们也可以杀掉他或征服他；假若他们能取得胜利的话，那么他们除了把国王置于自己的控制之下外，再也不信任他了。"[7]另一方面，平等派关于英国社会等级制始自征服者威廉入侵的理论，也已经牢牢地在士兵中间生了根[8]。此外，新模范军严明的组织纪律、饱满的革命热情和他们在人民中间的威信也使平等派相信，他们可以依靠军队来实现他们的纲领。

新模范军中的平等派运动最先是在长老派国会解散军队的阴谋刺激下开展起来的。长老派把第一次内战结束视为革命的结束，妄想通过与国王谈判来独吞革命果实，因此新模范军的存在对他们是一大威胁。早在1646年10月，长老派国会就做了解散军队的计划，只是由于当时英国国会与苏格兰的关系比较紧张，所以这一计划便推迟到1647年2月实行。长老派国会建议"从英国现有的四十万武装力量中，抽调一部分士兵，重新组成一个包括六千四百名骑兵和约万名卫戍步兵的新军"[9]。为了摆脱新模范军，结束第一次内战后期形成的军队与国会的对峙局面，长老派国会又在新军士兵及军官去留问题上重新做了安排。按照新的规定，新模范军的士兵除从中选留4000名骑兵参加新军外，其余骑兵和全体步兵或者去充当镇压爱尔兰起义的"志愿兵"，或者被遣散回家。至于新模范军的高级军官，除费尔法克斯继续留在原职外，其余军官也都在解除职务之列。长老派国会又对军官资格做了具体规定：国会议员不得在新军任职，非遵奉长老派教会的人不得在军队中担任军官。为了尽快地摆脱新模范军的约束，长老派国会又于1647年3月规定，从现有新模范军中抽调3000名骑兵、1200名龙骑兵和8400名步兵组合一支12600名的军队，远征爱尔兰；其余士兵全部解散。显然，长老派国会解散军队的目的，除了削弱军队实力、瓦解新模范军之外，还企图通过重新组织军队、撤换军官及挑选士兵等手段，把革命的军队转变为实现长老派野心的工具。

长老派的阴谋引起了士兵群众及部分高级军官的不满，他们的革命热情又沸腾起来，平等派起而领导这次运动。1647年3月15日，平等派提出了它的第一个革命纲领，即上述的3月15日请愿书。接着欧维顿又发表了一本小册子——《一个新发现的阴谋》，揭露长老派解散军队的阴谋，指出长老派解散军队纯粹是一个骗局，号召士兵们拒绝解散，号召人民支持军队。[10]平等派的《请愿书》及小册子传到军队中，立即受到了革命士兵群众的热烈欢迎，士兵们找到了向前推进革命的带路人。于是在平等派的领导下，展开了以"偿还欠饷""反对解散"为中心的运动。原来到1647年3月为止，新模范军的骑兵已经43个星期没发饷了，而步兵也已欠饷达18个星期。随着运动的发展，各地士兵为了争取自己的权益，也纷纷组织起来，而且各个团队都在酝酿选举代表。据当时的记载："驻扎在艾普席支地方艾尔顿团队的士兵们团结得像一个人一样，他们都反对解散军队。"在一次大会上，他们高呼："要么就全体解散，要么就一个别动！""虽然士兵们的信仰不同，但在反对国会的意见上是一致的。士兵们公开说，他们将在每个骑兵连里选两名代表向上请愿"[11]。到1647年5月时，各个团队都选出了自己的代表——士兵鼓动员，并组成了士兵鼓动员会议。军队中许多著名的民主分子像塞克斯比、艾仑、西福等都被选入士兵鼓动员会议。从此，平等派运动又进入一个新的、有组织地进行政治活动的阶段。在这个阶段，平等派运动的诉求除了要求发还欠饷和反对解散外，还进一步提出了争取英国人民的权利与自由的要求。运动向着更深入更广泛的程度发展。

三

随着革命的深入发展，革命阵营内部的分化和斗争也日益明显。平等派运动的斗争锋芒这时不仅针对长老派国会的反动统治，也指向代表着中等资产阶级与中等新贵族利益的独立派。

1647 年 8 月以前，平等派和独立派的共同敌人是长老派国会，因为在长老派反动统治下，不仅广大人民群众的利益受到了损害，中产者的利益也没有得到满足。长老派国会解散军队、拖欠军饷的措施也侵害了独立派军官的利益。所以在第一次内战结束之后，独立派与平等派中间还侵害处于一种暂时妥协的状态。1647 年 6 月全军委员会的成立及《庄严盟约》和《军队宣言》的通过就是这种妥协的表现。

全军委员会是一个在政治上代表全体士兵与国会进行谈判的组织。它的成员是"由各个团队选举产生的两名士兵鼓动员代表和两名军官代表以及一直与士兵站在一起的高级军官组成"[12]。《庄严盟约》是军队发表的一篇声明，它首先指责长老派首领公开敌视军队及暗中燃起新战火的行为，继而针对上述情况提出两项具体要求：（一）在军队的合理要求没有得到满足之前，在生而自由的英国人民没有获得保证不再受过去的压迫与奴役之前，军队决不解散；（二）对复员后的军人亦不得加以任何压迫与奴役。[13]《军队宣言》是以全体英国人民的名义发表的一篇宣言，因为军队"不是可以随便为国家任何暴虐势力服务的雇佣军"，而是一支"维护我们自己与人民公正权利与自由"的军队。这篇宣言提出了 9 点具体要求，主要是：国会应立即将那些玩忽职守、接受贿赂、滥用职权以及未经合法手续选进国会的议员清洗出去；解散现存国会，代之以 3 年一选的新国会；新国会的选举应依纳税多少、重新划分选区原则，进行选举；人民有向国会呈递请愿书以及拥有出版自由的权利等[14]。在平等派的推动下，1647 年 8 月 6 日，新模范军进入伦敦，接着 8 月下旬控制了国会。独立派代替了长老派的统治。

这个新的既得利益集团竭力想中止革命，用宪法来保证他们已经取得的"成果"，于是他们便扮演前一阶段长老派的角色。小资产阶级与广大劳动人民的利益并没有得到满足，他们还要把革命大力向前推进，因此平等派与独立派之间的矛盾开始表面化了，两派之间暂时的妥协被公开的斗争所代替。这一斗争最深刻地反映在帕特尼军队代表会议上。

早在进军伦敦之前，独立派为了与国王进行谈判，曾由艾尔顿起草了一个君主立宪政体的宪法草案——《建议大纲》。独立派的首领们企图利用这一妥协式的政体赢得国王的支持，将革命中止在对他们有利的阶段。尽管查理一世拒绝了《建议大纲》，但是这个文件中所规定的内容却一直为独立派所坚持。当独立派控制了国会之后，他们便积极促使这一纲领的实现。

《建议大纲》提出：解散当前的国会，国会今后改为每两年选举一次，实行有财产限制的选举权；保存君主制和上院，但把国王在军事及财政上的权力限制10年；成立国务会议，负责对外宣战、媾和及任命高级作战统领等。此外，《建议大纲》不仅取消了信仰英国国教的义务，也取消了信仰长老派教会的义务。为了争取士兵们的支持，在《建议大纲》后面附了一些补充条款，规定自由请愿权，取消一部分与穷人日常生活有关的商品消费税，废除一切贸易中的垄断和限制，整顿什一税，改进当前法律条款等。[15]

独立派所提出的上述纲领显然是资产阶级与新贵族的纲领，它遭到了军队中的平等派士兵及广大人民群众的反对。平等派开始起草自己的纲领，于1647年10月15日公布，这就是著名的《军队意见的忠实说明》。

《军队意见的忠实说明》是平等派针对《建议大纲》而提出的，它谴责国会对士兵及人民的痛苦和要求的忽视，他们的权利与自由仍旧没有得到恢复。接着它提出了一系列的具体建议：在一年内解散国会，清除王党分子，国会每两年改选一次，国会要制定法律，保障全体生而自由的成年人的选举权，年龄在21岁以上的男子，除被剥夺政治权利的人外，都有选举权。此外，在《军队意见的忠实说明》的第7项中，还提出了一些经济要求，如废除与贫苦人民切身有关的啤酒、棉织品等的消费税，增加外国货物的进口税，出卖森林地带和主教僧侣的土地作为偿付军饷之用等。[16]

不久，平等派又在《军队意见的忠实说明》的基础上提出了宪法草案——《人民公约》。《人民公约》把人民的自由提到最高的地位，它在序言中一开始就指出："通过我们过去许多努力与困难，全世界都可看出，我们是如何重视我们的公正的自由。"

《人民公约》除序言外，共包括4个条文。第1条规定了国会议员的选举原则。与独立派按照财产资格进行选举的原则不同，它提出了按人口比例的普选制。它指出："由于英国人民在今天各郡、各城市、各选区之间向国会选举代表分配得还不均匀，所以国会代表名额应按居民比例加以调整……"

《人民公约》第2条规定：本届国会应在1年后解散，即在1648年9月30日解散。第3条规定了两年一届的国会制度。

《人民公约》的核心部分是它的第4条，也是《人民公约》中最激进的一条，它规定："本届国会议员和所有将来国会议员的地位只低于选举他们的人民。"议员的权利包括"制定、修改和取消法律，设置和废除机构与法庭，任命、撤换、惩办各级官吏，宣战、媾和、与外国缔结条约……"。此外，还规定了国会不得干涉宗教信仰，不得强迫人民服兵役，法律面前人人平等。最后，在《人民公约》的结语部分指出："我们宣告上述各项是我们生而具有的权利，因此我们同意并决定尽最大努力维护它们，反抗任何破坏。"[17]《人民公约》中没有提及国王和上院的问题，这是由于他们根本不考虑国王和上院的存在。

平等派在《军队意见的忠实说明》及后来的《人民公约》中勾画出小资产阶级民主派的政治理想图景。在这里英国人民"生而具有的权利"得到充分保证，君主制、等级制、宗教压迫等都一扫而光，封建主义的堡垒被摧毁了。因此，我们说它是一个小资产阶级民主派纲领，它的实现将意味着资产阶级民主共和国的建立。

由于《军队意见的忠实说明》和《人民公约》与《建议大纲》之间存在很大的分歧，更由于平等派这两个文件发表后进一步鼓舞了士兵群众的革命积极性，克伦威尔和其他高级军官怕事情发展下去将对他们不利，遂决定召开军队代表会议，企图通过民主辩论的方式来否定平等派的主张，清除平等派在军队中的影响。这次会议是 1647 年 10 月末到 11 月初在伦敦郊区帕特尼教堂举行的，因此称为帕特尼军队会议。

辩论的一方是以克伦威尔和他的女婿艾尔顿为首的独立派高级将领，另一方是平等派的著名代表伦勃洛、塞克斯比等。双方辩论的焦点是普选权问题。独立派不承认普选权，按照艾尔顿的说法，承认每个人都有选举权就会导致私有财产的消灭。他进一步论证，为了确保私有财产的永恒性，管理国家的人只能是那些拥有土地或从事工商业的人，即对王国有着永久固定利益的人。[18]他主张参加选举的人至少是每年有 40 先令固定收益的人。[19]他并提出，如果把选举权普及于对王国没有永久的固定利益的人们，"难道这些人不可以投票来反对财产吗？"[20]总之，艾尔顿发言的全部问题按照他自己的说法，是"着眼于财产"的问题[21]。克伦威尔更进一步认为普选权的实行可能导致无政府状态[22]。

士兵代表们坚决拥护《人民公约》中所规定的普选制，因为它是英国人民"生而具有的权利"。士兵代表威廉·波蒂说："所有英国人只要没有失去他生而具有的权利，都应有平等的选举权。"[23]塞克斯比直接对艾尔顿的发言提出批评说："成千上万士兵冒着生命危险与国王作战……而现在却说在这个国家里，没有固定的财产就没有权利。我怀疑我们是大大地受骗了。"[24]士兵代表们都一致主张取消妨碍人民自由的"40先令的宪法规定"。尽管平等派代表对艾尔顿和克伦威尔的发言感到无比愤怒，然而他们也并不主张废除私有财产。相反，在他们看来，普选的实行反而能保护私有财产。因为政府的职责就是保护私有财产，"在普选基础上建立起来的政府自然要保护私有财产，而不是破坏它"[25]。同时，平等派所提出的普选制也有很大的局限性，他们只同意把选举权普及于那些"不听命于别人的那些人们的身上"，而"徒工、仆人以及那些靠救济为生的人们是不包括在选举权之内的"。[26]

在帕特尼军队代表会议上，平等派的士兵与独立派的高级军官中间除对普选权及其相关的私有财产问题进行辩论外，还对君主制、国家最高组织等重要问题进行了辩论。由于双方所代表的阶级利益不同，自然在这些问题上不能取得一致的意见。

帕特尼军队代表会议表明了平等派与独立派中间在最根本的政治制度问题上的严重分歧。一方要深化革命，力图满足小资产阶级的利益，而对方却竭力使革命停滞在有利于资产阶级与新贵族的保守阶段。为了达到上述目的，克伦威尔在感到军队民主辩论无效时，便撕毁了民主的假面具，先是强令改组军队代表会议，最后竟诉诸武装镇压。平等派进行了抵抗，并在个别团队举行示威。由于军队的领导权是掌握在独立派手中，1647年春天以来展开的平等派运动，最后遭到了独立派的镇压。

帕特尼军队代表会议以及会议以后的情况使平等派清楚地看到，高级军官是靠不住的，已经取得政权的独立派不愿革命继续深入。平等派运动被镇压下去之后，他们在军队中的力量削弱了，要想进一步推进革命就必须和广大人民联合起来。于是在运动暂时失败的情况下，平等派领袖们为了积蓄力量，迎接新的更大的革命高潮，"决定派代表到全国各郡的各城镇和教区（如果可能）去宣传平等派的思想，启发人们的自由和特权"[27]。正是由于这一段努力工作的结果，平等派运动在第二个阶段里就开始超出了军队的范围，进入与广大人民群众相结合的时期。

作者附记：本文在写作过程中，承张芝联先生予以指导，并提出宝贵意见，谨此志谢。

注释：

[1] 伽地纳·S. R.：《大内战史（1642～1649 年）》第 3 卷，伦敦，1905 年版，第 194 页。

[2] 科斯铭斯基，E. A.：《十七世纪英国资产阶级革命》第 1 卷，莫斯科，1954 年版，第 200～201 页。诚然，广大劳动人民是很少吃到白面包的，但作为他们主要食物像燕麦、黑麦、豆类等价格上涨的比例也与小麦相同。参见伽地纳·S. R.：《大内战史（1642～1649 年）》第 3 卷，第 195 页。

[3] 伽地纳·S. R.：《大内战史（1642～1649 年）》第 3 卷，第 195 页。

[4] 过去用拉丁文颁布。

[5] 《平等派的请愿书》。见乌德豪斯·A. S. P 编《清教和自由》，伦敦，1938 年版，第 318～323 页。

[6] 参见弗兰克·J.：《平等派》，美国剑桥，1955 年版，第 109 页。

[7] 马瑞奥特·J. A. R：《英国自由的危机》，剑桥，1930 年版，第 225 页。

[8] 弗兰克·J.：《平等派》，美国剑桥，1955 年版，第 109 页。

[9] 费尔斯·C.：《奥略威·克仑威尔》，伦敦，1909 年版，第 156 页。

[10] 《一个新发现的阴谋》。转引自弗兰克·J.：《平等派》，第 118～119 页。

[11] 伽地纳·S. R.：《大内战史（1642～1649 年）》第 3 卷，第 236～237 页。

[12] 伽地纳·S. R.：《大内战史（1642～1649 年）》第 3 卷，第 281 页。

[13] 《庄严盟约》。见乌德豪斯·A. S. P. 编《清教和自由》，第 401～403 页。

[14] 《军队宣言》。见乌德豪斯·A. S. P. 编《清教和自由》，第 403～409 页。

[15] 《建议大纲》。见伽地纳·S. R. 编《清教徒革命（1625～1660）》的宪法文件》，剑桥，1906 年版，第 316～326 页。

[16] 《军队意见的忠实说明》。见乌德豪斯·A. S. P. 编《清教和自由》，第 429～436 页。

[17] 《人民公约》。见伽地纳·S. R. 编《清教徒革命（1625～1660）》的宪法文件》，第 333～335 页。

[18] 《帕特尼辩论》。见乌德豪斯·A. S. P. 编《清教和自由》，第 54 页。

[19] 同上。

[20] 同上书，第 63 页。

[21] 同上书，第 57 页。

[22] 同上书，第 59 页。

[23] 《帕特尼辩论》。见乌德豪斯·A. S. P. 编《清教和自由》，第 53 页。

[24] 同上书，第 69 页。

〔25〕同上书，第 62 页。

〔26〕同上书，第 83 页。

〔27〕《宣言》。见弗兰克·J.：《平等派》，第 148 页。

（原载《北京大学学报》1963 年第 3 期，收入本书时，略作修改）

爱尔兰的芬尼运动

芬尼运动是 19 世纪 50 至 60 年代爱尔兰反抗英国殖民抗治、争取民族独立的运动。因为这次运动的领导人沿用了古代爱尔兰传说中的英雄人物芬·麦克可姆霍尔（Finn MacCumhall）率领的武士团的名称作为自己同志们的称呼，所以被称为芬尼运动（Fenian Movement）。

爱尔兰是英国第一个殖民地。几百年来，由于英国残暴的统治，爱尔兰工业被彻底摧毁，土地绝大部分掌握在英国地主手中，爱尔兰变成英国一个主要生产粮食作物以及工业原料的基地。1846 年英国《谷物法》的废除及 1846~1847 年的"大饥荒"，更给生活在水深火热之中的爱尔兰人民带来无穷灾难，造成人口大量死亡与逃亡。爱尔兰人口在 1841 年为 825 万，到 1861 年就下降为 550 万。在减少的 275 万人口中约有半数死于饥饿，半数逃往国外，其中绝大多数逃往美国。

1848 年，爱尔兰的民族解放运动暂时失败。到 19 世纪 50 年代末，秘密组织"爱尔兰兄弟会"成立，它的会员自称为"芬尼党人"。爱尔兰的民族解放运动又重新开展起来。

芬尼兄弟会（Fenian Brother Hood）最初是由 1857 年逃亡美国的爱尔兰革命活动家多哈尼（M. Doheny）、斯蒂芬斯（J. Stephens）和麦浩尼（J. Mahoney）所建立的一个革命的秘密组织——I. R. B.（Irish Revolutionary Brotherhood），即爱尔兰革命兄弟会[1]，总部设在纽约。为了便于进行活动，它对外又称芬尼兄弟会。爱尔兰革命兄弟会仍为他们的内部称呼。为了进一步推进爱尔兰本土的革命活动，芬尼兄弟会成立不久，斯蒂芬斯便返回爱尔兰进行活动。在他的直接领导与推动下，爱尔兰的芬尼兄弟会也于 1858 年建立，并于 1863 年出版了自己的机关报——《爱尔兰人民报》。

芬尼兄弟会的主要斗争目标是推翻英国政府统治，建立独立自主的爱尔兰共和国。因此，在 1867 年起义时，他们印发的《临时政府告爱尔兰人民书》中就明确指出："我们的目的是建立一个在普选及保障一切劳动果实基础上的共和国。"此外，他们还提出信仰自由、政教分离、实行累进税等要求。在斯蒂芬斯的一本匿名小册子里，对爱尔兰未来的政治制度做了如下的具体描述：议员三年一选，实行议员薪给制；凡年满 21 岁并有书写能力的人都有选举权。……可以看出，芬尼兄弟会力图建立的共和国是一个具有资产阶级性质的共和国。

在土地问题上，他们主张用武力没收地主土地，并把它交给爱尔兰人民。《临时政府告爱尔兰人民书》公开宣称："任何人都有自由和幸福的权利，然而自由与幸福只能建立在劳动的基础上。如果生产手段不够，就不能自由地从事劳动。土地是生产的首要手段，但爱尔兰土地并不为爱尔兰工人所有，而是掌握在自私自利的专横的贵族寡头手中。因此，我们声明：我们要借助武力收回我们的土地。"

为了实现上述主张，他们提出必须通过武装暴动和密谋的手段来进行。因此，《爱尔兰人民报》的创刊号就指出："只有宝剑才能拯救爱尔兰。"

芬尼兄弟会是一个具有军事性质的秘密组织。整个兄弟会按照军事组织分成若干支部，支部下面又分为若干小组。个人与组织只能进行单线联系。芬尼兄弟会的成员还要进行秘密的军事训练，为进行武装斗争准备条件。

芬尼兄弟会的成员多出身于工人、农民及中小资产阶级知识分子。由于它是一个秘密组织，关于它的成员数目至今还不太清楚，一般估计约有三四万人。

在斯蒂芬斯领导下的爱尔兰芬尼运动，发展得极为迅速。芬尼兄弟会组织不仅布满爱尔兰各主要地区，同时在英国的伦敦、曼彻斯特、格拉斯哥等地也都有他们的组织。斯蒂芬斯还化装成旅行家，到爱尔兰各地帮助当地芬尼组织制定作战计划，部署战斗任务，准备起义。

1865 年 9 月，芬尼兄弟会总部给斯蒂芬斯的一份通知落到叛徒之手。因此，有关起义行动的指示被政府当局获知后，马上对"芬尼党人"进行了大逮捕，许多著名的芬尼兄弟会成员都被逮捕监禁。

芬尼兄弟会的一些成员虽然遭到了政府当局的逮捕，但它的组织并未被破坏，仍可继续进行活动。在此期间，他们得到了美国芬尼兄弟会的有力支持。在 1858～1866 年间，他们提供给爱尔兰的金钱 3 万英镑以上。美国内战结束后，美国芬尼兄弟会又组织成百上千参加过美国内战的爱尔兰官兵返回祖国，参加祖国的解放斗争。因此，在 1865 年后，几乎各地芬尼组织都有参加过美国内战的官兵参加。爱尔兰的芬尼组织在增补了大批有作战经验的成员之后，经过准备，于 1867 年 2 月 11 日在都柏林等 11 个城市发动起义，展开了英勇的反英斗争。同时，在美国的芬尼组织也曾在 1866 年及 1870 年两度突入加拿大，打算在那里掀起反英的起义。但是，产生于小资产阶级组织的芬尼运动，一开始就是以布朗基主义的原则为基础的，并以"英雄与流氓"的理论为依据，再加上内部的宗派主义和密谋策略，这就使他们不可能把广大的人民群众发动和组织起来共同对敌。同时，他们的斗争也没有与当时英国无产阶级的阶级斗争相结合。因此，起义很快就被镇压下去而遭受失败。

马克思和恩格斯非常重视爱尔兰的人民斗争，尽管他们不止一次地指出芬尼运动的弱点，然而对这次运动的革命性质他们还是给了相当高的评价。在马克思领导下的第一国际也曾开会讨论爱尔兰问题，并做出支持爱尔兰运动的重要决议。马克思还教育英国工人阶级应积极支持爱尔兰争取独立的斗争，并指出这一斗争与英国工人阶级的利益的一致性。他说："在研究爱尔兰问题多年以后，我得到了这样的结论：不能在英国，而只有在爱尔兰才可以给英国统治阶级以决定性的打击。……爱尔兰是英国地主贵族政治的堡垒。对爱尔兰的剥削不仅是他们物质财富的主要来源之一，而且是他们最大的精神上的力量。……爱尔兰是英国贵族政治借以维持其在英国本土的统治的主要手段……推翻了在爱尔兰的英国贵族政治，必然会引起在英国的贵族政治的崩溃。这就给英国的无产阶级革命提供了必要的条件。"[2] 后来，列宁也曾指出："马克思和恩格斯在爱尔兰问题上也实行了真正以民主主义和社会主义精神教育群众的彻底的无产阶级政策。……马克思和恩格斯在爱尔兰问题上的政策提供了受压迫民族的无产阶级应当怎样对待民族运动的伟大范例。"[3]

注释：

[1] I. R. B. 为 Irish Republican Brotherhood 的缩写，故有的地方也称它为"爱尔兰共和国兄弟会"。

［2］马克思：《给梅耶和福格特的信》。《马克思恩格斯给美国人的信》，人民出版社 1958 年版，第 89～90 页。

［3］列宁：《论民族自决权》。《列宁全集》第 20 卷，人民出版社 1958 年版，第 443 页。

（原载《历史教学》1965 年第 11 期，收入本书时，略作修改）

英国星室法庭的作用

　　星室法庭（The Court of Star Chamber）是英国中世纪时期的一个高级法庭，这个法庭是在威斯敏斯特宫的星室（因该室天花板绘有星辰而得名）接受并处理申诉案件，因此被称为星室法庭。星室法庭的起源应早于亨利七世即位之前，中间经历了一段长时期的演变过程，直到1540年以后才开始成为一个独立的司法机构。到詹姆士一世时期它已发展为国家"最高的司法机构"。

　　星室法庭的成员是由枢密院的全体成员和两个最高法院的首席法官（衡平法庭的大法官和国王法庭的首席法官）组成。衡平法庭的大法官担任星室法庭的主席，拥有很大权力。此外，星室法庭还设有固定的职员：审查员、法庭检查官、一名法庭办事员、一名接待员和一名法律家。随着星室法庭地位的加强，后来国王有时也亲自出席审讯。

　　星室法庭的权限范围是非常广泛的，凡"阴谋活动"、欺诈行为、宣假誓、伪造文件、对当权者进行攻击、威胁人、绑架人、挑战决斗以及出版"禁书"、不遵守国家规定的贸易范围和商品价格等行为，都在它的处理范围之内。星室法庭在审判程序上是不受通行法限制的，也不实行陪审制，可以强迫被告宣誓交代。星室法庭的判处以罚款为主，而且罚款数目往往很大。除罚款外还有鞭打、带颈手枷、割耳以及将罪状挂在身上当众招供等，但星室法庭没有判处死刑及没收财产的权力。

　　在都铎王朝时期星室法庭对镇压豪门贵族的不法行为、恢复国内秩序、加强封建专制王权等方面起了很大的作用。玫瑰战争之后，亨利七世虽然取得了政权，但国内的政治局势很不安定，各地强大的豪门贵族仍企图恢复旧日的势力。因此亨利七世在位时期，冒充约克族的后人，起来夺取王位的事件就有3起之多，而他们的行动都得到一部分人的支持。至于其他不服从地方官吏统治的情况更是层出不穷。亨利七世为了加强中央集权专制的统治，严禁贵族拥有武装，并用增加贵族赋税的办法来削弱他们的经济实力，同时，还加强星室法庭，用以压抑豪门贵族的反抗。凡是不遵守解散家丁命令、任意侵占国家土地、威胁和贿赂地方法官及陪审员的大豪门贵族都要受到星室法庭的严厉制裁。星室法庭的罚款手段在经济上和政治上对摧毁豪门贵族的势力以及加强专制王权都起了很大作用。

到斯图亚特王朝时期，威胁封建专制王权的已不再是旧日的豪门贵族，而是在清教外衣掩盖下的新兴的资产阶级革命运动了。于是作为封建专制国家机器重要组成部分的星室法庭的职能也随之改变，镇压的主要对象便转为从事革命活动的清教徒。许多资产阶级的革命活动家受到极为残酷的迫害，如查理一世时期清教徒普瑞恩（W. Prynne，1060～1669 年），由于印发禁书，在 1634 年受到了星室法庭的审判。法庭判决焚毁所印书籍，令他在威斯敏斯特及基甫塞得两地带颈手枷站立示众，并在上述两地各割其耳一只，最后罚款 5000 英镑，并处以终身监禁。又如李尔本，即日后平等派的首领，也因印发普瑞恩等人的作品受到星室法庭的审讯。他除被罚款 500 英镑、监禁、带颈手枷示众外，并被判决在从佛里特到亚尔得宫的途中，沿路当众被鞭打。星室法庭对革命者的迫害，引起了资产阶级革命活动家及广大人民群众的愤恨，因而在英国资产阶级革命开始不久，长期国会于 1641 年 7 月 5 日通过法案，废除了这个法庭。

（原载《历史教学》1965 年第 1 期，收入本书时，略作修改）

中国美国史研究会成立的前后杂忆

时间很快，30 年以前为什么要成立中国美国史研究会？背景是美国史教学在"文化大革命"之后基本就没有了，有的内容也主要是在世界近代史中讲一段关于美国革命和美国内战的内容。当时美国史主要是讲阶级斗争，讲跟英国殖民主义的斗争，讲反奴隶主的斗争。到 70 年代后期，北大历史学系开始研究"两霸"，也是从阶级斗争的角度来看"两霸"的。1976 年，也就是打倒"四人帮"的前后，我们北大就觉得应该重新开始研究美国，要不同于过去从"反修反帝"的角度来研究。为了适应形势，我们欧美近现代史教研室除了教通史之外，确定研究重点是美国、苏联和日本，要每个人选一个专题，我选了美国，其他人有的选了苏联，有的选了日本。

我为什么要选研究美国呢？因为我过去去了英国，而且，国内研究美国史的很少，但是北大有研究美国史的传统。中国第一个在大学里开设美国史课程的是我父亲齐思和先生，他从美国留学回国后在北师大任职，后来在北大、清华和北师大三个院校开设了美国史课程。新中国成立前，他是第一个研究美国史也是开设美国史课程的。新中国成立以后，黄绍湘先生到了北大历史学系，她研究、教授美国史的，传统就有了延续。到改革开放之后，黄先生离开北大历史学系去了中国社会科学院。也就是说，北大历史学系一直断断续续有人注意研究美国史，有一定的传统，而且有一定的藏书，所以我也就选了美国史。

除了北大之外，南开也注重美国史，他们翻译了新中国成立后第一部美国史——莫里森（S. E. Morison）等的《美利坚共和国的成长》，但是"文化大革命"期间书的底稿不知道哪里去了。"文化大革命"之后，南开的周基堃老师又重新翻译了这本书。与此同时，杨生茂老师和其他一些年轻老师也倡导研究美国史，那里也成了一个美国史的研究点。还有武汉大学的刘绪贻老师，一直倡导美国史研究。东北师大是丁则民老师，他是 50 年代在美国学的美国史和中美关系史，回来后在北师大开美国史课，后来院系调整到东北师大，继续从事美国史教学与研究。还有远在四川的顾学稼同志研究美国史。当时这些院校都是把美国史当作研究的重点。这样大家就有了共同兴趣和基础。

这些老先生，特别是刘绪贻老先生和杨生茂老先生倡导说咱们是不是应该成立一个研究会，于是 1979 年在武汉大学举行了一个筹备会。当时，人民出版社的邓蜀生老师对美国史有兴趣，写了很多著作和文章，也请他也来参加。还有国内其他院校，或者是旧体系（即纳入世界近代史）中对包括独立战争和南北战争两个问题有研究的，或者是没有什么专门具体的研究而只是对美国史有兴趣的，如中山大学、山东师大也来参加了筹备会。我是1979 年中国第一批派遣到美国做访问学者的北京大学七人之一，当时不在国内，由杨立文老师参加这个会。

美国史研究会成立之后，大家都很积极。因为新中国成立后，只有黄绍湘先生作为个人在研究美国史，而现在成立了一个集体的、带有院系特点的研究美国史的团体，大家都很兴奋、很积极。在我的印象当中，领导班子非常团结。老一代的领导，就是我们的老师一辈，像杨生茂老师、丁则民老师、刘绪贻老师、黄绍湘老师都很积极。中年教师也很积极，因为这是一个新的领域，大家都愿意开拓，青年老师就更不用说了。我觉得美国史的领导班子非常团结，而且是老、中、青三结合的，老师一辈当时也就 60 多岁，他们都很照顾后辈，无私传授自己关于怎么开展工作、怎么传帮带的经验。这是美国史研究会的一大特点，没有什么你争我夺，非常团结友好。

美国史研究会的第二个特点就是廉洁奉公。比如说，我们每次开完会之后，大家都觉得机会难得。不像现在，过去很少有出差机会，很少跨省到武汉，哪怕到天津都很少去，更不用说到四川了。因此，每次开完会之后，大家都要求到这了就旅游一下，只是每次旅游都是自费的，没有公款旅游的，没有开会之后利用开会时间延长两天旅游的。有一次我们去兰州开完会了，就去敦煌看看，参观参观。还有一次在四川大学开完会，大家就去四川周边看看。另外还在武汉、开封开过会。每次开完会后的旅游都是自付旅费、食宿。这是美国史研究会一个非常好的传统，公私分明。这也是一个特点。

第三个特点，就是我们老一代的奠基人——刘先生、杨先生、丁先生、邓先生等，他们想得非常周到，不仅建立这个组织进行交流，还看得更远，定期出版《美国史研究通讯》，联系出版教材或者专著。除此以外，他们还联系《世界历史》等有关杂志，把中国社会科学院等机构纳入进来，建立起广泛的联系，为我们以后的成长打下了基础。这是最初几年的情况。然后就换班子了，头一次换班子是黄绍湘先生做会长，后来就是其他人做会长。我们那一届是张友伦做会长。但是，每一届都继承了传统。

美国史研究会还有一个特点是，能够广泛深入地进行学术交流，这也是一个很好的传统。每一次研究会的年会既是学术交流会，又是工作总结会，还是下一次年会的布置会议。在学术交流上大家都很认真，这是很难得的。很少有拿旧稿来念念应付的，除非是太忙的人，偶尔有这种情况，大家基本上用新稿。会上也有很多争论，并不是说一味奉承，说好话的，而是针对不同意见展开激烈的争论，但争论完了还是一个和平小组，所以讨论问题还是比较深入的，而且也有很多新的论点。研讨会一方面交流比较深入，另一方面不断扩大，新人不断进入，新的成果不断涌现。比如上海的王建华翻译的历届美国史学会主席的演讲，也带到研讨会上宣传、送人、交流。研讨会的气氛非常活跃，不仅是讨论总结，还有一些会外的活动、交流等。

同时补充一点，在老一代带领美国史研究会最初的工作中，出版六卷本《美国通史》专著，给《中国大百科全书》写作美国史条目，都是老先生组织，大家参加的。这是团结大家，深入美国史研究的一个方面。总而言之，美国史研究会给大家留下的印象还是挺深的，特别是在老一代的带领下，大家能团结一致。正因为这样，才有了中国美国史研究会的不断发展，变成现在以中青年为主力，非常活跃，开各种纪念会、讨论会，出版书刊，大家反映挺不错，在国内有一定影响力的共同体。

另外，在美国史研究会的带领下，我们北京大学的美国史研究也开展得有声有色。最初，我们是从无到有，在欧美近代史教研室的领导下，我们成立了美国史小组，除了完成美国史研究会给我们的任务之外，做了一些自己的工作。

第一，我们培养了研究生。这是跟全国一致的，教委要求培养硕士生，我们就培养硕士生。我们的硕士生以研究早期殖民地时代为主，第一个研究生是满运龙，他去美国之后搞法律了，但他还是挺喜欢美国史的，底下接着一群研究生都是研究早期史的。研究生的培养也为美国史补充了一份新鲜血液，当然大部分的美国史研究生后来送到美国深造去了。只是到了美国因为就业等各种原因，转行做了别的。

第二，我们美国史在学校首先开始用富布莱特项目。过去没有富布莱特项目，有了之后学校咨询我的意见，因为我研究美国问题。我说我们可以接受这个项目，发挥富布莱特项目在北大的作用，让北大人利用富布莱特项目到美国去进行交流。这样我们就利用起了富布莱特项目。拿美国史来讲，我们的第一个要求是他们来历史学系的富布莱特项目老师一定是很好的老师，一定是毕业于美国名牌大学的博士，不是名牌大学的我们不要。富布莱特项目很广泛，并不一定是教历史的，教政治、教法律什么的都有。

就这样，我们把富布莱特项目纳入我们历史学系美国史的教学与科研里。第一个来的怀恩·赛德，是从缅因州来的，哈佛毕业，来时已经50岁左右了，他的学习背景还不错，经历也可以，来了之后教美国史和早期史。他们要来教1年，半年教美国通史帮助同学提高英语，半年教一个专业方向，专业方向安排有城市史、口述史、早期史、现代史，但没有中美关系史。我们就把富布莱特项目纳入美国史的一部分，同学在美国史组里受到的训练，有美国史、有英文，还有一个专题。这些都留下很好的印象。比如教城市史的是Stave，康奈尔大学的，他现在和我们还有联系。Stave也是美国口述史在新英格兰的创办人，他对口述史有深入研究，我们也让他来讲讲口述史。

我们来访的人，除了在本校教书，还开展美国史研究的校际交流。这些人来访虽然国家不花钱，但实际上我们也要花一部分钱，所以要充分用好这部分钱。他们会到我们美国史研究会各个有关的院校去讲演、去研究。这样在美国史研究会领导下，我们不但不断开展了有特色的美国史研究，而且还根据我们的条件进行校际交流，共同推动国内美国史的发展。

第三，我们走出去开展交流。美国史有关的老师和同学走出去的人数可能是比较多的，到国外去进行交流访问等，所以眼界比较广阔，带回来的成果也比较多。当然由于各种原因，有些人去了后就没回来，但他们还是心向祖国的，每次有重要的事、重要的会还是会回来，跟国内的人进行交流。他们之间，尤其年轻人之间还是有一定的交流。总而言之，我觉得美国史研究会的架构在建立之初就打下很好的基础，所以美国史的研究在国内整体来讲，在世界史领域算比较靠前的专业之一，是居于前列的国别史、断代史之一。我觉得这还是老一代打下的基础，他们给我们建立的机构。

提纲里还谈到秘书处，秘书处的作用是非常大的。美国史研究会的秘书处是非常辛苦的。他们发通知，加强联系，特别是年会之前要做充分的准备工作，事后总结也是秘书处的事情。尤其黄安年教授，他是老秘书长，他做的工作特别多。我们历史学系老一辈中杨立文老师做的事情也比较多。每个校系都有积极分子，整个秘书处是一个非常活跃的群体，在他们具体的指导下，美国史研究即使不一日千里，也非常活跃。现在中国人民大学的时殷弘，也是非常活跃、非常出力的，做得非常有成就。

我觉得现在全国都在年轻化，美国史研究者也在年轻化，从 20 世纪的后半段，就开始年轻化了，骨干力量都是中青年，他们做得都很好。美国史研究的进一步发展，我具体提不出什么建议，因为我已经觉得很满意。他们对外交流、对内交流、出版书刊、开各种交流会，已经做得很好。以后就是沿着这条路与时俱进吧。

（本文系王立新、王海燕对齐文颖教授的访谈录，原载《美国史研究通讯》2009 年第 1 期。选自满运龙等编《美国史探研（续编）》，河北人民出版社 2010 年版，收入本书时，略作修改）

第 17 届国际历史科学大会关于
人物传记的讨论

1990 年 8 月 26 日至 9 月 2 日在西班牙首都马德里召开的第 17 届国际历史科学大会，是国际历史学界的一次盛会。出席大会的有来自 50 多个国家和地区的两千多名历史学者，其中以日本、德国、美国、苏联的人数最多，均在百人上下。我国亦有 15 位历史学者出席了会议。大会除开幕式及闭幕式为全体会议外，其他均以专题会、分支会、圆桌会等形式举行。这里笔者仅就历史人物传记专题会上提出的主要报告做一扼要评介。

历史人物传记专题会由苏联著名史学家、苏联科学院主席团顾问齐赫文斯基院士与美国著名历史学家、哥伦比亚大学约翰·葛莱蒂教授共同主持。他们两位目前都在从事历史人物传记的撰写与编辑工作。据悉，齐赫文斯基正在撰写周恩来传记，葛莱蒂正在主编巨型的《美国人物传记》。人物传记专题会上的报告主要集中在方法论和集体人物传记两个方面，其中也有一部分发言涉及历史人物传记是否应当属于历史科学的范畴等。

齐赫文斯基指出，历史人物传记是历史科学的一个组成部分，是历史科学研究中一个独特的和重要的题材。他介绍了和 R. F. 伊万诺夫、T. A. 巴芙洛娃为大会共同撰写的论文《历史人物传记中的方法论问题》（摘要）。该文较全面地阐述了他们对这一问题的基本论点。他们认为，写人物传记与写一般历史最大的不同在于，写人物传记是揭示人与人、人物传记的作者与写作对象之间的相互关系，即人物传记作者是通过写人物传记的方法来表述他对该人物的看法的。同时，无论就传记作者本人而言，还是对他所写的传记人物而言，他们各自都与其本人所处的时代与社会环境密不可分。因此，历史人物传记的最基本方法论问题是建立在两组不同结构的相互关系上的：一组是传记人物和他（她）所生活的时代与社会三者结成的结构；与之相对的另一组结构是由作者和他所处的时代与社会所结成。这两组不同结构的矛盾与相互关系决定了历史人物传记题材的特点。其中最重要的是传记人物与作者之间的相互关系。具体地说，生活在某一特定时期与社会的作者如何写好生活在另外一个时期与社会的人物，是传记史学中的主要方法论问题。此外，对于历史人物传记的作者来说，除要求其受过历史科学方面的训练外，还需懂得心理学、掌握写作技巧，并兼有哲学、教育学、文学批评等方面的知识，否则是不可能写出一部成功的历史人物传记的。此外，写人物传记决不能只写政治领袖人物的传记，其他方面的人物也要写。凡是在人类社会中留下痕迹的人都值得一书。这是因为"人物传记以它独具的特点，对于历史学中最重要的哲学问题——人民群众在历史上的作用和个人在历史上的作用——给予了生动而具体的说明"。

齐赫文斯基把人物传记分为四种类型：即科学的人物传记、通俗的人物传记、纯文学的人物传记和人物传记小说。科学的人物传记的特点在于不仅要求作者准确地写出传记人物的事迹，而且要写出他在当时历史条件下所处的地位与所起的作用；通俗的人物传记主要写人物，历史是作为背景出现的；纯文学的人物传记，是以人物为中心，其他均为陪衬，一切围着主人公转，形同众星捧月；以小说形式出现的人物传记，除最基本的历史材料外，还添加了许多推想出来的内容，并有不少虚构和创造出来的东西。显然，我们最感兴趣的是第一类，即科学的人物传记。

齐赫文斯基强调"时间"在人物传记中的重要作用。"时间"即指传记人物所处的时代，以及当时的社会、政治状况。它几乎与传记的主人公处于同等重要地位，决不能离开具体时间去分析历史人物，否则其后果不堪设想。举例说，决不能用今天英国的情况去写 17 世纪的克仑威尔。同样，写传记人物也不能脱离民族特征。人物传记不但要写正面人物，也要写反面人物。这主要是由于人类历史的复杂性需要正反两方面的经验。历史人物传记所需要的是"历史真实人物的再现""是向读者阐明传记人物的所作所为和他那个时代的特点"。

齐赫文斯基还指出，人物传记在历史研究中的作用在于它是分析与估价历史事件和历史过程的重要材料。由于历史主要是记载人类已往的活动，因此，就不能离开人物去研究历史。即使像大规模的社会革命或英国工业革命这样一类的题材，如果没有人物传记资料，也是很难把问题说清楚的。

齐赫文斯基还提出通过人物传记本身去研究传记作者及其时代特点的问

题。就这方面来说，人物传记本身也是原始资料。这是一个大有可为的研究课题。举例说，同样是恺撒、伊凡雷帝、克仑威尔、拿破仑等人的传记，但在不同时期、不同国家和不同史学家的笔下就会有不同的写法。他们的不同之处在哪里，社会上对这些变化有些什么反映，等等，这些就值得研究。

关于历史人物传记的范畴及方法论等问题，提交论文和发言的，主要有下列几位。

以色列希伯来大学教授 M. 蔡莫门在《作为历史著作的人物传记》一文中明确提出，历史人物传记是属于历史学范畴的，因为它在原则上与历史著作没有什么区别。尽管长时期以来很多历史学家不把它当作历史学的正统，而视之为在历史学领域里不占重要位置的旁支，但实际上，历史人物传记所揭示的是个人一生的全部历程和他所触及社会的各个方面，应该属于历史学范畴。一部真正的人物传记应包括三要素：体现在传记主人公身上的历史现象；用心理学方法分析传记主人公参与各种活动的动机；传记主人公所生活的社会环境及他同周围社会的联系。

冰岛大学教授瓦尔迪玛斯多特尔在其论文《如何在历史人物传记中将历史与文学结合起来》中，提出采用法国“年鉴学派”的研究方法去解决历史人物传记中的真实性与虚构的矛盾，即从当时人的衣、食、住、日常用品和生活习惯中寻找资料，用以代替过去历史学家们仅凭想象所写出的内容。他认为，唯有如此，才能使历史人物传记既具有科学的真实性特点，又有丰富多彩和栩栩如生的细节，还兼有旧学派中仅凭想象而创造出来的典型文学人物传记的某些特色。他还指出，作为一个当代的人物传记作家，是应当而且能够做到上述要求的。

加拿大达尔豪斯大学教授 P. B. 威特以《传记史学家的难题：不朽与证据》为题的发言，主要提出了传记史学家如何对待传记主人公的隐私问题。这是摆在传记史学家面前很难处理的问题，即人物传记的撰写人是否有权揭示传记主人公不愿公之于世的私生活，并将其写入书中任人阅读。他认为，这是一个涉及道德的问题。如果避开隐私问题不写，仅凭公开发表的文件和公开活动的记录，则又与传记的真实性和科学性发生矛盾，很难称得上是一部科学的传记。他认为解决问题的出路在于尽可能地穷尽资料，寻求多方面的证据。因为人物传记属历史科学，而历史是由人类的活动创造的。

会议的第二部分内容是关于集体人物传记（亦称群体人物传记）的报告。集体人物传记的研究和编写是近几年颇受国际史学界重视的一个领域。

这里所说的"集体人物",主要不是指政治领袖、著名政治家、军事家、学者,而是那些历史上名不见经传的"非精英"群体。首先,研究这些人物更能反映历史的真实,体现人民群众创造历史的作用,揭示历史发展的规律。其次,研究的范围也比较广泛,它涉及下层人民的婚姻家庭、人口结构、风俗习惯、文化传统、思想观念、宗教信仰、衣食住行、就业工资,等等。比如,美国纽约州立大学托玛斯·都柏林教授向会议提交的报告《非精英的集体人物传记:供历史研究者参考》,就是他与助手及研究生花了 20 多年时间,对美国最早建立的马萨诸塞山络维尔纺织厂女工就业问题考察研究的结果。他通过对该厂女工们进厂、离厂前后原因的调查发现,这些女工大多来自农村的中等农户和德国移民。她们进厂劳动是为了多攒钱,购置嫁妆,找一个称心的丈夫,离厂主要是为了结婚。当然,在婚后仍有许多人返回厂里继续工作。由此,托玛斯提出了不同于其他学者的见解,他认为,随着资本主义工业化的发展,女工就业一般不是出于生活所迫,而是由于工业化的发展,大批妇女得以从琐碎的家庭事务或者传统观念中解放出来,走向社会。

从大会的报告中得知,这类集体人物传记的编写和研究在国际史学界中已经取得了不小的进展。首先,最有代表性的是美国纽约州立大学女教授卡特琳·斯克莱所从事的有关美国妇女集体人物传记的研究和编写。其研究和编写的内容包括:对 19 世纪 40~50 年代反对奴隶制斗争中 51 位女权主义者的活动及其生平;1780~1840 年间 200 名妇女未婚原因的研究;罗斯福新政时期政府机构中女性官员关系网的研究。其次,是美国斯坦福大学妇女与性别研究所苏珊·贝尔和芭芭拉·坎贝尔两位教授主持的对 1790~1980 年 2000 名英国妇女的研究。再次,是美国哥伦比亚大学约翰·葛莱蒂教授主持编写的特大型《美国人物传记》,以代替当前通行的 28 卷本《美国人物辞典》。

从上述简要介绍中可以看出,虽然人物传记的研究尚处于开始阶段,尤其是理论方面的探讨还不深,但其方向是值得中国学者思考和借鉴的。

(原载《历史研究》1991 年第 3 期,收入本书时,略作修改)

1993年度诺贝尔经济学奖获得者
福格尔教授与诺斯教授

据瑞典皇家科学院 1993 年 10 月 12 日宣布，本届经济学奖授予美国经济史学家罗伯特·W. 福格尔（Robert William Fogel）和道格拉斯·C. 诺斯（Douglass Cecil North），主要对他们在运用"经济理论和计量方法"解释经济的和制度的变化方面所做出的开创性工作进行表彰。他们二位是自诺贝尔经济学奖设置以来第一次当选的经济史学家。美国《新闻周刊》称他们是"计量史学"的奠基人，即将经济统计学运用到历史中去这一新领域的开创者。这一领域长期以来为传统史学家所忽视。

罗伯特·W. 福格尔现年 67 岁，现任芝加哥大学教授及该校人口经济学中心主任。1948 年，获美国康奈尔大学学士学位，后又获哥伦比亚大学硕士学位及约翰·霍普金斯大学博士学位等，曾任教哈佛大学。历来诺贝尔经济学奖获得者多出自芝加哥大学，他是该校荣获诺贝尔经济学奖的第 7 位教授。

福格尔的研究成果主要在铁路对美国经济发展的作用和美国黑人奴隶制度方面。福格尔在 19 世纪美国铁路的研究上与当代多数经济学家的观点相反。他认为，铁路的修建对 19 世纪美国经济总产值产生的作用不大，以 1890 年为例，"它的作用还占不到 3%"。因此，他得出结论说，在当时"铁路并不是非要不可的"。他在美国黑人奴隶制方面的研究所得也是与众不同的。长期以来关于这一问题在美国占主导地位的说法是：内战前夕奴隶主蓄养奴隶已无利可图，奴隶们受着残酷的非人待遇，因此，奴隶制已濒临灭亡，并将自行消亡。但福格尔研究所得却是：尽管奴隶制度是非道德的，它却还是有经济效益的，奴隶所受的待遇也比历史学家所描述的为好。因此，美国奴隶制不是一个行将走向灭亡的制度，它的灭亡是政治原因，而非经济原因所致，他"强烈要求研究者们重新考虑早年的那些公认的结论"。福格尔的主要著作有：《铁路与美国经济增长：经济计量史学论集》（*Railroads and American Economic Growth：Essays in Econometric History*，1964 年出版），《不公正的时代：美国黑人奴隶制经济》（*Time on the Cross：The Economics of American Negro Slavery*，合著，1974 年出版），《无需协议或契约：美国奴隶制的兴衰》（*Without Consent or Contract：The Rise and Fall of American Slavery*，1989 年出版）等。

道格拉斯·C. 诺斯，现年 72 岁，华盛顿大学（圣·路易斯）亨利·卢斯讲座教授。1942 年获美国加利福尼亚大学（伯克利）学士学位，1952 年获博士学位，毕业后一直任教于华盛顿大学。诺斯是新制度经济学的开创人之一。他十分强调制度在经济发展中的重要地位，认为"制度（institution）能为经济提供一个激励其发展的结构"，一个新制度的出现是"当社会集团意识到原来的制度不能再向他们提供获得效益的机会时，新的制度便取而代之"。他还对传统经济学提出批评：它的问题是不承认政府在发展经济中的作用。他还不同意那种仅单独把"发明""技术"等看作加速经济发展的重要因素的观点。他说，那是不够的，因为"它们只是经济增长过程的一部分，并不能说明经济增长过程本身。有效率的经济组织才是造成经济变化的关键"。诺斯的主要著作有：《1790～1860 年美国经济的增长》（*The Economic Growth of the United States，1790–1860*，1961 年出版），《经济史中的结构与变迁》（*Structure and Change in Economic History*，1982 年出版），《制度、制度变迁与经济实绩》（*Institutions，Institutional Change and Economic Performance*，1990 年出版）。

瑞典皇家科学院在其公报中还宣布：这两位经济史学家的学术贡献是"把经济学、社会学、统计学和历史学"科学地结合起来进行经济问题研究的最高成果。他们使用的方法是"把理论与计量方法结合起来建立或重建数据库，或重新创造一种新的数据库"。这项工作"能使他们对过去的研究结果提出问题并给以重新估价。它不仅扩大了我们对过去的认识，同时对于去掉那些不合时宜的理论也是一大贡献"。

早在 20 世纪 70 年代末期，我国学术界便开始在国内学术刊物上发表介绍新经济史学及其代表人物重要著作的文章与评论。其中诺斯著《经济史中的结构与变迁》由陈郁、罗华平等译成中文于 1991 年由上海三联书店出版。另外还有厉以平的译本，由商务印书馆出版。诺斯与罗伯特·托马斯用新经济学理论与方法合著的《西方世界的兴起》（*The Rise of the Western World：A New Economic History*），也经厉以平与蔡磊合译，1988 年由华夏出版社出版。

目前，随着福格尔与诺斯获得诺贝尔奖的消息传来，相信会有更多的评论与介绍文章发表，也会有更多的著作译成中文出版。最近，北京大学燕京美国问题研究中心举办了"1993 年度诺贝尔经济学奖得主福格尔教授与诺斯教授生平介绍与著作展"，深受大家欢迎。

附：福格尔与诺斯生平简介及主要著作年表

罗伯特·威廉·福格尔（Robert William Fogel）

生平简介：1926 年生于纽约。1948 年，获康奈尔大学文学士学位。1958～1959 年，任约翰·霍普金斯大学讲师。1960 年，获哥伦比亚大学硕士学位。1960～1964 年，任罗彻斯特大学助理教授。1963 年，获约翰·霍普金斯大学哲学博士学位。1964～1965 年，任芝加哥大学副教授。1965～1972 年，任社会科学委员会数学史顾问委员会委员、主席。1965～1975 年，任芝加哥大学教授。1968～1975 年，任罗彻斯特大学教授。1969 年起，任哥伦比亚大学经济史研讨班兼职研究员。1970 年起，任《经济史探索》编委会委员。1971～1976 年，任 MSSB《普林斯顿历史学数量研究丛书》主编。1972 年起，任美国经济史协会理事会理事。1974～1975 年，任芝加哥大学历史学数量方法特别委员会主席。1975 年，获剑桥大学硕士学位。1975～1981 年，任哈佛大学教授。1976 年，获哈佛大学硕士学位。1976～1980 年，任《社会科学史》编委会委员。1977 年起，任《南部研究》编委会委员。1977～1978 年，任美国经济史协会会长。1978 年起，任全国经济研究局兼职研究员、项目主任。1978～1981 年，任全国科学院老龄人委员会委员。1979 年起，任剑桥大学出版社《近代史学科展望丛书》主编（与塞思·斯特罗姆合作）。1980～1981 年，任社会科学历史协会会长。1981 年起，任芝加哥大学教授、人口经济学中心主任。

主要著作：《联合太平洋铁路：早熟企业实例》（*The Union Pacific Railroad：A Case in Premature Enterprise*），Johns Hopkins Univ. Press，1960 年。《铁路与美国经济增长：经济计量史学论集》（*Railroads and American*

Economic Growth：Essays in Econometric History），Johns Hopkins Univ. Press，1964 年；西班牙文译本，1972 年。《美国经济史的重新解释》（*The Reinterpretation of American Economic History*，与 S. L. 英格尔曼合编），Harper & Row，1970 年；意大利文译本，1975 年。《历史定量研究的诸方面》（*The Dimensions of Quantitative Research in History*，与 W. O. 艾德洛特和 A. G. 波格合著），Princeton Univ. Press，1971 年。《不公正的时代：美国黑人奴隶制经济》（*Time on the Cross：The Economics of American Negro Slavery*，与 S. L. 英格尔曼合著），Litle Brown 盲文版，1974 年；意大利文译本，1978 年；日文译本，1980 年；西班牙文译本，1981 年。《老龄化：家庭的稳定与变迁》（*Aging：Stability and Change in the Family*），Academic Press，1981 年。《"科学"史与传统史》（*"Scientific" History and Traditional History*，与 G. R. 埃尔顿合编），Yale Univ. Press，1982 年。《如何研究过去？两种历史观》（*Which Road to the Past？Two Views of History*，与 G. R. 埃尔顿合编），Yale Univ. Press，1984 年。《无需协议或契约：美国奴隶制的兴衰》（*Without Consent or Contract：The Rise and Fall of American Slavery*），W. W. Norton，1989 年。《无需协议或契约：技术报告》（*Without Consent or Contract：Techical Papers*，与 S.L. 英格尔曼合编），W. W. Norton，1990 年。《无需协议或契约：美国奴隶制的兴衰，证据与方法》（*Without Consent or Contract：The Rise and Fall of American Slavery, Evidence and Methods*，与 R. A. 加勒廷和 R. L. 曼宁合编），W. W. Norton，1992 年。

道格拉斯·C. 诺思（Douglass Cecil North）

生平简介：1920 年生于美国马萨诸塞州坎布里奇。1942 年，获加利福尼亚大学（伯克利）文学士学位。1946～1949 年，任加利福尼亚大学研究生院助教。1950～1961 年，任华盛顿大学经济学教授。1952 年，获加利福尼亚大学（伯克利）哲学博士。1960～1966 年，任《经济史杂志》副主编。1961～1966 年，任华盛顿大学经济研究所所长。1967 年，任全国经济研究局董事会董事。1967～1979 年，任华盛顿大学经济系主任。1968 年～1971 年，任华盛顿大学经济研究所理事会理事。1972～1973 年，任经济史协会会长。1973 年，任巴黎高级研究实验学院历史研究中心副主任。1975～1976 年，任西部经济协会会长。1978 年，任华盛顿大学经济研究所理事会理事。1979 年，任赖斯大学皮德金讲座政治经济学教授。1981～1982 年，任坎布里奇大学皮特讲座教授。1982 年起，任华盛顿大学经济系亨利·R. 卢斯讲座教授。

主要著作：《1790 ~ 1860 年的美国经济增长》（*The Economic Growth of the United States：1790 to 1860*），Prentice – Hall，1961 年。《美国昔日的增长与福利：新经济史》（*Growth and Welfare in the American Past：A New Economic History*），Prentice – Hall，1966 年。《制度变迁与美国的经济增长》（*Institutional Change and American Economic Growth*，与 L. E. 戴维斯合著），Cambridge Univ. Press，1971 年。《公共问题的经济学》（*The Economics of Public Issues*，与 R. L. 米勒合著），Harper & Row. Publishers，1971 年。《西方世界的兴起：新经济史》（*The Rise of the Western World：A New Economic History*，与 R. P. 托马斯合著），Cambridge Univ. Press，1973 年；1988 年出版中文译本，1975 ~ 1980 年出版荷兰文、意大利文、日文、西班牙文、法文译本。《经济史的结构与变迁》（*Structure and Change in Economic History*），Norton W. W. & Co.，1981 年；1991 年出版中文译本。《制度、制度变迁与经济实绩》（*Institution，Institutional Change and Economic Performance*），Cambridge Univ. Press，1990 年。

（与赖荣源、吴政同合作撰写，原载《史学理论研究》1994 年第 1 期，收入本书时，略作修改）

第六编　序跋评论

《美国史探研》前言

展现在读者面前的这部《美国史探研》，是改革开放后北京大学开始招收美国史研究生以来我和我指导的美国史研究生所撰写的有关论文的选集。它从一个方面反映了在新形势下我们探索美国历史的出发点和历程，现结集出版，以就教于史学界同行。

本书第一部分主要是对美国早期史的专题研究，是本书的重点，也是北大历史学系美国史研究组在改革开放新形势下重新研究美国史的起点与重点之所在。开展这些课题的研究，是对自 20 世纪 30 年代以来我国在美国史教学与研究中对近 200 年殖民地时期的历史仅看作美国革命背景的旧框架的一个新突破。我们是把它作为美国历史的一个独立的重要阶段来看待的。立足于这一新的思路，各篇都是围绕早期史上的重点问题加以深入探讨，都有新的思想观点与学术创见。当然，要完成美国早期史的研究，这绝不是短时期内能做到的。这里所做的研究，仅仅是开端。

收入本书第二部分的论文，以中美关系研究为主。与美国早期史在我国研究的薄弱情况不同，中美关系史是在我国较有基础的学科，队伍大，成果多。如何在这个方面拓展新领域，是一个新课题。我们选择了过去很少有人涉及的中美关系开端的问题和中美文化教育交流方面的问题作为我们研究的起点。另外 3 篇用英文写出的文章是留学美国的 3 位同学在美深造时撰写的。这些文章，从题目到内容都具有新意。

妇女史是本书第三部分的主要内容。这是我国美国史研究中延伸出来的一个新领域，同时也是我们对国内美国史研究做出的新贡献。美国是当代西方妇女研究的重要基地，是 20 世纪 70 年代以来发展最快、成绩最显著的学科之一，也是研究美国历史不可缺少的重要部分。80 年代初，我作为国内第一批访美学者，不仅带回了殖民地时期史和早期中美关系研究的新课题，也带回了妇女史研究这一新学科。在我指导的研究生中，陆丹尼首开风气之先，以殖民地时期妇女为题开始了她的专题研究，毕业后赴美深造，所进行的研究也是围绕妇女问题进行的。收入本书的两篇妇女史论文，是她在国内硕士论文和国外博士论文的有关成果。

本文集，除了它在研究主题方面的开创性特点外，还在于它都是出自青年学子之手（我本人除外）。文章选题充满了青年人在学术道路上不畏艰巨、敢于创新的探索精神，在内容上又体现了扎实严谨、勤于动脑、勤于动手的一丝不苟的治学精神。他们是当前我国研究美国史的中坚力量，无论身居何地，他们对我国美国史学研究的贡献是同样有价值的。本书即是一个明证。

最后，还应提到的是，北大美国早期史的研究与建立与国内外前辈学者与同行的关心与支持密不可分，特别是南开大学杨生茂教授和张友伦教授，武汉大学刘绪贻教授和李世洞教授，东北师范大学丁则民教授，人民出版社邓蜀生编审，商务印书馆方生编审以及中国美国史研究会，中国社会科学院世界历史研究所、美国研究所的有关领导与专家，对我们的工作一贯给以关心和支持。此外，还应提及国外美国早期史研究专家的帮助，如美国哈佛大学汉德林（Oscar Handlin）教授、美国学者协会主席凯茨（Stanley N. Katz）教授、美国康奈尔大学坎门（Michael Kammen）教授和诺顿（Mary B. Norton）教授、英国牛津大学的波尔（J. R. Pole）教授等，都曾来北大围绕美国早期史做过短期讲学与学术指导。同时，它还与富布莱特教授在北大的讲学项目的开展分不开。美国学者在北大讲学的同时，还为我们捐赠了一个以研究早期史为中心、有一定规模的北京大学燕京美国问题研究中心图书馆，目前它已成为我国研究美国史的重要图书馆之一。对国内外学者专家、有关学术机构对我们的关怀与帮助，我在此深表感谢。

本书有机会列入《中华美国学丛书》，应归功于中华美国学会美国学著作出版补贴基金评审委员会各位专家特别是陶文钊教授、张友伦教授等的关心与支持。中国社会科学出版社曹宏举编审为本书及时出版付出了大量辛劳。北京师范大学历史学系美国史研究生周辉荣、井建斌、苏麓垒、于展、李秀英曾协助校阅本书清样。凡此等等，都是我应该感谢的。

真诚欢迎学术界的专家学者和广大读者对本书予以批评指正。

（齐文颖主编《美国史探研》，中国社会科学出版社 2001 年版，收入本书时，略作修改）

《美国殖民地时期历史书目（选目）》前言

经过美国史小组师生的共同努力，我们终于在国庆 35 周年前夕，编写完毕本书目。这是我们为国庆节献上的一份薄礼。

这份书目是我们小组近年来教学与科研工作的一个集中成果。它是 1975 年北京大学历史学系美国历史小组成立以来，特别是 1981 年以来当我们选择美国殖民地时期历史作为我组重点研究课题之一后，逐渐积累起来的。它收录的是从 1607 年詹姆士敦建立开始直至 1775 年美国独立战争开始这一段历史时期的主要著作。

这份书目与一般图书馆、资料室编写的资料不同，它是与我们教学与科学研究紧密配合的一份"特殊"书目。凡属同我们讲课与科研直接关系不大者，我们都略而未录；凡属有几种版本者，我们只择其优；凡属是我校已有的书籍，收录我校的为主。此外，凡属一般性通史著作，除以殖民地时期历史见长者外，也都未包括进来。至于百科全书、综合辞典及年表地图等工具书等，除个别者外，也均未选入。因此，它只能是一个"选目"。

这份书目最大的特点在于，它首先是我们美国殖民地时期历史教学的阅读及参考书目。我组自 1981 年开始系统开设美国殖民地时期历史课程，这不但引起国内同行的兴趣，而且也引起了国外同行的兴趣。一些著名史学家，如英国牛津大学讲座波尔（J. R. Pole）教授、美国康奈尔大学坎门（M. Kammon）教授、马里兰大学史密斯（B. Smith）教授等，也先后到我校讲授有关殖民地时期历史的专题课程。这份书目就是在国内外同行开设上述课程中积累并筛选出来的，其中大部分是我们的必读参考书，少部分是要置于案头经常翻检的必读书，还有一部分是我们早就渴望得到，但刚刚到手还没有来得及翻阅的书籍，这主要是指一些兄弟院校的藏书。因此，这份书目在另外一个意义上来说，也是五年来我们教学工作的一个读书检查。

这份书目又是我们编写《美国通史》（殖民地时期）的一份编写参考书目。这是由中国美国研究会领导、主持编写的六卷本《美国通史》的第一卷。我们的编写工作就是从这本书目所列的大部分图书中起步的，在编写的过程中，又不断地将之完善。在这点上说来，书目又是编写《美国通史》第一卷的副产品。同这本书目一起的，还有一个"重点书目解题"，因时间关系，只好留待以后编写了。

在这份书目编写过程中，我们得到了南开大学美国史研究室全体同志的热情关心与支持，也得到了武汉大学、南京大学、华东师大、复旦大学、四川大学、东北师大、山东师大、金陵神学院、西南师范学院等单位的大力支持。没有他们的协助，这份书目是没法完成的。

这本书的最后工作是在美国史研究生叶霖、杨志国、陈勇、满运龙等协助下完成的，他们趁参加美国史学年会收集论文资料之机，还查阅了北京地区以外的一些地区及院校图书馆收藏的相关资料，大大地丰富了这份书目的内容。从协助编排到打字录入、印刷、绘制封面，叶霖同学更是付诸大量劳动。历史学系打字室的刘兰春同志也花了很大工夫，协助我们完成这项任务。由于编者水平有限，错误遗漏之处一定很多，欢迎学术界的专家学者和广大读者批评指正。

《美中关系史论》译者序

中华人民共和国成立以来，我国学者在中美关系史研究方面做出了成绩，取得了显著成果，五六十年代出版了几部有分量的著作，像刘大年著《美国侵华史》、卿汝楫著《美国侵华史》（二卷本），翻译了一些有代表性的美国学者的著作，如丹涅特著《美国人在东亚》、费正清著《美国与中国》，以及一些重要资料。与此同时，大学的历史教科书及有关著述中都有专门章节论述中美关系。总观这一时期中美关系史的研究著作，多偏重于政治、外交、华工等方面。改革开放后，我国中美关系史的研究也进入了一个新阶段。有些研究单位和高等院校还设置了专门的课题组，开出了专门化课程，培养了研究生。特别应当提出的是，由中国社会科学院近代史研究所对外关系史研究室主持召开的几次全国性的中美关系史讨论会，对于活跃学术气氛、推动我国中美关系史的研究起了很大作用。其与前一时期相比：研究的范围扩大了，上自"中国皇后号"驶华，下至当代中美关系，均有所涉及；研究的领域拓宽了，从政治、经济、法律到文化、思想、教育等都进行了深入的研究与探讨；出版了一批有分量的专著与文章，翻译了一些重要著作。如果我们再从近年来相关研究的毕业论文来看，更是硕果累累，美不胜收。

然而，当代美国学者如何看待200多年来的中美关系，他们对中美关系史研究的情况如何、出版了哪些著作、主要学派和主要观点如何……都是我国学者和有关研究人员关心的问题。我曾利用在美国作研究的机会，到有关图书馆查阅资料，也曾向著名教授请教，他们几乎都众口一词地向我推荐美国哈佛大学著名历史学家欧内斯特·梅教授主编的《美国与东亚关系》一书。尽管它的书名是"美国与东亚关系"，然而它的内容却主要偏重于美国与中国的关系；尽管它出书的时间为1972年，然而它所提出的问题和观点至今仍未过时，对于研究这段历史的学者与专家仍有重要参考价值。更为重要的是，能够在一本书中把二百余年来中美关系在各个历史阶段的重要著述、评论、资料及研究生学位论文等都包括在内，并做出具有一定学术价值和有代表性的评论，至今还很难觅得。因此，我决定组织同行将此书有关章节译出并取名《美中关系史论——兼论美国与亚洲其它国家的关系》。

为了使阅读本书的同志更好地了解它的内容与观点，我们有必要把它出版的背景做一个简单的介绍。

众所周知，在第二次世界大战之前，美国对东亚关系史研究方面最系统和最有影响的著作主要有二，即 1922 年出版的丹涅特著《美国人在东亚》和 1938 年出版的格里斯沃尔德著《美国的远东政策》。前书主要论述 19 世纪的美国对华关系，同时也论述了美国同日本及朝鲜的关系，并追溯到之前的时期。后者所包括的时间范围是从 19 世纪末到第二次世界大战之前。两书前后衔接、相互补充，构成了一部第二次世界大战之前的美国与东亚关系史。他们的共同特点是站在美国立场，主要使用美国方面的材料写成。他们所建立的体系、主导思想和分析问题的出发点一直为美国研究东亚关系史的学者奉为圭臬。这两部书也是主修东亚史大学生的必读课本，其影响是很大的。然而，第二次世界大战之后，亚洲形势发生了巨大变化，特别是 1949 年中华人民共和国的诞生，美国在朝鲜及越南的失败，以及日本的经济复苏等，不能不引起美国学者对丹涅特、格里斯沃尔德所建立的美国与东亚关系史学体系的反思。同时，在第二次世界大战中，美国的国际地位也发生了巨大变化，由强权到霸权，美国也需要调整与东亚各国的关系。为此也需要对以前的有关著述进行检验并做出评价。此外，新档案的公布、新学术著作的出版、新观点的提出也需要进行分析与整理。1970 年在墨西哥卡那瓦萨举行的、由美国历史学会出面组织的美国与东亚关系史研讨会便是在这一形势下召开的。与会代表 25 人，按照事先布置，17 位提供论文在会上宣读，余者则参加评论提出意见。他们都是这一领域的饱学之士或有见地的年轻学者。其中著名的除上述欧内斯特·梅之外，尚有哈佛大学历史系讲座费正清教授、哥伦比亚大学历史系多萝西·博格教授、加利福尼亚大学（戴维斯）历史系刘广京教授、芝加哥大学历史系入江昭教授等，在会上报告的论文经过讨论修改之后，由欧内斯特·梅与小詹姆斯·汤姆逊二人负责编辑，便成了《美国与东亚关系》一书。

本书最明显的特点有二。

一、全面而系统地评述了美国学术界自 19 世纪中期以来直至 20 世纪

60 年代对美中关系以及美国与亚洲其他国家关系的研究情况、出版著作及主要观点。书中所列举的著述除专著、论文、资料、档案、文献汇编、回忆录外，尚包括研究生的学位论文等，总数约在千种以上。美国学者凡是在70 年代之前所做出的主要成果及其主要观点均在评论的范围之内。

二、由专家执笔，他们对美中关系的见解不仅是他们长期研究的结果，而且在学术界有一定的影响，具有一定的代表性。我们可以从中看到美国学术界对美中关系以及美国与亚洲各国关系研究的新倾向。譬如在美国与东亚关系研究中由丹涅特、格里斯沃德所建立的以领事、外交官、国务院官员活动为主体的史学体系已受到批评，而要求将其扩大到从国际、国内、政治、经济、文化、思想意识等方面进行综合分析。同时在运用资料方面，除本国资料外，也要求借助对方国家的档案与著作，否则不可能做出符合实际的结论。好几位学者都说到研究美中关系时掌握中国语言文字及文化的重要性，费正清教授举例指出，研究中英关系时，不仅要掌握英文蓝皮书的内容，而且还要读懂弄清蓝皮书中文本的内容。这里还应当提到的是，美国早期对华贸易不仅是美国早期原始积累的一个重要方面，最重要的是，通过肮脏的鸦片贸易为早期芝加哥、伯明翰、昆西铁路的修建提供了资金。然而鸦片贸易给美国带来的好处决不仅止于此，这是美国学者准备进一步探索的问题之一。在研究美中关系的同时，结合美国同亚洲关系的研究一并进行，这也是他们研究美中关系的一个新趋势。对于 60 年代之后美国与东亚各国关系的研究在本书最后一章进行了扼要的论述，这里不再重复。

应当指出，美国学者的著作即使是有学术价值的重要成果，却由于其资产阶级立场、观点的影响，不能不具有一定的局限性，我们将此书翻译出来仅供参考。

参加本书翻译的大都是长期从事中美关系史及美国史研究的同志。他们是中国社会科学院美国研究所严四光研究员，北京大学历史学系齐文颖教授及谭圣安副教授、郑亚英副教授，天津农学院英语系阎广耀教授，北京大学分校历史学系杨大业讲师、中国社会科学院研究生院英语教学部徐薇讲师，以及在美国从事教学工作的原北京大学公共英语教研室姚学吾先生。本书在翻译过程中，多次得到中国社会科学院世界历史研究所宣兆鹏研究员的指教，山东大学历史学系徐绪典教授还参加了本书第一章的校订工作。此外在抄写及译名校对过程中，得到了北京大学历史学系美国史专业研究生杨玉圣、张宝伟、胡新军、郑文鑫、陆丹尼、秦玉成、张雄以及齐小玉、周洁等大力协助，英文打字录入部分全部由北京大学燕京美国问题研究中心的吴政同同志承担。还应当提出的是，在组织与校订工作中，中国社会科学出版社郭沂纹同志做了大量细致的工作，前编辑部的徐葆初同志也给予大力支持。没有他们的帮助与支持，此书是很难完成的。谨此致谢。

由于本人水平有限，翻译与校对过程中的错误在所难免，欢迎批评指正。

（欧内斯特·梅、小詹姆斯·汤姆逊编《美中关系史论》齐文颖等译，齐文颖校，中国社会科学出版社 1991 年版，收入本书时，略作修改）

《新美国历史》译者的话

本书是一部关于美国历史的论文集,由美国著名历史学家埃里克·方纳主编。它由 13 位美国学者的论文组成。

每篇论述一个主题,如妇女史、劳工史、社会史、外交史、美国的公众生活、种族和移民等。

作者都是专门研究此一问题的知名专家学者。其内容和学术水平是可想而知的。论文都是根据历史学家对美国历史上某一时期或某一重大主题的理解来评估新近的发展,从而反映了近年来美国历史的研究水平。

本书之所以称为"新美国历史",在于它对人们过去了解的美国历史进行了改造,研究视野和内容有很大变化,从根本上重新界定了美国历史本身。

埃里克·方纳教授在本书导言中对此做了详细论述,并对一些论文的内容和特点做了介绍和评述,有助于读者对本书的了解,从中看到美国历史研究的变化和发展趋势。

本书是由美国历史学会提出撰写的,是对美国的中学教师讲演用的,目的是让他们了解美国历史研究的新成果。1990 年,美国坦普尔大学曾以选集形式出版,现在又由美国历史学会以《新美国历史》为书名出版。

该书可供研究、讲授及对美国历史有兴趣和想要了解美国历史、文化、社会的广大读者阅读。

参加本书翻译的有齐文颖、林江、严立等。

(埃里克·方纳主编《新美国历史》,齐文颖、林江等译,齐文颖校,北京师范大学出版社 1998 年版,收入本书时,略作修改)

《中国史探研》前言

　　齐思和是我国著名的历史学家，以博古通今、中西兼长、学风严谨、学术上勇于创新著称。他所研究与著述的领域不仅包括中国历史，亦包括外国历史和中西交通史，年代范围自古至今。他对中外历史学的精深研究和突出贡献，受到国内外史学界的重视。他的著作在国内外很多著名大学图书馆和国家图书馆有收藏。这里仅就他的生平简历及对中国历史学的主要贡献做一扼要介绍。

一

　　齐思和于清光绪三十三年（1907 年）出生于河北省宁津县（今属山东省）一个乡绅家庭。他的祖父齐俊元是当地的一位开明士绅，思想进步，拥护维新与革命事业，鼓励子女接受新式教育。他的父亲齐国樑，号璧亭（1882～1968 年），是我国著名教育家，早年留学日本，后又在美国斯坦福大学（本科）、哥伦比亚大学师范学院研究生院学习师范教育。他归国后一直在天津从事女子师范教育工作，先是任直隶第一女子师范学校校长，后又创办河北省立女子师范学院，为我国女子教育事业做出了重要贡献，不仅为我国培养出数以千计的优秀的中小学教师，而且从该校涌现出一大批早期革命运动及妇女解放运动的领袖，如邓颖超、许广平、刘清扬、郭隆真、张若名、王贞儒等。

　　齐思和自幼随父母到天津读书。由于他天资聪颖，勤奋好学，他从小学直到研究生院入的都是第一流的好学校，如天津私立第一小学、天津南开中学、南开大学、燕京大学、哈佛大学研究生院等，且考试成绩一直名列前茅。他自幼喜爱文史、喜读古书，博闻强记，为他日后研究历史打下良好基础。小学五年级时，他利用暑假圈点了一部《纲鉴易知录》。中学期间他便受教于著名历史学家范文澜先生，中学毕业后进入南开大学历史学系一年级，仍继续受教于范老。当时南开中学及南开大学的文史课程均由范老承担。齐思和在经学、史学及文学方面的深厚基础，都是在这个时期打下的。1927年，《南开学报》发表了他在大学一年级写的论文《魏弁年代考》。范老注意到他在文史方面的突出表现，为了使他能得到进一步提高与培养，建议他到北京学习。当时适值燕京大学招收插班生，他于1928年夏考入燕大历史学系二年级，主攻中国古代史，兼修西洋史及史学方法。

北京是文化古都，又是学术中心，高等学府林立，名师云集，学者荟萃，并拥有丰富的图书，确实是一个极为理想的学习与研究的好地方。燕大虽为美国办的教会大学，然而为在中国办成第一流大学，除引进西方先进学科及教学方法外，还积极提倡国学，聘请国内第一流学者来校任教。当时在历史学系任教的名师有顾颉刚、洪煨莲、邓之诚、王桐龄、陈垣、容庚、张尔田、张星烺等。此外，尚有一部分外国教授与专家讲授西方语言、文化、历史和史学方法等课程。并且，燕大拥有第一流的图书馆，丰富的藏书，为他提供了博览群书的机会。齐思和在这里不仅继续努力钻研中国古代史外，还在中国史、世界史、史学方法等方面受到全面而系统的训练，这为他日后的发展打下深厚的基础。齐思和入燕大不久，值历史学系准备出版《史学年报》，他被选为主编。年报1929年正式出版，他连选连任主编3年，直到毕业为止。《史学年报》以刊登中国史文章为主，因学术质量高而著称，受到国际汉学界的好评。美国哈佛大学出版的《东方学年报》将之评为中国出版的5种重要学术刊物之一，法国《通报》对《史学年报》的各期内容都有专门介绍。齐思和担任主编期间，每期都有重要文章发表。

1931年，齐思和以优异的成绩毕业于燕大历史学系本科，并获得燕京大学奖励优秀生的"金钥匙"一把。他的毕业论文《黄帝的制器故事》受到国内外学术界的好评。英国著名学者李约瑟在其《中国科学技术史》一书中，充分肯定了齐思和在这方面的研究成果，并加以吸收、论证。

齐思和在大学本科毕业的当年，经校系推荐前往美国著名学府哈佛大学研究生院学习。创建于1636年的哈佛大学是美国历史上最早的一所大学，以历史悠久、藏书丰富、教授阵容强大、学术水平高著称。它又是美国历史学研究的重镇。齐思和进入哈佛大学研究生院学习时，正值该校历史系的鼎盛时期，群贤毕至，众星灿烂，美国史学大师如史莱辛格、莫里森，英国史教授艾伯特，国际关系史专家兰格都在那里任教。为了将美国学者的治学经验充分学到手，他选择了以美国历史作为主攻方向。1935 年他以优异成绩毕业，获博士学位，并获取优异毕业生的"金钥匙奖"。

1935 年回国后，他担任北平师范大学历史学系副教授、教授，燕京大学历史学系副教授、教授和历史学系主任、文学院院长，《燕京学报》主编等，同时兼任北京大学历史学系、清华大学历史学系讲师等职。1952 年，全国院系调整后，他任北京大学历史学系教授、教研室主任等。他还长期担任商务印书馆出版的《外国历史小丛书》副主编等。作为一名大学教授，他一生中开设的主要课程有：中国通史、中国政治思想史、中国上古史、商周史、春秋史、战国史、西洋通史、西洋现代史、西方思想史、世界中世纪史、美国史、英国史、史学概论、中外史学名著选读、工具书的介绍与使用等。齐思和在从事繁忙的教学与行政工作的同时，还做大量的学术研究。他研究的范围从中国史到世界史，并延伸到中西交通史、中外关系史等领域。在研究方法上他兼采我国传统史学与西方史学方法之所长，加之他有中外史学的深厚根底，善于进行深层次的对比研究，中华人民共和国成立之后，他又认真学习马克思主义理论，用以指导教学与科研。因此，他在历史研究中能不断地开拓新领域，研究新问题，在中外史学方面都展现出他研究的特点，都做出了杰出贡献。这在我国史学界是不多见的。这里仅就他在中国历史研究方面的重要贡献略述于下。

二

齐思和在中国历史研究方面的重要成就主要在先秦史、中国近代史和中西交通史等三个领域。

关于先秦史，除前述《黄帝的制器故事》等名篇外，他对西周的历史有较深的研究，重要著述有关于周民族起源的《西周地理考》（1946 年），关于周代封地、典礼的《周代锡命礼考》（1947 年），以及《西周时代的政治思想》（1948 年）、《中西封建制度比较研究》（1948 年，英文）等。周民族具体起源于什么地方这一重要问题，是我国历史学界长期以来没有解决的问题。他在《西周地理考》（《燕京学报》第三十六期）一文中通过对大量历史文献的研究和对渭水及其支流逐一细致的考证与分析，并结合地理环境、物质文明及神话传说，以及周民族初期的迁徙状况与向外发展、武王灭商与周公东征、周初分封诸侯的情况等，从地理、政治、经济、文化等方面进行了详细研究，对比世界文明古国如印度、埃及、古巴比伦等起源的历史与后人研究成果等，进一步论证了周民族起源于渭水流域。该文的贡献不仅在于他对大量史料的掌握与分析，对传统历史地理学的批评与继承，还在于他继承吸收并借鉴了近代西方历史地理学中的先进方法与研究成果，从而得出了令人信服的结论。

《周代锡命礼考》（《燕京学报》第三十二期）是他对周代研究的另一重要贡献。他指出，锡命礼是西周时代"诸侯之封建、王臣之任命"时举行的隆重典礼。由于"古代有爵者必有位，有位者必有禄，有禄者必有土，故封建命官，其实一也"，因此，锡命礼是研究西周封建制度的重要内容。"此礼不明，则吾人于古代封建制度绝难了解"。与此同时，根据他的研究，西方封建制度盛行时"封建亦须经过一种极隆重严肃之典礼，此种授命之仪式，西洋人称之为 Investiture"。值得指出的是，这一重要问题长期以来为我国研究封建制度的学者所忽视，是他借助古籍的零星记载、金文的记录、清代学者朱右甫的个别著述以及对西方封建制度的比较研究发掘出来的。他对周代锡命礼的仪式、锡命之内容、锡命王臣之典礼、锡命诸侯之典礼、锡命嗣位诸侯之典礼、春秋时代王室之锡命等都做了详细描述与考证，为这一问题的研究及东西方封建制度的对比研究做出了重要贡献。

此外，他的《西周时代的政治思想》（《燕京社会科学》第一卷）、用英文撰写的《中西封建制度比较研究》等文也是研究西周历史不可忽视的重要历史论述，其观点之新，考证之细，对中外封建制度研究比较之全面与深入，在当时来说都是十分突出的。

齐思和对战国时期的历史研究也有突出贡献，做了不少开创性研究。早在 20 世纪 30 年代他便提出要打破儒家长期以来对战国时期历史采取轻视和忽略态度的错误思想传统。如他指出"自汉武以后，儒家思想统一中国，学者对战国时代，咸持极鄙视之态度"。他们把秦亡汉兴的重要原因归于秦时期的废封国与兴郡县。齐思和对这一传统思想观点持否定态度，通过研究，他认为封国之废、郡县之兴，并非始于秦，而是早在战国时期即已出现，从而提出"战国是中国制度史上的重要关键时期"的重要论断，积极呼吁要重视对战国史的研究。为此，他写了一系列具有很高学术价值的论文，重要的如《战国制度考》（1938 年）、《商鞅变法考》（1947 年）、《战国宰相表》（1938 年）、《楚终战国之世未置相考》（1938 年）、《李克、李恒非一人辨》（1938 年）、《孙子兵法著作时代考》（1939 年）、《〈战国策〉著作时代考》（1950 年）、《〈战国策〉注者高诱事迹考》（1950 年）等。《战国制度考》（《燕京学报》第二十四期）是他对恢复战国重要历史地位主张的一篇力作。他通过对大量历史资料的考证与研究，从土地私有制之确立、工商业之勃兴、各国重要之变法运动、平民走上政治舞台、中央集权政体的出现、中央及地方政府的变化等方面，指出"……春秋之末，封国制已渐崩溃，集权政体遂继之而兴，经战国二百余年间的嬗变，至六国之亡，统一之局，郡县之制，早已完成。嬴政不过将此制整齐之，统一之，而施之于天下而已，实因而非创也。是故封国之废，郡县之兴，皆发生于战国，此实中国制度史上一重要关键。自学者于战国制度不肯措意，而此二百六十年间政治社会嬗变之迹遂晦而不明，湮而不彰"。他在该文中还进一步指出，"郡县之制既兴，一国之内，遂直接间接皆统于王。中央集权之制，遂以完成。斯六国未亡之先，各国已皆成统一之局。经数百年兼并铲除之结果，原始之小国城邦皆夷为郡县，混于七国之中。及秦灭六国，天下遂归于一""故秦之统一天下，六国实为之前驱也"。这就是他对战国制度史研究所得出的重要结论之一，也是他大力提倡要加强对战国史研究的一个重要原因。同时，在《战国制度考》一文中，他最先提出"战国变法始于魏"这一重要事实，推翻了史学界长期以来将商鞅视为中国历史上第一个变法家的论断。根据齐思和的考证，战国时期各主要国家为了争胜，都经历过重要的变法运动，其中以魏为最早，执行最有力，其间涌现出一位又一位的重要变法人物，商鞅便是其中的一位。商鞅先仕魏后仕秦，他是带着魏的法令与法治经验到秦做官实行变法并取得成功的。他这一观点在《商鞅变法考》（《燕京学报》第三十三期）一文中又进一步得到阐明，同时对商鞅变法的内容从政治改革、经济改革和社会改革等三方面及其成效做了全面考证。他对商鞅变法研究的重要贡献早已得到公认并被写入教科书。他还对古代《孙子兵法》一书的成书年代做过深入研究。众所周知，《孙子兵法》是我国最早的一部兵法著作，它的成书年代是历史上一个有争论的问题。传统的、占上风的说法认为该书是出自春秋时代的孙武之手。齐思和在深入研究这一问题过程中，对春秋及战国时代的社会、政治制度、经济、军事、战争及文字体例等方面进行了详细的考证与深入的比较研究，于 30 年代末写出了《孙子兵法著作时代考》（《燕京学报》第二十六期）一文。该文明确指出，《孙子兵法》成书年代为战国后期，并考证出《孙子兵法》与《孙膑兵法》是两部著作，澄清了长期以来认为它是出自一人之手、为同一著作的看法。他早在 30 年代末提出的上述两个重要论点，得到 1972 年在山东省临沂地区西汉墓中所发现的竹简本《孙子兵法》和《孙膑兵法》强有力的证明。

齐思和对中外农业史有着极为浓厚的兴趣，著述很多。他不但从史书中研究农业，而且还从文学作品中汲取有用的材料。他曾说，《诗经》是一部极为重要的社会史料，对于当时的农民生活、耕作方法、土地制度、农作物的种类有详细而生动的描写，要研究周代的经济必须要对这部有价值的史料详加研究。他的《毛诗谷名考》（《燕京学报》第三十六期）便是以《诗经》为基本史料并参照其他有关著作、重要史籍考订的。他特别对《诗经》中所见的 15 种谷类，按出现的次数多寡依次排队为：黍、稷、麦、禾、麻、菽、稻、秬、粱、苣、荏菽、秠、来、牟、稌，并对其中重要的谷类或今天不为人们所熟知的谷类做了单独的研究与考证，指出其在当时民生中之重要作用，对不详之处进行了补充，对错误和不确切的地方进行了更正。对于《诗经》中没有记载的谷名而华北地区又常见的谷类如高粱、玉米、花生、芝麻等的来源也做了详细的考证。牛耕的发明是古代农业的一大革命，中外毫无例外。但是中国的牛耕始于何时，众说纷纭，没有定论。齐思和的《牛耕之起源》（1941 年，《经济研究季报》第一卷第一期）一文是对牛耕起源问题研究最全面的一篇论述，从对牛耕的古代定义、牛耕的发明与农业发展的关系，直至我国牛耕从何时开始的各种说法，如始于神农说、始于叔均说、始于春秋时代说、始于秦说、始于汉说、始于晋说等，以及《礼记》《新书》《论语》等书中凡涉及牛耕问题的均做了详细考证，同时，对古代人名中有与牛耕有关的字样如《史记·仲尼弟子列传》有"冉耕字伯牛""司马耕字子牛"等的名字以及宗庙中祭祀的牺牲物等多方面的详细考证，得出了牛耕起源于春秋时代的论点，回答了历史学界长期未能解决的问题。

齐思和对中国近代史也有很深的造诣，研究范围从史学史、学术思想、政治制度直至对外关系等。在他对清代学术思想的研究中，应当特别提到他对魏源研究的突出贡献。长期以来，学术界对魏源的研究多限于魏源对外洋史地研究中的贡献，而对于魏源倡导的经世致用之学在中国学术思想史上的重大作用没有给以应有的重视。王国维虽曾在《沈乙庵七十寿序》中有所提及，但没有做进一步阐明，也没有受到学术界应有的注意。齐思和在《魏源与晚清学风》（1950 年，《燕京学报》第三十九期）一文中，第一次对魏源的学术思想进行了全面而系统的研究，并将之放在其所处的历史时代、社会环境与学术传统中进行考察，从而对其所提倡的经世致用之学给予了公正而高度的评价。齐思和指出："自来言清代学术者，皆以汉学为主流，薄视经世派，以为肤浅。"而魏源倡导的经世致用之学无疑是对当时奉为正统学术的、脱离实际的、只进行纯学术研究的汉学是一种革新与挑战。"魏氏论学既以通经致用为主旨，以为学问必施之于政事，然后其用始著。而致用的目的则在致富强也。"齐思和还进一步指出，魏源在推动晚清学术发展上的重要贡献有三：在史学方面，提倡研究当代问题，注意讨论国家大政，《圣武记》、《道光洋艘征抚记》以及代贺长龄编辑的《皇朝经世文编》等都是为这一目的而编写的重要著述；在地理学方面，提倡研究边疆地理与外国地理，目的是巩固国防和反对外国侵略，他编写的著名的《海国图志》（百卷本）即为此而作；在经学方面，倡导今文学，目的也在于经世致用，质文改制。更为令学术界瞩目的是，齐思和基于魏源对于清代学风所造成的影响，将魏源所代表的经世派视为同顾炎武所代表的实学派和戴东原所代表的考据派具有同等重要地位。因此，他提出"有清三百年间，学术风气凡三变"的主张，这是他对传统观点的一个新挑战。文章发表后引起海内外学者的强烈反响。国外学者如美国哈佛大学著名史学家孔飞力教授在费正清主编的《剑桥中国晚清史》一书中，高度评价了齐思和对魏源的研究，称齐著《魏源与晚清学风》"是迄今对魏源研究的最好著述"。香港学者陈云甫教授在其《魏源研究》一书中称齐思和对魏源的研究是一个"里程碑"。对晚清史学发展的研究是齐思和对中国学术思想史的又一重要贡献，这集中体现在《晚清史学的发展》（1949 年，《燕京社会学报》第二卷）一文中。该文是在系统研究中外史学发展、进行比较研究的基础上写出的，对清代史学发展的特点、重要史学著作及其代表人物等都做了深入的研究和详细的考证，更具特点的是其把清代对外国（主要是西方）史书的翻译和在中国产生的影响，也做了详细的分析介绍。该文共分为"清初学者的治史精神"、"道光时期史学界的转变"、"晚清今文学与史学"、"晚清的边疆史地学和外国史地学"、"晚清时期关于当代史的纂修"及"新史学思想的传入和对旧史学的改造"等六部分。

齐思和对中国近代史的另一重要贡献是关于鸦片战争方面的。中华人民共和国成立后，中国史学会发起编写大规模的中国近代史资料丛刊，将中国近代史上的重大事件从鸦片战争至辛亥革命等按专题进行资料的搜集与整理。齐思和联合林树惠、寿纪瑜等承担主编了第一次《鸦片战争》6 册、约

250 万字。其从各方面广泛搜集资料包括官方与私家著述和英方资料 200 余种，从中选择 150 余种，包括 30 种原稿本及手抄本，进行摘录，分类整理，依照历史进展分别列标题为："鸦片战争前英美对中国的经济侵略""禁烟运动的开始""林则徐领导下的禁烟抗英斗争""英国对中国的军事侵略和中国人民抗英斗争""南京条约的缔结及当时人们对条约的反响"及"综述全局的几种著作"，并附录人物传记、当时中英两方面的执政年表和书目解题等。全书开始部分是"马克思、恩格斯论鸦片战争"。该资料以收集资料全面，编次合理，书目解题细致、清楚著称。它的出版为国内外学术界研究鸦片战争问题提供了重要材料。第一次《鸦片战争》于 1954 年由上海人民出版社出版，1955 年又进行再版。继《鸦片战争》出版后，他又联合林树惠等主编了同等规模的《第二次鸦片战争》6 册，于 1979 年出版。与此同时，他还写出了《鸦片战争时期英国烟贩们是英国侵略中国的主谋》（1953 年 6 月 27 日《光明日报》史学版）、《英国史里边的鸦片战争》（1951 年 11 月 3 日《进步日报》）、《两次鸦片战争时期亚洲各国人民的抗英斗争》（1965 年 7 月 24 日《光明日报》史学版）等重要文章。

如何把中国历史同外国历史沟通起来，从丰富的中国历史文献中发掘有关外国问题的资料，从外国关于中国的研究中了解他们对中国的研究，发现问题，填补空白点，开辟我国历史研究的新途径，也是齐思和对中外历史研究所关心的问题。如他 1956 年在上海人民出版社出版的《中国与拜占庭帝国的关系》一书，便是属于这方面的著作。有关拜占庭情况，在我国古书中有不少记载，从《史记》到《明史》都有。拜占庭在其鼎盛时期同中国有着比较密切的联系，例如我国的养蚕、缫丝方法便是首先由拜占庭人介绍而后传入欧洲的。他还具体考证出由拜占庭输入我国的 16 种重要商品，像玻璃、珊瑚、海西布（呢绒）等，用以换取我国丝绸的历史。这不仅说明古代中国与拜占庭存在着较大规模的商业贸易关系，还进一步否定了西方学者普遍认为的拜占庭是用大量黄金换取中国丝绸的错误观点，还历史以本来面目。此书出版后立即引起国内外学者的重视，其主要内容曾被苏联学者译成俄文刊登在苏联科学院出版的《拜占庭时代》杂志第十三卷（1958 年）上，他还被邀请参加在苏联召开的有关拜占庭史年会的学术会议，但他因故未能参加。

齐思和在中西交通史方面做出的另一重要贡献是他将匈奴西迁的具体路线考证出来了，从而把西方史学界长期存在的"匈人是否即匈奴人"的千古之谜解开了，同时，对匈奴人历史发展的来龙去脉也做出了明确的答复。这是震惊中外史学界的大事。公元 374 年，一支号称匈人的强大骑兵队伍突然在欧洲东部的东哥特国境出现，他们勇猛善战，所向披靡，很快便征服了这个国家。以后又挥戈西上，击败西哥特人并将之赶入罗马帝国境内。罗马皇帝亲自率大军前往镇压，结果兵败身亡。全欧为之大震。之后，匈人又占领了匈牙利平原，建立起一个强大的国家。匈人在向外扩张中，席卷了欧洲大部，沉重地打击了罗马帝国，并在客观上加速了欧洲古典奴隶制的瓦解，成为欧洲历史上的一个重大事件。这支强大的队伍是由什么人组成，他们又来自何方，这些对西方史学家来说是一个长期以来未解决的疑案。由于匈奴人没有自己的文字，对于匈奴人这段历史是不可能从他们自己的史书中得到解答的。但匈奴是中国古代的著名民族，长期活动在我国北方的草原，他们虽然没有自己的文字，然而，关于这一段匈奴人的情况却可以从我国古代著作中找到有关他们的丰富资料。值得指出的是，公元 91 年，北匈奴为汉将耿夔所破后，"逃亡不知所在"，他们的活动也不再见于中国的史乘了。这造成了长期以来，西方学术界不知道匈人的来历，中国学术界不知匈奴人的去向问题。18 世纪后期，西方学者有人开始研究匈人与匈奴的关系问题，其中有的学者开始承认西方人所说的匈人即中国古书上记载的匈奴人。但是匈奴人是如何具体进入西方的，仍是一个未得到解决的问题。重要的是，如果不能寻找出匈奴人进入西方的路线，匈人即匈奴的说法仍不能成立。闻名世界的罗马史研究权威吉朋在其名著《罗马帝国衰亡史》中曾断然地说，要寻找出匈奴西迁的具体过程"是不可能的"。但是，对中外历史都娴熟的齐思和经过大量而细致的考证，在中外学者著述的基础上，最终找出了这条路线。这是他对中西交通史的又一重大贡献。这一学术成果发表在 1977 年的《历史研究》第三期上，题目是《匈奴西迁及其在欧洲的活动》。他原计划要把这个问题写成一大部专著的，从中国北匈奴西迁起，直至日耳曼民族迁徙止，已经拟定好提纲并写出了其中部分内容，但这项工作如同齐思和其他学术问题的研究一样，由于他的逝世而中断了。齐思和在中西交通史方面的重要贡献尚有关于我国的四大发明及其西传与在西方产生的影响等。

此外，他在 50 年代还与翦伯赞、聂崇岐、刘启戈等联合编写了中华人民共和国成立后的第一部较为详细的、高水平的《中外历史年表》。全书近 150 万字，上起传说中的远古时代，下迄 1918 年，把几千年来中国与外国的比较重要的历史事件，经过考证研究，按照年代顺序，简明地编写而成。

举凡生产工具和生产技术的改进、经济制度、政治制度的改革和重要法令的颁布、重要历史事件、科学技术的发明与发现、重要史籍的编纂与出版、国际与民族间的相互关系、著名历史人物的事迹与生卒年代等均有所介绍，到目前为止它仍是一本为学者们称道的重要工具书。齐思和与聂崇岐担任了该书中国史部分的编写工作，又与刘启戈担任了该书外国历史部分的编写工作。该书最初于 1958 年由生活·读书·新知三联书店出版，1962 年、1979 年由中华书局重印出版。

三

齐思和对我国历史学的贡献是多方面的。此次河北教育出版社出版、选入《二十世纪中国史学名著》的这部《中国史探研》，是他生前亲自从过去所写的大量关于中国历史的论文中，选录出来的一部分，共 28 篇，包括中国古代史方面的 20 篇、中国近代史方面的 5 篇、中西交通史方面的 3 篇，可以说篇篇都是学术上的精品。他亲自为该书取了书名，并在他弥留之际亲自为该书写了简短的前言。《中国史探研》于 1981 年 4 月首先由中华书局用繁体字出版的，这次出版的是简体字本。他还未来得及看到书的出版便与世长辞了。他的女儿、史学家齐文心为该书最后的校订与出版付出了大量的劳动。《中国史探研》问世后，立即获得史学界的好评，国内外著名大学及图书馆均有收藏。史学家邓经元先生在《光明日报》史学版专门撰文介绍。该书出版后不久便销售一空，很多学者期待着它的再版。这一愿望由于河北教育出版社《二十世纪中国史学名著》的问世得以实现。

齐思和虽然已离开人世，但是他对中外史学研究所做出的贡献，包括他的《中国史探研》，将作为人类文化遗产的一部分，永留人间。

（原载齐思和著《中国史探研》，河北教育出版社 2000 年版，收入本书时，略作修改）

《齐思和史学概论讲义》后记

  天津古籍出版社近年推出的"名师讲义"丛书，对于发扬我国学术文化教育传统、抢救文化遗产有着重要意义。

  这部丛书，收录了先父齐思和先生（1907～1981年）生前开设课程的讲义二种，有关参考文章五篇。2007年，正值先父诞生一百周年，本书的出版是对他一百周年诞辰的最好纪念。

  齐思和先生是中国著名史学家，1907年生于河北省宁津县（今属山东省）。在南开中学及南开大学期间，师从范文澜先生，打下了良好的历史基础与经学基础。1928年，由南开大学历史学系转入北平燕京大学历史学系二年级学习。由于学习出众，转入燕京大学历史学系的当年，他便被选为《史学年报》主编。《史学年报》以刊登中国历史文章为主，刊登了不少燕京大学历史学系师生的好文章。齐思和本人每期都有论文发表。他的论文《黄帝的制器故事》在《史学年报》发表后，被英国著名学者李约瑟引用到其名著《中国科学技术史》中。《史学年报》以其学术质量高著称，受到国际汉学界的好评。美国出版的《东方学年报》将之评为中国国内出版的五种重要汉学学术刊物之一。法国著名学术刊物《通报》，对《史学年报》每期内容都有专门介绍。

  1931年，齐思和进入美国著名的哈佛大学研究生院历史系深造，主修美国史，兼修世界史。30年代，哈佛大学历史系是美国也是全世界美国史教学与研究的中心，名教授云集，群星灿烂，图书资料丰富，堪称全美国之最。齐思和1933年获哈佛大学硕士学位，1935年获博士学位。回国后，他任教于北平师范大学历史学系，同时，在北京大学、清华大学、燕京大学等校历史学系兼课。七七事变起，他开始任教于燕京大学，并担任历史学系主任、文学院院长、《燕京学报》主编等职。1952年，全国院系调整，他开始任北京大学历史学系教授，并担任世界古代史教研室主任等职。他还担任《外国历史小丛书》副主编等。齐思和先生曾说："我于 1927 年进入大学历史系，即以历史学为学习和研究的主要对象。当时大学中历史系的主要科目，分中国史和西洋史两大门类，我对这两门学问都非常爱好。从 1935 年开始，自己担任教学工作，也同时讲授中国史和西洋史。遇到特别感兴趣的问题便进行探索，写成专题论文。有时对传统的或史学界新提出的某些观点不能完全同意，也往往写一些商榷的文章……"

齐思和先生一生开设课程 20 余门，如史学概论、中国通史、中国政治思想史、中国上古史、商周史、春秋战国史、西洋政治思想史、西洋现代史、战后欧洲史、英国史、美国史、中外史学名著选读、历史工具书介绍等。"史学概论"是齐思和于 1935 年留学归来，首先在北平师范大学历史学系开设的同名课程的原始讲义，现存北京大学图书馆善本部。课程开设后，引起了北京学术界的关注。著名刊物《食货》称："齐思和先生在美国饱学史学方法归来，现在北平师范大学、北京大学讲史学概论等课……如今他摘出他的史学概论一部分，供我们发表。""史学概论"讲义主要具有以下特点。

第一，是它的创新性。"史学概论"在齐思和先生开设之前，早已开设多年。过去讲此课是只讲中国内容，不谈外国。个别院校也有开设外国史学介绍的，多半是由外国教授讲授，既不联系中国实际，也脱离学生的水平与需要，选课人数寥寥。齐思和先生"史学概论"一课，是结合了他历史学造诣基础深厚、中西兼通的特点，用新的眼光重新审视了中外史学（主要是西方史学）的源流与发展，各自的特点、优点与不足，进行深入对比而开设的。此课开创了将中外史学融为一体的"史学概论"课程的新体系，使学生们从入学一开始，便得到中国史与外国史的学习门径，为日后的学习与研究打下深厚的基础，因而受到学生们的欢迎。

第二，课程结构严谨，内容全面，章节层次分明，对中外史学的名词概念讲解清楚，讲史学流派必详述其起源、发展、代表人物、代表著作，对学术上不同意见的争论更是交代得一清二楚，学术观点明确，讲解问题深入浅出，中外史学比较明白易懂。时间断限从古代至当代，每章末附有参考书举要，以弥补讲解之不足。

第三，这部讲义虽然是 20 世纪 30 年代开设"史学概论"一课的讲义，但是作为史学概论的基本框架、基本内容、基本论述方法等，在今天仍有重要参考价值。此外，它对了解我国 30 年代著名大学历史学系基本课程的讲授内容也是一个重要参考，是一份发扬我国学术文化教育传统的重要历史遗产。

（原载齐思和著《齐思和史学概论讲义》，天津古籍出版社 2007 年版，收入本书时，略作修改）

《中华妇女文献纵览》前言

　　妇女学就全世界范围来说，是 20 世纪 60 年代在西方建立起的一门新学科。其首先从研究妇女历史开始，继而扩大到与研究妇女问题有关的各个学科，既研究现状，又探究历史，并且为日后的发展提出规划与设想。同时，与研究妇女问题有关的妇女图书馆与妇女博物馆也在一些妇女学研究先行的国家陆续建立起来。1990 年，在西班牙首府马德里召开了全世界范围的第一次世界妇女历史学大会，检阅近年来妇女历史研究成果，制定今后发展规划。今年，将在加拿大的蒙特利尔召开第二次世界妇女历史学大会。1992 年，在土耳其的伊斯坦布尔召开了第一次世界妇女图书馆学大会，两年以后，在美国哈佛大学召开了第二次世界妇女图书馆学大会。这都是妇女研究界的大事。在我国，近年来随着改革开放、妇女运动的开展，妇女研究与教学机构的建立，妇女问题的研究进展很快，研究的领域不断扩大，参加研究人数之多、范围之广、出版物之众都是空前的。本书就是在这一新形势的鼓舞下进行编写的。

　　众所周知，我国是一个具有悠久历史的东方文明古国，然而为人们所忽视的是，她在妇女问题的文字记载、文献资料的整理及妇女问题的研究等方面也是一个有着悠久历史传统与特点的国家。例如，在出土的古代甲骨文中便多次有"妇"字出现，并有各种不同的解释，说明当时妇女的地位与作用；妇好墓的发掘，还说明了中国古代妇女的统帅与作战能力；汉代刘向著的《列女传》是世界上第一部关于妇女的传记选编；我国独具特点的二十四史，其中大部分都立有"列女传"及"后妃传"的专项，这也为其他国家历史研究中所罕见；班昭所著《女诫》一书，又开创了妇女著述妇女伦理教材的先河，其后又不断得到发展；传统医学中的妇女医学更是独具特点，一直到今天仍为人们所重视；中国古代编写的百科全书性质的著作中大都专门设有妇女的内容及类目，如本书所收录的《古今图书集成》即是。编者在研究中国妇女文献过程中还发现了我国石刻文献这一特殊形式在妇女研究中的价值与地位，今集中收录在这本书中可算是妇女研究中的初创。这一切都是妇女研究中的宝贵财富，它极大地丰富了世界妇女研究的内容，拓宽了它的范围。为了展示我国妇女研究的传统、特点与最新成果，并从当代妇女研究的高度与新视角设立这一架构，编者将我国从古到今的妇女研究成果重新进行审视、加以编排，希望能从中看出我国妇女研究的历史脉络、特点、发展趋势、在各个门类学科中的走向，以及尚待补充与挖掘的空白点，供国内外研究者及一切对妇女研究有兴趣的人们使用和参考。

这是一部反映中国人（包括海外华裔学者）编写的中国妇女研究与资料的选目，是一个纵贯古今 2000 余年、横跨 20 余个领域的妇女文献纵览，是一个经过初步挑选出来的 1 万余种的妇女书目总汇。我们谨以此书作为对 1995 年在中国召开的第四次世界妇女大会和 1996 年在中国召开的国际图书馆协会联合会第六十二届大会的献礼。

编写一部全国性的、将历史研究成果与当前发展相衔接的、包括各个领域的妇女研究的书目在我国属首创。而在世界其他国家，除了美国哈佛大学妇女图书馆将其全部收藏建立起数据库外，未见其他国家的妇女研究界有类似的出版物。限于篇幅，我们将千余种翻译著作全部略去，只保留了部分的编译著作。其他方面，凡属流传较少或久已失传的著作均未收录，内容重复的书籍也做了适当删减，原定索引部分做了省略，待有条件时再进行增补。由于缺乏经验，缺点错误在所难免，挂一漏万之处尚多，特别是在台湾及香港等地的出版物所见不多的情况下取舍是否得当等，都希望得到读者的批评与指正。

本书的出版，我们要特别感谢曾在日本留学、现任日本昭和女子大学讲师的我国学者王宓女士。没有她的资助，要顺利出版这样一部妇女研究的书目著作，其困难是可想而知的。我们还要感谢北京大学出版社副总编张文定先生的大力支持与责任编辑金娟萍女士的细致工作，否则在这么短的时间内本书能与读者见面也是难以想象的。这里还应提及的是，参加本书编写的全体人员都是北京大学图书馆有关业务部门的负责人、专家和对妇女信息文献资料整理有兴趣的工作人员，是他们在百忙之中牺牲假日的休息、利用业余时间积极完成此项工作的。我们一并感谢北京大学图书馆领导对编写此书的关心与支持。最后，我们还要感谢国内外一切关心、支持及帮助出版这部著作的人们。

附　录

凡　例

一、本书是一部站在 20 世纪 90 年代的高度，以妇女学研究的新视角为框架编写的我国妇女研究的书目著作。时间跨度约 2000 年，覆盖面及于妇女研究的各主要领域。

二、本书所列条目全为国人之作，包括海外华裔学者的著作，是一部中国人书写的美国研究著述目录集。

三、结合我国妇女文献目录特点，全书分为图书文献、报刊文献、石刻文献等三编，并另加附录。全书共收集目录 1 万余种。由于篇幅限制，翻译著作及流传较少或久已失传的著作均未收录在内。

四、本书所收目录参照当前世界妇女研究通行标准及我国妇女研究的特点，进行分类编排。每一大类均列出类目标题，大类以下的各级类目则根据收录图书的数量与内容性质，列出各级类目标题，书多详列，书少简列，如图书文献编共分为 19 个大类，43 个二级类，108 个三级类。

五、图书文献编　为了较系统地反映我国妇女文献著作编写与出版的概貌，以及各门类研究的起源与发展，本编基本上采取了同类出版物按其编写或出版年代排列的方法。在著作较多的门类中则采取先按年代排列，同年代者再按署名的汉语拼音音序排列。为便于读者查找，妇女著作与妇女人物两部分，是先按人物所处时代划分类目，同时代人再按人物姓名的汉语拼音音序排列的。

书目文献的著录基本上是依照中华人民共和国国家标准《普通图书著录规则》（GB3792.2—85）进行的，仅对某些古籍及出版年代较早、出版项目不全的图书著录酌情略予改动。著录项目包括：书名与责任者项、出版项、版本项、载体形态项、丛书项。

本编著录格式如下：

正书名＝并列书名：副书名及说明文字/第一责任者；其他责任者 . —出版地：出版者，出版年代及版次或其他版本形式 . —页数或册数；开本 . —

（丛书名）（同一书的不同版本用空格表示，凡推测附注及不能确定年代的著录内容用［　］与？表示）。

六、报刊文献编　本编收录的是 1902～1994 年间出版的妇女或含妇女问题内容的综合性刊物。其中 1944 年以前创刊的约占 1/3，中华人民共和国成立之后出版的约占 2/3。

本编著录格式如下：

刊名/责任者．—创刊卷期年月～终刊卷期年月．—出版地：出版者，出版年．出版周期，—附注说明。

这里需要说明的是：

1. 刊名：如同时有并列刊名或副刊名，则表示为：刊名＝并列刊名，或刊名：副刊名。

2. 责任者：即团体编辑、主办单位或个人编辑。如无，则空缺。

3. 卷期年月：按刊物上出现的信息著录。如果年代为非公元纪年，则照录非公元年，［　］内推算为公元年。如刊物未提供年月信息，则将推算得到的结果用［　］括起。如推算不出年代，则用？表示，终刊卷期年月不详者，将能见到的最后一期用［　］括起或用？表示。

4. 出版地：刊物中如没注明，则将推断的地点用［　］括起，推断不出时注明［出版地不详］。出版者亦同。

5. 出版年：著录原则同 3.，但不再著录非公元年，直接用公元年表示。

6. 出版周期：按刊物实际的出版频率著录。

7. 附注说明：主要反映刊物前后继承关系、休刊情况、主办者及较为重要的个人编辑。

8. 编排顺序：中华人民共和国成立前后分开编排，按创刊时间先后排序，每 10 年一段。创刊年不详者排在本 10 年的最后。如 193？年排在 1939 年后。

七、石刻文献编　本编收录的石刻文献（其中也包括砖刻文献）起于公元 1 世纪止于 1995 年，形式有墓志、墓碑、诰封碑、造像等。收录的文献或有原石传世，或存拓片传世，或全文见于文献记载。伪刻不收。限于篇幅，每一条目仅著录简要名称、刻石时间（有刻、立、葬、卒多种形式）、立石或出土地点。条目排列以时间先后为序，推测附注用［　］表示。

八、附录部分　类书·丛书中的妇女问题史料具有信息量大、门类齐全、研究价值高等显著特点，是未充分利用的文献宝库。限于篇幅，本附录仅收《古今图书集成》中的妇女史料部分和《中国丛书综录》中的妇女丛书,个别《综录》未收的丛书,凡收载有妇女问题史料者,也在著录范围之内,如《女丹合编》丛书,《综录》不载,本附录亦予收录。篇目排列均以原著为主。

　　九、为便于研究者查找、利用,凡在条目之后标有 B 字者系为北京大学图书馆所收藏之书,标有 D 字者系为北京图书馆所收藏之书。

　　(原载齐文颖主编《中华妇女文献纵览》,北京大学出版社 1995 年版,收入本书时,略作修改)

《实用英汉妇女会议字词手册》说明

　　本手册是为迎接第四次世界妇女大会在中国召开而编写的，也适用于一般性妇女会议。

　　本手册的字词中文注释，以有关妇女会议的词为主，其他与之关系不大的注释从略。英文字词有多种不同表达者，尽量收入。

　　本手册是在第四次世界妇女大会中国非政府组织论坛有关负责同志的关心下，在有关单位同志的协助下完成的，还有一些专家学者对手册的初稿提出宝贵意见，谨此一并致谢。

　　编写这方面的手册，在国内及国外，尚无先例可循。

　　限于编者水平，缺点、错误在所难免，欢迎大家批评指正。

　　未经同意，请勿翻印。

《巴黎公社图片集》前言

　　1871 年 3 月 18 日，法国无产阶级推翻资产阶级的反动统治，建立了人类历史上第一个无产阶级专政——巴黎公社。马克思指出："英勇的 3 月 18 日运动是把人类从阶级社会中永远解放出来的伟大的社会革命的曙光。"

　　巴黎公社虽然只存在了短短 72 天，但它为全世界无产阶级的革命运动提供了极为宝贵的经验和教训：工人阶级不能简单地掌握现成的国家机器，并运用它来达到自己的目的。无产阶级只有在自己政党的领导下，采取暴力革命的手段，夺取政权，并且彻底打碎资产阶级的国家机器，才能建立巩固的无产阶级专政以代替资产阶级专政。这就是巴黎公社最基本的、最主要的原则。

　　公社遭到了反动资产阶级的镇压。巴黎工人和劳动群众为保卫无产阶级的革命政权奋不顾身，英勇战斗，用鲜血谱写了光辉灿烂的历史诗篇。公社得到了全世界人民的广泛支持。无产阶级革命导师马克思和恩格斯十分重视巴黎工人的历史主动性，立即投入公社这一伟大的群众斗争，热情讴歌公社战士史无前例的英勇奋斗精神。当巴黎硝烟弥漫，战斗仍在进行的时候，马克思就已经指出："即使公社被搞垮了，斗争也只是延期而已。公社的原则是永存的，是消灭不了的；在工人阶级得到解放以前，这些原则将一再表现出来。"

　　革命是历史的火车头。国际无产阶级继承和发扬公社的革命传统。列宁领导的俄国十月社会主义革命，开辟了人类历史的新纪元。伟大的领袖和导师毛泽东主席领导的中国革命的胜利，改变了东方和世界的形势，为被压迫民族和被压迫人民的解放事业开辟了新的道路。

　　当前国际形势大好。国家要独立、民族要解放、人民要革命，是国际形势的主流，是任何力量也阻挡不了的。今天，我们重温巴黎公社的历史经验和教训，学习公社战士的革命精神，对于保卫无产阶级专政、坚持无产阶级专政下的继续革命，都具有重要的意义。

由于我们对马列主义、毛泽东思想学习不够，水平有限，图片集中定会存在不当之处，望广大读者批评指正。此集在编写过程中得到北京大学历史学系张芝联教授很多帮助并提供有关资料，谨以志谢。

（原载郭华榕、齐文颖编《巴黎公社图片集》，人民美术出版社 1978 年版，收入本书时，略作修改）

《美利坚政制之源》序

欣悉满运龙博士的专著《美利坚政制之源》即将由社会科学文献出版社出版，我感到很高兴，也很欣慰。

该书是运龙当年在约翰·霍普金斯大学完成的博士学位论文，他的导师杰克·格林教授是当代美国最杰出的美国早期史权威之一。为写作这篇高质量的博士学位论文，运龙用了近8年的时间，博览群书，融会贯通，终于成就了这篇颇具学术创新性的优秀之作。

在我看来，本书有以下突出的特点。第一，作者立足于跨大西洋的宏观历史视野，系统研究了起源于英国，又通过北美新大陆的创造性转换，由此奠定了美利坚政制的基石这一复杂的历史过程，并在此基础上，给出了自己的学术解释，不仅自圆其说，而且成一家之言。第二，为写作本书，作者认真查阅了相关原始文献，认真研究了相关学术成果，从而使其研究建立在扎实的文献基础上，推陈出新，这对于一个中国留美学生而言，是非常不容易的。第三，也正因为如此，从本书所论主题来说，这项研究即使置于美国的学术传统中，也可以说是属于前沿性的一流的学术成果。包括格林教授在内的西方学者在其学术著述中多次引用该书，说明主流史家对该书的肯定。第四，作为一位受过严格历史学学科训练的学者，作者写作态度严谨，无论是征引还是注释，都是非常规范的。第五，本书以英文原稿的形式在中国出版，也是一个很有意义的尝试。

1979年以来，随着中国对外开放国策的实施以及中美学术交流的加强，国内有大量的年轻学人留学美国，其中原来在国内学习美国史而后留学美国的也为数不少，只是绝大多数人改行研究中国史或中美关系史，这当然也有必要。不过，我觉得若在美国学美国史，可能价值更大，因为这有天时地利人和的特殊条件。当然，这比学中国史和中美关系史要面临更多的问题、更大的挑战。我特别感到欣慰的是，运龙知难而上，坚持美国早期史的学习，并且终于获得美国早期史的博士学位。

运龙是我在北大历史学系招收的第一个美国史研究生，当时我刚从哥伦比亚大学做访问学者回国不久，正在推动美国早期史在中国的研究。运龙的硕士论文是关于弗吉尼亚议会研究的，这也是中国学者最早写的关于该问题的专题研究论文，给我留下了很深的印象。运龙 1984 年研究生毕业后，留校任教，旋即我推荐他到哈佛－燕京学社做访问学者，他也是 1979 年以来迄今最年轻的一位学者，之后他师从格林教授读书，无论是研究方法还是文献搜集以及英文写作能力，都得到了突飞猛进的发展。本书就是一个很好的证明。

后来，运龙又在印第安纳大学法学院读了法律博士，并成为几个国际著名的律师事务所的合伙人和律师。尽管实务工作繁重，他却一直钟情于美国早期史，并发表了不少论文。看到运龙的这些成就，作为他的老师，我当然十分高兴和自豪。

运龙也是一个尊师重道的典范。在我大学任教 50 周年的时候，他和我指导的另一位研究生杨玉圣教授专门组织了一次祝贺会；在我 80 岁的时候，他和玉圣以及我的其他学生陈勇教授等，又发起编纂了一本大部头的祝贺文集；当我的父亲齐思和先生诞生一百周年的时候，他和玉圣又在北大历史学系组织了一次规模颇大的纪念会议。学术薪火相传，这是我这个当老师的最为自得的事情。

看到运龙的专著出版，我写下这几句话，表示祝贺。

是为序。

（原载满运龙著《美利坚政制之源》，社会科学文献出版社 2015 年版，收入本书时，略作修改）

《我说美利坚》序

  长期以来，受传统学术思潮的影响，我国对中美关系的研究（也包括与其他国家关系的研究）主要侧重于政府关系、外交关系、经济贸易以及文化、教育、移民等内容，这方面出版了不少专著，发表了大批文章，这是有目共睹、十分重要的一个方面，今后仍应继续开展下去。但从更广泛的意义来说，还需要进一步拓宽领域，从多方面、多角度、多层次来进行更加卓有成效的探索。从这一愿望出发，杨玉圣同志主编了《我说美利坚》一书。

  本书着眼于当代中国人对美国社会与文化的实地观察，是在广泛搜集、阅读和比较有关作品的基础上精选而成的。改革开放为我们中国人走向世界大舞台提供了有利条件。1979 年以来，凡出国访问、开会、学习、探亲、旅游者，每年至少以数十万计，其中以赴美者居多。这些有机会走出国门的人，耳闻目睹，其感受是多方面的。虽说各人观察的角度不同，背景有异，但他们所留下的这些文情并茂之作，却为我们中国人实实在在地打开了一个新的视野，这有利于我们重新正视美国，也有助于我们在面向世界之际保持清醒的头脑。

  从本书可以看出，十几年来，中国人对美国的看法是不断深化的。如果说，80 年代初多着眼于物质文明（如高速公路等），那么，此后则越来越偏重于更深层次的东西。从表层到深化，反映了我们在新时期对美国认识方面的新收获。我们的祖国在进步，社会在发展，本书所反映的不仅是当代中国人心目中的美国形象的演进，而且也可以由此反映出我们在迈向现代化之路上对自身、对世界的更深刻的认识。

  20 世纪初，梁任公所作《新大陆游记》，已成为传世名作。事实上，我们今天也非常需要这样的作品。本书所收文章，多系大手笔，加上是切身体验，融文学价值、史学价值于一体，雅俗共赏，脍炙人口。它为对美国感兴趣的朋友们提供了非常有用的素材，将有助于人们从不同侧面更好地了解和认识美国。这是很值得称道的益举。

（原载杨玉圣等编《我说美利坚》，山东人民出版社 1995 年版，收入本书时，略作修改）

《美国著名妇女人物辞典》评介

　　20世纪60年代以来，国外史学界显著的变化之一，是把妇女史的研究作为一项重要课题。在这个领域里，涌现了一批专门从事妇女史研究的学者，发掘了大批档案资料，出版了大量的专门性著作和专业性刊物。同时，妇女史还被列为大学的一门单独课程。以美国为例，到70年代中期，出版的各类妇女史专著不下百种，专门性的学术刊物有三四种，而且其他非专业性的学术刊物也经常发表这方面的文章。此外，在高等院校开设的有关妇女史课程，估计有300多种。这种重视研究妇女史的现象，是外国史学界注意扩大研究领域的结果。

　　60年代以来出版的大量妇女史著作中，应当特别提到的是，美国哈佛大学出版社70年代出版的世界上第一部大型妇女人物辞典——《美国著名妇女人物辞典》[1]。

　　此书的出版有一个相当长的过程。早在1943年，美国著名女权运动领导人之一帕克（M. W. Park，1871~1955年），将她毕生收集的有关美国女权运动的全部资料，连同她本人在各种场合的报告和发言稿全部赠给她的母校——哈佛大学芮克荔夫女子学院。这批珍贵资料很快受到在该校任教的著名史学家施莱辛格的重视。在他的建议下，芮克荔夫女子学院在这批资料的基础上，于1950年成立了美国妇女史资料与档案馆，开展对美国妇女的研究工作。在《美国名人大辞典》（20卷）所收录的13000多名美国著名人物中，妇女名人只有700余名，不到5%，这显然同她们在美国历史上所起的作用很不相称。为弥补这一严重不足，施莱辛格提出，以《美国名人大辞典》为蓝本，专门编写一部美国妇女名人大辞典。他提议由芮克荔夫女子学院负责这项工作。他的建议立即得到该学院的支持，并组成了编纂委员会。施莱辛格亲自担任顾问，并由他出面聘请《美国名人大辞典》的副主编、著名史学家 E. T. 詹姆斯任主编，同时约请国内 734 位专家分别撰写其中的有关条目。经过 14 年的努力，在大量收集资料与精心研究的基础上，3 卷本《美国著名妇女人物辞典》，终于在 1971 年问世。10 年后，由 B. 塞彻曼和 C. H. 格林合编的《美国著名妇女人物辞典：当代部分》，作为前者的续编，也于 1981 年出版。

这部书是当前世界上规模最大的一部妇女人物辞典。两部分共收妇女名人条目 1801 人。前三卷写的是从 1607 年英属北美殖民地建立至 1950 年逝世的著名人物，后一卷（当代部分）写的是从 1951 年至 1957 年逝世的著名人物。与《美国名人大辞典》一样，该书以严谨、完备、学术水平高著称。每个条目都经过严格的筛选。人物介绍的内容包括生卒年月、出生地点、父母姓名、兄弟姐妹、职业情况、个人信仰、学历、主要经历、重要贡献、死亡原因、埋葬地点等，已婚妇女还写上丈夫姓名、职业、子女人数等。除个别情况外，每个条目之后均附有资料来源、参考书和撰写者姓名。为便于读者查找，全书之后还附有这些名人的职业分类总目（共 85 类）。各辞条字数不等，最多的如《黑奴吁天录》的作者斯托夫人，约 7000 字，最短的如殖民地时期《北卡罗莱那报》的女发行人 A. 泰玛西，仅 400 字。原《美国名人大辞典》中收录的妇女名人 706 人，在这部辞典中只选入了 527 人，另外又新添了 1270 人。在被选入的条目中，都按新的要求与新发掘的材料做了改写或补充。

在妇女史研究中，传统观点认为，妇女史的研究对象主要是妇女争取平等权利与政治斗争问题，妇女真正能够发挥作用的似乎仅限于此。但是，近些年来国外史学研究的新进展，特别是社会史研究的进展，突破了上述观点。学者们除继续研究妇女争取平等权利和进行政治斗争问题以外，开始注意研究妇女在美国历史的各个阶段和各个阶层以及各个行业中所起的作用。通过这样的研究，学者发现了她们当中的代表人物和杰出的事迹，并予以科学的评价。妇女史的研究正在朝着一个更加广阔的范围前进。《美国著名妇女人物辞典》正是这种新的研究趋势的产物。

从这部辞典中可以看到，400 多年来美国妇女从家庭走向社会、从基层工作走上高层工作的艰难历程。编撰者在书中的解释是，妇女地位变化的原因，除妇女本人的主观能动性外，主要有四个方面：一、社会生产力的发展，资本主义的工业化，包括家务劳动的现代化，为妇女走向社会提供了物质前提；二、妇女受教育的机会增加，为妇女寻找职业、进入高层社会提供了条件；三、更为重要的是，妇女运动的领导者为争取妇女权益长期以来所进行的坚持不懈的斗争，为妇女从家庭走向社会打开了通路；四、妇女本身在各种工作岗位上的杰出贡献，赢得了社会的承认，使社会为她们发挥自己的才能提供了场所。但是，总的来说，直到目前为止，美国社会对妇女参加工作的歧视与偏见仍严重存在。要改变这种状况还需长期的斗争。

这部辞典实际上是 60 年代以来美国妇女史研究工作的总结。它不仅是研究美国妇女史的工具与指南，而且对其他国家开展这方面的史学工作起了推动作用。继《美国著名妇女人物辞典》出版之后，英国也于 1985 年出版了英国妇女人物辞典的第一部分，其他主要资本主义国家也有类似的出版计划。看来，出版妇女人物辞典将成为妇女史研究中的一个新动向。

《美国著名妇女人物辞典》也有明显缺点和不足。如书中过分突出了白人妇女和有产者妇女的介绍，而对广大劳动人民妇女中的杰出人物，以及黑人、印第安人和其他少数民族中的妇女人物介绍，不但数量太少，而且多半是站在白人和有产者的立场上来评价她们的。

注释：

[1] 本书原名为：E. T. 詹姆斯主编《美国著名妇女人物辞典：1607～1950》（三卷本），美国哈佛大学出版社（贝尔克尼甫）1971 年版（E. T. Jamos, ed., *Notale American Women: 1607-1950*, The Belknap Press of Harvard University Press, 1971）；B. 塞彻曼、C. H. 格林主编《美国著名妇女人物辞典：当代部分》（一卷本），出版者同上，1981 年版，（B. Sicherman and C. H. Green, eds., *Notale American Women: The Modern Period*, 1981）。

（原载《历史研究》1986 第 3 期，收入本书时，略作修改）

附 录 一

追昔忆往　师恩难忘

——恭贺导师齐文颖教授九秩华诞

陆丹尼

2020 年 3 月，是吾师齐文颖教授九十华诞。屈指一数，我跟齐老师的师生之谊，已有 40 多年了。追昔忆往，怎不叫人思绪如潮、感慨系之！

那是 1978 年的初春 3 月，我们这批北大 77 级世界史专业的 20 位同学（后扩招为 30 位），从全国各地来到燕园，开始了为期四载的本科学习生涯。作为"文革"后恢复第一次高考、千军万马争过独木桥的胜出者，77 级同学中，可谓人才济济，精英云集。大家谁也不甘落后，争分夺秒地学习，要把失去的时间抢回来。当时为我们传道授业的教师，名师荟萃，学风优良，底蕴深厚，年富力强，不但在各自的专业领域锐意进取，开疆拓土，成为全国世界史专业当之无愧的领军团队，而且也殚精竭虑，教书育人，为世界史研究的传承，倾力奉献，培养后进。其中，令我们印象深刻的欧美史专业的授课老师有张芝联、马克垚、潘润涵、朱龙华、罗荣渠、徐天新、杨立文等，齐文颖老师是这支精英教师队伍中的一员杰出女将。

齐老师出身书香门第。她的祖父齐璧亭先生，在 20 世纪 20～40 年代，曾创立并担任河北省立女子师范学院院长；她的父亲齐思和先生，是中国第一位在美国哈佛大学获得历史学博士学位的著名史学家，曾在北大、北师大和清华首开美国史课程，曾任燕京大学历史学系主任、文学院院长、《燕京学报》主编，后任北大历史学系教授。齐老师本人传承父业，1958 年于北大历史学系研究生毕业后，在北大历史学系世界史特别是美国史领域，辛勤耕耘。1981 年我念大四时，齐老师在北大历史学系组织了一个学期的美国史讲座，聘请校内外名家授课。其后，又在历史学系开设美国史课程。我因有幸参加了上述美国史讲座，又选修了齐老师的美国史课程，遂对美国史产生兴趣，在选毕业论文方向时，决定跟从齐老师做美国史。在齐老师的指导与帮助下，本科毕业论文以"19世纪加利福尼亚的华工"为题，探讨了最早赴美的加州华人史。在指导我做论文时，齐老师曾亲自带我去图书馆查书目，找资料，教导我做论文要力求有新意，最好能用第一手资料来支持论点。然而，在当时国门刚开、中美教育学术交流初启的情况下，即便是在全国高校藏书第一的北大图书馆，关于美国华人史的著述，亦寥寥无几。既然相关资料匮乏，那么该如何写出新意呢？齐老师启发我：不妨在现有材料上，做些对比研究，并以列表统计的方法，用数据说明问题。如今，那篇论文的内容已经记不真切了，但齐老师的教诲仍记忆犹新。那是我踏入历史研究之门的第一块引路牌。

1986年，我在上海外国语学院当了近5年的世界史教师后，又考回北大历史学系当研究生，仍然师从齐老师学习美国史。彼时，齐老师在美国早期史领域已颇有建树，在北大历史学系开创了北美殖民地史、妇女史和中美文化交流史的研究，并在北大培养了第一批美国早期史的研究生。齐老师广结善缘，与国内外美国史专家学者保持密切接触，以开放的心态，培植北大美国史专业丰厚的学术土壤，又频频穿梭往来于大洋两岸，跟进、汲取国外美国史研究的新动态、新课题，并将学术信息带回国内，以求让中国的美国史研究与美国的美国史研究接轨、合作。她还致力于探索、发掘中美学术交流的有益资源，穿针引线、铺路搭桥，将美国历史学界的一些著名教授学者请到北大，给本科生和研究生授课、讲座、指导。同时，她甘做人梯，竭尽全力，帮助有志于深造的研究生赴美留学，拜名师攻博，让他们站在更高的学术平台上继续攀登。

1988年6月，齐老师通过中美学术交流委员会（the Committee on Scholarly Communication with the People's Republic of China）请来了美国著名的妇女史专家、时任康奈尔大学历史系教授的玛丽·贝丝·诺顿，来北大进行为期1个月的讲学，主要介绍美国妇女史研究的最新动态和研究课题。听众并不限于北大历史学系的师生，也包括来自北大英语系、北外、妇女干部学院的专家。诺顿教授讲学期间，齐老师还安排她访问了南开大学、苏州大学。诺顿教授在后来发表的报告中提到，她的印象是，当时中国"对于妇女史的兴趣和研究尚处于发轫阶段"（Mary Beth Norton，"Women's History and Feminism in China Today: A Report from Peking University"，*Journal of*

Women's History, Spring 1989)。正是齐老师，以她敏锐的学术眼光，不但聘请了美国妇女史研究大家来北大讲学，而且还以此为契机，在北大开美国妇女史研究之先河，建立了以十几位中外女学者和研究生为基本成员的妇女研究小组（也称"妇女沙龙"）。这是中国改革开放以来美国妇女史研究的开端，齐老师则是开辟这一新研究领域的先行者。她这一时期所撰写的《加强对国外妇女的研究》和《美国妇女运动的历史考察》，具有开创性意义。作为齐老师当时指导的唯一在读女研究生，我当仁不让地充当起助手的角色，协助组织"妇女沙龙"活动，在她创办并任主任的北大美国研究中心，帮助接待来访的中外学者，整理来自美国大学及教授个人的赠书等。由此，我得以接触一些美国史和妇女史研究方面的专家学者，促使自己进入中美妇女研究领域。这全拜齐老师引领之功。

诺顿教授在中国访学期间，齐老师让我全程陪同，其良苦用心，不言自明，因为这是跟名家学习的最好机会。那个夏天，我不但陪诺顿教授参加了在北大的讲学活动，还陪同她一起访问了苏州大学和四川峨眉的西南交大，到重庆，过三峡，访武汉，最后在上海送她回国。诺顿教授返美后，得知我的硕士论文题目为"论北美殖民地时期妇女的地位"，旋即给我寄了一箱美国妇女史研究的专著。这些国内没有的资料，对我的论文写作极有裨益。所有这一切，也正是齐老师所促成和乐见的。

给我们研究生上指导课时，齐老师曾谆谆教诲，做学问，要三勤：口勤、手勤、腿勤。口勤，即勤学好问；手勤，即勤做笔记，勤于写作；那么，腿勤是什么呢？齐老师没说。我猜她的意思是：作为研究生，应该腿脚勤快，经常去导师那儿登门求教，以资学问。如果我理解得没错的话，那么，我着实应该感到惭愧了。当时，齐老师家住燕南园 53 号，是我从宿舍到图书馆或教学楼的必经之地，但我个性使然，既缺乏交流的主动性，又有近师情怯的心理，所以，若不是老师召唤，我鲜少主动登师门讨教，错失了很多极好的学习机会。

春秋迭易，岁月轮回。几十年时光，转眼即逝。初识齐老师时，她还不到 50 岁，正是年富力强之时，现今已迈入九秩之年了。回首过往，师恩难忘。对老师的感恩思念之情，随着岁月流逝，愈益加深。2014 年 3 月，我自美回国探亲。抵沪后，未及回老家，先乘高铁往京，专程探望齐老师。那时齐老师家已搬离燕南园，住在远离北大的西二旗。见到她时，不免暗吃一惊：多年未见，吾师老矣！印象中一直风度儒雅、气质绰约的老师，已是满头华发、步履蹒跚的老人了，令我感到一阵酸楚。不过，老师精神尚好，和过去一样，轻言慢语，跟我聊天忆旧，临走时，还一定要送我一盒雨前茶。2018 年 5 月，借参加北大 120 年校庆暨 77/78 级入校 40 周年纪念庆典之机，我又去看望了齐老师。然而，她身体和精神更行衰弱了，只能坐在轮椅上，微闭双目，静静地听我说话，偶尔也会清晰地回应"是的！"老师握着我的那只手，倒是一直握得紧紧的。

齐门弟子，不管身在何处，莫不牵挂着齐老师。这次乘齐老师九秩寿诞之机，由满运龙、杨玉圣等师兄牵头筹编《齐文颖文稿》，既是对恩师生日献上的学术贺忱，也代表了我们这些齐门弟子对恩师的敬爱之意。大家共同的心愿是，祈祝吾师：芳槿无终日，贞松耐岁寒。仙鹤延萱寿，夕阳红满天。

2019 年 11 月 10 日
写于夏威夷

齐门问学　感怀师恩

——贺齐文颖教授九旬生日

陈　勇

　　每一个人的成长，都得益于许多贵人的谆谆教诲、无私的关怀和帮助，这包括父母、老师、同窗和友人。1982 年，我从北大本科毕业后，考取硕士研究生，有幸师从齐文颖老师，研究美国史。此乃我人生道路和学术生涯中的一个重要转折点。

　　早在 20 世纪 80 年代初期，齐老师就克服种种困难，开始从英国史转向研究美国史。1979 年，改革开放伊始，齐老师通过英文考试，被选拔到美国哥伦比亚大学，做为期两年的访问学者。那年，北大一共派了 7 位教师赴美进修，齐老师是其中唯一的文科学者。在美期间，齐老师上课与学术研究之余，也收集了大量文献，为日后在中国开拓美国早期史这一新领域的研究奠定了基础。与此同时，她还花了大量精力、时间与美国的美国史学家进行广泛、深入的学术交流。在此后的几十年里，齐老师成为中美史学界之间学术和文化交流的一个重要桥梁。

　　回国后，齐老师给本科生开设了美国通史课。不久，又招收了她的第一批美国史硕士研究生。满云龙师兄有幸成为齐老师的开门弟子。随后，郭琦涛、叶霖、杨志国和我也加入到齐门弟子的行列中。齐老师严谨的治学方法、锲而不舍的敬业精神，给吾等树立了学业上的标杆。她让我们从 13 个英属北美殖民地中各选一个作为研究的重点，并鼓励、要求我们直接用英文和原始材料进行研究。这大大加强了我们研究的深度，用现在的说法，即与国际学术研究接轨。

　　作为她这一代人中的中国美国早期史研究的开拓者和领军者之一，齐老师得到了英美同行的极大尊重，也使得她能把很多国际知名学者请到北大讲学，这充分体现了她独具一格的国际化的教育理念，也展现了她与众不同的大师风范。我们这些弟子也由此进一步扩展了学术视野。这些受邀来北大讲学的著名学者，包括研究奴隶制和内战史的 Leo Litwick、美国劳工史学家 David Montgomery、英国的美国早期史专家 Jack R. Pole、英国的劳工史和社会史大家 E. P. Thompson。他们都是国际上学富五车、有广泛的学术影响力的大学者。比如，E. P. Thompson 教授 1963 写成的《英国工人阶级的形成》中所提出的方法和概念，对于美国史研究的深远性影响，至今犹存，他也是欧洲和平运动的领军人物之一。能有机会直接和这些大师级的学者直接对话，不仅仅是我们的荣幸，而且这还给我们提供了在学术上进取的难能宝贵的机会。后来我到康乃尔大学攻读博士学位，在博士讨论班上，常常读到这些学者的著作。当同学们发现，我这位来自中国的留学生居然认识这些大名鼎鼎的教授时，他们都会流露出羡慕的眼神。

有的美国学者在北大讲学长达半年到一年之久，不仅是良师，还成为我们的好友。我到了美国之后，在生活和学业上，不断地得到他们的关心和帮助。我知道，这在很大程度上也是体现出他们对于齐老师的敬重。当齐老师八十华诞之际，曾携全家在北大讲学一年的 Bruce Stave 教授曾专门撰写《感谢您，齐文颖教授》，论及齐老师作为美国早期史及妇女史研究知名学者的学术成就，也提到她对他们一家在学术和生活上的帮助。另一位美国学者是康奈尔大学的 Michael Kammen 教授。他是 20 世纪最有影响的美国史学者之一，曾因其名著《自相矛盾的民族：美国文化的起源》获得普利策奖，曾任美国史学会的主席，也是我在康乃尔大学的博士导师。1984 年底，齐老师请 Kammen 教授来北大讲学，也因此成就了我与康乃尔的学术之缘。

齐老师培养学生、关心学生，可谓不遗余力，是我们的楷模。主要是得益于恩师的栽培，齐门弟子如今薪火相传，不乏继承齐老师的敬业精神和美德者。几十年来，我也一直受益于同门的友谊、激励和支持。运龙师兄后转行成为大有成就的律师，但始终不忘历史研究。转行后不忘初衷的还有叶霖博士。陆丹尼的博士论文是有关中国留学生政策的开创性研究。杨志国教授和我一样，还坚守在史学领域，现任威斯康星大学 River Falls 校区历史系主任及中国留美历史学会会长。郭琦涛博士已是徽州研究的权威，从伯克利大学获得博士学位后，在美国不同大学任教，十来年前加入欧文加州大学，成为我的同事，成为齐门的又一段佳话。我的师弟杨玉圣教授，在齐老师八十华诞时，曾与运龙兄和我一起，编纂《美国史探研（续编）》，以贺师恩；当恩师九十华诞之际，他又与运龙兄一起，为老师主持编纂《齐文颖文稿》，学有代际，然传承不已。这应该是我们这些齐门弟子回报师恩的心意吧。

写这篇短文，又让我回想起在燕园师从齐老师读硕士时的美好时光。那是一个天蓝水净的年代，因为我们青春奔放，也因为有恩师的关爱。

祝齐老师生日快乐，寿比南山。

点点滴滴　以馈师恩

——贺齐文颖老师九旬华诞

叶　霖

　　关于齐文颖老师的学术成就与教学之道，在为齐老师七十华诞出版的《美国史探研》和她八十华诞出版的《美国史探研（续编）》中，已有介绍。值齐老师九十岁生日大庆之际，作为最年长的齐门弟子，我愿将追随齐老师的个人经历和感悟，做点滴回顾，以馈师恩。

　　当年考研结束、临近毕业时，在对未来充满憧憬的同时，我也惴惴不安。恰在此时，四川大学历史系的伍宗华老师在参加完中国美国史年会后，给我捎来了齐老师的口信：我已为北京大学历史学系录取为研究生，将师从齐老师学习美国史。当时兴奋之情难抑，从此开始了我们的师生之缘。

　　20 世纪 80 年代开放伊始，与其他人文社会科学的领域一样，史学正在从"文革"前及"文革"中的禁锢中走出来，摸索着未来的学术走向。在他们那一代年富力强的学者中，刚刚从哥伦比亚大学访学两载回国的齐老师，也正在探索美国史新领域在中国的开拓，身体力行，率先从事美国早期史、早期中美关系史、妇女史的研究。经她邀请来华教学的美国学者，还将城市史、口述史、移民史等新的学术领域和史学理论，推广给当时还很少有机会访美的学者和我们这些在读的学生。这在当时的历史学界，可谓开风气之先，无论对校内还是校外同行，都产生了积极影响。

　　在齐老师的努力和主持下成立的北京大学燕京美国问题研究中心，将美国图书馆和有关基金会、来访的教授捐赠的书籍，建成一个以美国史专著、工具书和文献为主要特色的美国问题文献中心。记得在读大学本科期间，我在图书馆只能读到查尔斯·比尔德的美国史著作。在北大，这些新的著作及时补充了当时国内十分陈旧、严重不足的美国史图书资料，将当时的师生的眼界一下子就带到了学术前沿，也使我们很快建立起对最新研究成果的追求和使用的学术意识。我们这些研究生对于史料、西方文献和注释的了解，也开始于此。这样广博和扎实的培训，使我后来到美国攻读博士学位时，能够迅速与国际学术规范接轨，较少感受文化差异的冲击。

作为齐门学子，我们共同感受最深的是齐老师言传身教下的开放意识。当时我们所拥有的外教专家数量、参加的专业讲座和讨论班、见识的各方专家人士，甚至外事接待的实践，可能在北大文科研究生中，都属名列前茅，我们因而思路日新，视野大开。同时，齐老师也引导我们各有专攻，夯实专业基础。比如，当时学制要求研究生学习两门外语，但齐老师则属意专精一门，不必旁骛。

离开北大、参加工作后，我主要从事当代中美关系研究，不时在外交、学术场合见到齐老师活跃的身影，聆听她对中美关系的洞见与观察。私下里，我与老师也一直保持联系，她积极、热情地鼓励、支持包括我在内的我们这些弟子，到美国留学深造。

最让我感动和难以忘怀的是，在30年前的那个夏季的混乱之中，我赴美留学的机票，就是齐老师将她女儿的订票转让给我的，如此，我才得以顺利成行。这之后，只要是回国省亲，我都要拜访老师，师生之间，把话家常，亲切如故。

如今，老师年届九旬高龄。作为老学生，远隔大洋，我唯祈老师：天假以年，寿比南山。

齐老师：一生的导师

——写在庆祝齐文颖教授九十岁生日之际

杨志国

1978 年是"文化大革命"后恢复高考的第二年，尽管我当时已经 20 岁了，但还是咬了咬牙，参加了高考，并被当时的山东师范学院历史系所录取。接下来，在济南读了四年本科。当大学生活快要接近尾声时，我选修了刘祚昌教授的美国近代史课程。这是我第一次触及美国史，刘祚昌老师也是我认识的第一位在国内享有盛誉的美国史专家。也正是这个经历，我因而有了大学毕业后继续读美国史研究生的想法。1982 年上半年，我参加了北京大学历史学系美国史专业硕士生的入学考试，并被录取，成为继比我年轻但高我一级的学长满运龙之后第二个从山东师范大学历史系（在快要毕业时母校更名为山东师范大学）考入北大历史学系读美国史的研究生。

记得我是 1982 年 9 月初从山东老家到北大报到的。这是我第一次来北京，对未来很憧憬，但也对新的环境感到有些不知所措。就是在这种精神和心理状态下，我第一次见到了齐文颖老师。虽然这已经是 37 年前的往事了，但初见齐老师的场景，仍然历历在目。9 月初的北京，虽已入秋，但天气还很热。那一天，阳光灿烂，齐老师早早地赶到北大南大门附近的 25 号学生宿舍楼下，等我和与我同时入学、自四川大学考来的同学叶霖从楼上下来，对我们入学北大表示欢迎。见到齐老师后，我的第一印象是她说话很温和、平易近人，让我这个做学生的感到很亲切。齐老师是我认识的第二位在国内享有盛誉的美国史专家，与刘祚昌教授相比，作为大家闺秀的她，没有那样激扬文字，低调，平和，但同刘老师一样，她的学者气质、平等待人的修养，令人肃然起敬。这么多年过去了，齐老师留给我的这个第一印象却始终未变。齐老师就是这样一个人。

从 1982 年入学到 1985 年研究生毕业止，我在燕园待了 3 年，师从齐老师学习美国早期史。在上课和课外与齐老师交往过程中，我和我的同宿舍同学郭琦涛、叶霖、陈勇，都称她为"齐老师"或者偶尔称"齐先生"，但在与其他人提起齐老师时，我们都称其为"我的导师"。现在回过头来看这个称谓，我深深感到其内涵不仅仅包括研究生 3 年期间齐老师对我的学术训练及专业指导，也不仅仅包括这种指导对我以后历史学学术生涯所产生的影响。作为导师，齐老师以其为人正直又灵活谦让的处事风格，对我产生了很大的影响。她是一个榜样。

在北大的 3 年期间，齐老师这个榜样，时时在我身旁，提醒我：遇事，要耐心勿躁；待人，要平等温和；做学问，要兢兢业业，耐得住寂寞。离开北大后，齐老师这个榜样的影响，成为我受益终身的精神财富。

当然，我还没有达到齐老师做人和做学问的境界和高度。但作为我的导师，她给我这个学生所树立起来的榜样，将不断鞭策我向她的标准靠齐，"虽不能至，然心向往之"，直到我抵达自己的学术生涯和人生终点站的那一刻为止。

我在美国学习、工作和生活，已经近 30 年了，但仍然还没有从忙碌和工作压力中完全解放出来。所以，能静下心来，沉浸在与齐老师交往的往事回忆中，俨然是一件很奢侈的享受。每当忆起与齐老师有关的往事，我就会脸上充满笑容，心里充满温暖。与此同时，我的思绪也会在那些终生难忘的经历中，跳来跳去：在北大校园第一次见到齐老师时，我用山东话感谢她对我的问候，也不知道齐老师当时有没有想提醒我：在北京了，要讲普通话；在北大课堂里，齐老师告诉我们，只有了解了美国学者的研究角度和成果之后，才能真正读懂美国史；有一年元旦，到齐老师家里做客，我第一次吃到色拉，是齐老师的先生周教授做的；研究生毕业之前，齐老师帮我找到了到中国人民大学历史系从事美国史教学的工作，但我自作主张地跑到政府部门去做职员，等等。这一件件往事，都在不断地提醒我：作为导师，齐老师一直都是我人生和专业成长历程中最重要的一位师长，她一直都在为我导航。

在庆祝齐老师九十岁生日之际，我想说：齐老师，祝您生日愉快！同时，我也想告诉老师：齐老师，您是我一生的导师！

附 录 二

感谢您，齐文颖教授

布鲁斯·M. 斯蒂夫（Bruce M. Stave）

我于 1984 年夏天携全家来到北大任教。那时候，虽说对到中国来的外国人已经不那么稀罕，但在中国一流大学教书的西方人对于他们的学生和一般大众来说还是显得很洋气。而对于一个美国人来说，中国当然不是家乡，但当我们在 1985 年春末离开北大时，中国已经变成我们的家了，这很大程度上得归功于齐文颖老师的付出。她是一位以北大、北京和中国的方式让人敬重的同事、朋友、导师和教师。

齐教授是早期美国史领域的知名学者。当妇女史的研究在中国还鲜有人涉足的时候，她已很有先见之明地看到了其中的机会。她培养了各类优秀的学生，在中国的史学界留下了难以磨灭的印记。但就我的家庭而言，更多的是她的爱心而非她的学术让我们难以忘怀，是她帮助我们在勺园安顿下来，并关怀我们的儿子禅宁（音译）。

禅宁那时才 14 岁，现在已是两个孩子的爸爸了。他的高中一年级是在我们卧室隔壁、他自己的房间里就读的。我太太桑德拉·阿斯特·斯特夫博士，对齐教授帮她在北大国际文化项目中得到英文教职心怀感激，那对她而言是一段非同寻常的经历。她还深情地记得齐教授引领她乘坐北京的公交车，小心翼翼地不让她被拥挤的人流挤到。

当时，我作为富布莱特访问学者为北大历史学系的本科生和研究生用英语讲授美国通史和美国城市史，是齐教授帮助我适应这一工作，她在教学与师生关系方面起着传声筒的作用。她对美国社会和中国社会都有深刻的理解。她曾是我珍视的同事，而对于任何一所大学、任何一个系来说，她都会是一位值得珍视的人物。显然，她取得的许多成就是对她渊博家学的传承。

人们禁不住要对这样一位杰出的人物肃然起敬。

能够结识并与齐教授一起工作是一种荣幸。能够被包括进这本书中也是一种荣幸。

（陆丹尼 译）

学高为师　身正为范

——祝贺恩师齐文颖教授八十华诞

满运龙

2010 年 3 月 30 日是恩师、北京大学教授齐文颖先生八十华诞。为此，吾等齐门弟子合作编纂了《美国史探研（续编）》，作为对老师生日的祝福。

师弟、同样是齐老师学生的杨玉圣教授常常感慨，如果没有遇上齐老师，我们的命运会截然不同。此乃至理真言，我深以为然。就我而言，在 1981 年底毕业于山东师范学院（旋即改名山东师范大学）历史系时，虽已被通知留校任教，但依然不自量力，报考了北京大学历史学系欧美史研究生班。那时，在我这个生在济南、长在济南、未满 20 岁的大学生眼里，北大是个令人向往但似乎又高不企及的地方（虽然我 77 年高考时曾把北大列为第一志愿，但连北大的边儿也没摸着）。因此，尽管投考了北大的研究生，但根本不知谁是欧美史研究生班的导师，也没有期待能侥幸被录取。所以，当拿到录取通知书时，我还一时不敢相信。就这样，稀里糊涂地，我在 1982 年初春寒料峭之时往京，在北大二院历史学系办公室首次师生见面会上，才见到我们第一届欧美史研究生班（7 位学生）的 5 位导师，即张芝联先生、罗荣渠先生、潘润涵先生、齐文颖先生、张蓉初先生。

见面时，记得齐老师刚刚访美归来，穿一件黑色呢子外套，架一副黑色边框眼镜，话语不多，但神气淡定，文质儒雅，和蔼可亲。得悉齐老师是我最感兴趣的美国早期史的专家时，我一下子便选定以齐老师为主要导师。幸运的是，齐老师也愿意接纳我为她的第一个研究生。就这样，开始了我作为齐门弟子的 3 年紧张而愉快的研究生读书生活。

80 年代初的燕园，是我所知道的当时最适于求学问学的学术殿堂。对于我们这些刚经过十年文化劫难的年轻人而言，知识是那样地诱人和甜蜜，人人都如饥似渴。在我们眼里，知识即等于前途，只要读好书，根本无须为前途愁。北大不但拥有深厚广阔的人文学术底蕴、国内首屈一指的图书文献资料和国内超一流的师资力量，而且能提供比其他院校更多的与国外学术界交流的机会。记得当时我们研究生班的课程有一半是由外籍教师讲授的。在齐老师等导师指引下，我们有幸接触到第一批来华讲学的欧美学者，其中不少是英美史学界的著名学者，如 William Whiteside、Elbert Smith、Michael Kammen、Jack Pole、Bruce Stave、Leon Litwack、Lawrence Levine。同时，齐老师为我们美国史专业的研究生（包括与我同届的李薇以及下一届的陈勇、叶霖、杨志国等）用研习班（Seminar）的授课方式，引导我们读英文原著，写读书报告，上课讨论，使我们在踏上学术研究道路之初便养成了独立钻研、相互切磋、敬畏学术的优良学风，这使我们受益终身。

齐老师不但教我们读书做学问，而且还言传身教，确切地说，应该是身教远远多于言传，她教我们认真做人、做真正的人。在和我们这些年轻学子相处时，无论是在课堂上还是在日常生活中，齐老师从不摆任何架子，总是平等相待，谦和可亲。记得刚到北大的几个月，由于此前从未有过听外教英语授课的经历，我对英语颇感畏惧。齐老师鼓励说，开始讲英语，和外教交流，不要怕"胡说八道"。受此鼓励，我试行之，果然有效，不出 3 个月，竟然感觉自己能读懂英文原著，然后用带点儿山东味的英语向外教发问了。在生活上，齐老师对我们关怀备至，经常借授课或招待外教的机会，让我们到她在燕南园的家中做客。大家一块儿边包饺子，边谈历史、谈学问、谈人生，师生无界，如沐春风，其乐融融。在教导我们走上学术研究之路的同时，齐老师还总是把学术成绩留给学生，从不分享任何成就。我印象最深的一件事是，在我毕业后不久，《历史研究》杂志社通知我准备采用我以硕士论文为基础写的论文。我立即找到齐老师，希望文章由我们师生联名发表，因为我坚信没有齐老师的悉心指导，包括从选题、选材到构架乃至行文，我不可能完成论文。但齐老师没有同意，坚持让我以个人名义发表。

齐老师对我们的栽培和影响，绝不限于 3 年研究生期间。这对我个人而言，尤其如此。1984 年研究生毕业后，我有幸留在北大历史学系任教。此后不久，齐老师为我争取到以哈佛 – 燕京学社访问学者身份到哈佛大学进修这一难得的机会。当时，我个人对于出国毫无概念，也无任何思想和物质上的准备。还是齐老师，不但替我规划出国后的专业学习方向，而且帮我安排行程、介绍她在哈佛的亲友相助（包括当时哈佛文理学院院长 Michael Spence 教授等）。甚至连我赴美时身上带的仅有的 40 美元，也是齐老师帮我凑借的。

我的这些刻骨铭心的经历和感受，相信也是齐门弟子的共同经历与感受，人同此心，心同此理。作为授业弟子，我以及我的师弟、师妹总是心怀感恩之心，认认真真做人，兢兢业业于学业和事业，这都是受了导师齐文颖教授潜移默化的深刻影响的结果。齐老师受到我们这些弟子的敬重与爱戴，她的道德文章在圈内外有口皆碑，这都不是偶然的。

作为一位学贯中西的历史学家，在同龄人中，齐文颖教授可谓劳苦功高，功彰绩伟。这突出表现在以下三大方面。

第一，作为新中国培养的第一代研究生，齐文颖教授既继承了老一辈学者的博雅之学的优秀传统，又发挥了承前启后的接力棒作用。

齐老师乃名门之后（其祖父是河北省立女子师范学院创办人及院长齐璧亭先生；其父亲是中国人在哈佛大学第一个获得博士学位的著名历史学家齐思和先生，曾任燕京大学文学院院长、《燕京学报》主编、北京大学历史学系教授，精通古今中西历史），早年就读于燕京大学。1954 年自北大历史学系本科毕业，又进一步深造，1958 年自北大历史学系研究生毕业。之后历任北大历史学系讲师、副教授、教授，兼任北京大学燕京美国问题研究中心副主任、北京大学中外妇女研究中心副主任以及中华美国学会常务理事、中国美国史研究会副理事长、中国美国史研究会顾问等，主讲世界近代史、英国史、美国史等课程。在经历了荒诞不经、史无前例的十年文化劫难之后，中国学术得以薪火相传，主要是靠了当时年富力强的齐老师以及她这一代无可替代的专家学者（以美国史研究领域为例，齐老师的同龄人还有已故罗荣渠教授和冯承柏教授、川大顾学稼教授、南开张友伦教授、北师大黄安年教授、北大杨立文教授、武大李世洞教授、南大王明中教授和李庆余教授等）。从学术史的脉络看，这一代学者所经历的人生磨难及其特殊的历史角色，不能不令人感佩无限。在北大历史学系，齐老师培养的研究生，论数量，一共 13 人，可能并不多，但这些研究生有 9 人留学美国，包括本人在内有 8 人从美国获得历史学博士学位（其他 7 位分别是陈勇、叶霖、郭琦涛、杨志国、胡新军、陆丹尼、秦玉成，其中有 5 人现执教于美国的大学）。这些目前已进入中年的齐门弟子，活跃于中美学术界、教育界，或著书立说，或执教杏坛，在美国早期史、美国宪政史、中美关系史等领域，大有作为。古人云："青出于蓝而胜于蓝。"人才的培养与成长，其实也是如此。齐老师不止一次说，看到自己学生的成就，她特别欣慰。同样的道理，我们这些齐门弟子又何尝不是时时感念业师的栽培与恩德呢？因为从学术传承的意义上，没有齐老师及其谆谆教导与悉心培养，就没有我以及我的师弟、师妹们的学术生命。

第二，在积极推动中外史学学术交流方面，齐文颖教授发挥了特别重要的作用。

改革开放以来，中国史学的复兴与发展无疑是与国际史学界的密切交流分不开的。在这一方面，老一辈学者发挥了巨大作用。齐老师是改革开放后史学界率先走出封闭的国门、在美国留学的访问学者：1979～1981年，在美国哥伦比亚大学做访问学者，1981年、1985年在哈佛大学做访问学者，1984年在牛津大学访学，之后每年都会到英、美大学进行学术交流。凭借其深厚的学术根底和运用自如的英语，齐老师为中美史学界的深度交流与友好合作架起了桥梁：一是邀请前述著名美国历史学家来北大讲学，二是推荐包括我本人在内的学生赴美留学深造，三是主持翻译美国学者的著作（如埃里克·方纳等著《新美国历史》、欧内斯特·梅等编《美中关系史论》等）。在我的印象中，除了前辈学者张芝联教授外，在促进中外（尤其是中美）史学交流方面，也许只有罗荣渠教授、冯承柏教授能和齐老师相媲美。无独有偶的是，张芝联教授、罗荣渠教授和齐老师不仅都是北大欧美史的名师，而且都是我当年读研究生时的授业恩师。

第三，在学术领域方面，齐文颖教授敢于开风气之先，这突出表现在她率先开拓美国早期史、早期中美关系史和妇女史等前沿课题的研究。

以美国早期史为例，这是美国史学界最受重视的专门学科，从老一辈的著名学者 J. Franklin、Jameson Merrill Jensen、Edmund S. Morgan、Richard B. Morris、Bernard Bailyn、Jackson Turner Main 到承前启后的一代名师 Jack P. Greene、Gordon S. Wood、Mary Beth Norton、Alfred F. Young、Gary B. Nash、Forrest McDonald，再到中年名家 Allan Kulikoff、Jack N. Rakove、Peter S. Onuf 等，美国早期史研究一脉相承，蔚为大观。在中国，老一代学者（如黄绍湘教授、刘祚昌教授）做了不少开拓性的工作，但主要是把殖民时期当成美国革命的历史背景而非美国历史的一个独立学科来看待的。齐老师访美归国后，致力于美国早期史的学科建设，把殖民时期、美国革命时期和制宪时代打通，从而使中国的美国早期史研究进入了一个新阶段，开启了中国学者系统研究 17～18 世纪英属北美历史的先河。这既包括她自己写作的《美国殖民地时期的教育》《〈独立宣言〉是美利坚合众国诞生的标志吗?》等名篇，也包括她在北大指导的历届以美国早期史为题目的硕士学位论文（这些文章已收入齐老师主编、中国社会科学出版社 2000 年出版的《美国史探研》文集，受到黄安年教授等专家的好评）。更让人欣慰的是，学术有如薪火相传。在北大历史学系，随着好友李剑鸣教授的加盟，美国早期史研究的学术业绩与影响力必将进一步发扬光大。师弟玉圣无论是在北师大还是在政法大学，均始终以美国早期史为主要研究方向之一，尤其是他指导的历届研究生几乎都是以美国早期史为毕业论文选题。以晚近 30 年为学术史的观察时段，如果说齐老师为第一代中国的美国早期史研究者、剑鸣和玉圣为第二代的话，那么剑鸣指导的以美国早期史为方向的博士学位获得者、玉圣指导的以美国早期史为方向的硕士学位获得者，当为第三代。三代同堂，代代相承，于是，美国早期史研究遂成显然卓学，令人刮目相看。被收入该书的剑鸣的大作《中国的美国早期史研究：回顾与前瞻》，提供了一个非常有价值的参考文本。同样，本书"美国早期史"和"美国宪政史"部分所收录的相关研究成果，也向世人展示了中国的美国早期史研究的最新成果。当然，"吃水不忘掘井人"，饮水思源，齐文颖教授的奠基人之功德，可谓善莫大焉。

　　此外，在早期中美关系史、妇女史、英国史等领域，齐老师也做了大量卓有成效的工作，如主编《中华妇女文献纵览》（北京大学出版社 1995 年版）、合编《世界历史地图集》（中国地图出版社 2002 年版），还发表了《英国平等派的第一个革命纲领与新模范军》（《北京大学学报》1963 年第 3 期）以及《美国"中国皇后号"来华问题研究》《北京大学与中美文化交流（1898～1937）》等专题论文。尽管年事已高，齐老师却依然退而不休，辛勤耕耘，为其父亲、著名前辈历史学家齐思和老先生整理出版了广受好评的《齐思和史学概论讲义》（天津古籍出版社 2007 年版）、校订齐思和老先生等编《中外历史年表》（中华书局 2008 年版）等著作。我所见到的齐老师最新发表的文章是《关于培根"起义"的提法问题》（《史学月刊》2008年第 2 期）。这都是令我们这些晚辈不能不特别敬佩有加的。

　　古人云"学高为师，身正为范"，又云"师者，所以传道、授业、解惑也"。齐文颖教授不仅以其言行影响了我们这些后辈学子的人生取向，而且再恰切不过地诠释了"师者"的含义。

　　吾爱吾师。

　　（原载《社会科学论坛》2010 年第 5 期，收入本书时，略作修改）

大家风范　智者斯人

——贺恩师齐文颖教授八十华诞

叶　霖　陈　勇　郭琦涛　杨志国　陆丹尼

今天，是一个喜庆的好日子。吾等在京的同门，与各界前辈、同仁聚会母校，共庆恩师齐文颖教授八十华诞，嘉宾美酒满杯，高朋四方云集。我们这些在美国的齐门弟子，虽远隔万里，然也能想象盛会之此情此景，并分享喜悦。谨此奉上弟子们对齐老师最衷心的祝福：祝恩师寿比南山，福如东海！

从1982年起，我们从各地先后投入齐老师门下，由此也奠定了往后几十年人生的轨迹。从恩师那里，我们不仅开始认识美国，而且学到了很多治学、为人之道。恩师出身名门世家，学富五车，但对我们总是那么平易、亲和与耐心。有的弟子已经多年没能见到恩师了，但老师那慈祥的笑容却时常浮现在眼前。记得在北大时，每当我们在学业上遇到挫折，老师总是会笑着说："这有什么，再来呗。"老师视名利、财富淡如水。记得当年有弟子将老师刚自美带回的昂贵相机不慎摔坏，老师看都没看一眼，边笑边说："这有什么。"老师不仅谆谆指导我们的学业，而且还将英美等国的名教授请到北大，不停地创造各种机会，让我们扩展视野、增长才干。每当弟子表达谢意时，老师总是淡然一笑："这有什么。"

身处异国他乡，为学业和生活奔波，我们也开始体验到人生的酸甜苦辣。但只要想到老师豁达的笑容、想到那句"这有什么"的名言时，身心的重负就顿时消失。这笑容、这短短的一句话，包含了多少人生的经验与史家的智慧！当年柏拉图为了将其领悟传给门生，著书立说，但他留下的哲理很多至今仍让人感到晦涩难懂。而我们的齐老师却在谈笑中将自己的知识、对生命的感悟、睿智的人生哲学，用"这有什么"这四个平凡的字轻描淡写地道出，寓深于浅，寓教于行，可谓大家风范，智者斯人。我们能入齐门，真是莫大的福分。

齐老师说话，带有字正腔圆的京味儿，这是我们这些来自外地的弟子学不来的。老师那爽朗的笑声中所蕴含的心灵的快乐与宁静，却是我们永远都要不停地学习的。回首燕园，相别已有近 30 载。如今我们这些齐门弟子分布在美国四个不同的州，或为人父，或为人师。吾辈当竭尽努力，师法恩师的道德文章，并进一步发扬光大。

万水千山，隔不断师生情谊；千言万语，道不尽心中感激。

最后，我们也要用四个平凡的字对我们的恩师齐文颖老师，轻轻地说一声：生日快乐！

《美国史探研（续编）》编后记

杨玉圣

　　正如书名《美国史探研（续编）——祝贺齐文颖教授八十华诞论文集》（简称《美国史探研（续编）》）所示，本书系学界中人献给北京大学教授齐文颖先生 80 岁生日的"学术蛋糕"。同时，本书也是齐先生主编《美国史探研》（中国社会科学出版社 2001 年版）之姊妹篇。

　　当一个学者（尤其是道德文章受人敬重的学者）到 70 或 80 或 90 岁的时候，同行或同事或门人往往通过编纂出版专题文集这一特定的学术著作形式，向这位前辈学者致敬，这在美国的历史学界已成惯例，如美国早期史权威 Richard B. Morris、Bernard Bailyn、Jack P. Greene 等教授，均曾享此学术礼遇。中国的美国史学界，也逐渐养成了这种尊重学术老人的优良传统，并已出版过相关文集，如南开大学历史研究所美国史研究室同仁为祝贺杨生茂教授 80 岁生日而编纂的《美国历史问题新探——杨生茂教授八十寿辰纪念论文集》（中国社会科学科学出版社 1996 年版）、黄安年教授等为祝贺武汉大学刘绪贻教授 90 岁生日而发起编纂的《美国史研究与学术创新——刘绪贻教授九十华诞祝贺集》（中国法制出版社 2003 年版）。2010 年适逢南开大学教授张友伦先生、北京大学教授齐文颖先生双双进入"80 后"，于是张先生的得意门生李剑鸣教授与杨令侠教授组编《美国历史的多重面相——张友伦教授八十华诞庆贺文集》（北京大学出版社 2010 年 3 月版），齐先生的得意门生满运龙博士等组织编写了《美国史探研（续编）》。

　　与国内其他国别史研究界比较，中国美国史学界有一个与众不同、引人瞩目的特点，即健在的学术老人特别多，最年长的是武汉大学教授刘绪贻先生（97 岁），其次是中国社会科学院世界史研究所研究员黄绍湘先生（95

岁）、南开大学教授杨生茂先生（93 岁）、复旦大学教授汪熙先生（90 岁）、中国社会科学院美国研究所研究员曹德谦先生（87 岁）、人民出版社编审邓蜀生先生（87 岁）、北京大学教授齐文颖先生（80 岁）、南开大学教授张友伦先生（80 岁）。这些"90 后""80 后"的前辈学者，不仅长寿健康，而且德高望重，大都退而不休，著书立说，如刘绪贻先生、汪熙先生、曹德谦先生，至今笔耕不辍，常有新著出版。这些学术老人不愧是当今中国的文化之宝。向这些学术老人表达敬意，为其编纂生日祝贺文集而作为"学术蛋糕"，既是其门人弟子的义务，也是学界同人的责任，因为这体现了学术的薪火传承、对前辈学人的感恩、对学术的敬畏与温情。

正是在这个意义上，我对于运龙博士等发起编纂《美国史探研（续编）》，深为认同，而且，作为齐门弟子之一员，我也能为有机会协助运龙、陈勇两位师兄编纂本书而略尽绵薄，深感欣慰。因为于公而言，如前所说，这体现了我们对师恩的感戴；于私而言，这也算是为回报师恩而做的点滴努力。因为正是齐老师改变了包括我们三人在内的当年她在北大历史学系所指导的历届美国史研究生的人生走向。

运龙是齐老师在北大历史学系带的第一个美国史研究生，1984 年毕业留校后又赴哈佛深造，随后在约翰·霍普金斯大学师从 Jack P. Greene 教授攻读美国早期史，获历史学博士学位，并在印第安纳大学获得法律博士学位，现在是一位杰出的法律实务和法学研究的双栖高端人才，也是齐门弟子的骄傲。作为开门弟子，运龙结合自己的成长经历，满怀深情地为本书作序，此即《学高为师　身正为范——祝贺恩师齐文颖教授八十华诞》。运龙总结道："作为一位学贯中西的历史学家，在同龄人中，齐文颖教授可谓劳苦功高，功彰绩伟。"这突出表现在三个方面：第一，"作为新中国培养的第一代研究生，齐文颖教授既继承了老一辈学者的博雅之学的优秀传统，又发挥了承前启后的接力棒作用"。在北大，齐老师一共培养了 13 位研究生，其中有 9 人留学美国，有 8 人从美国获得历史学博士学位（其中有 5 人现执教于美国的大学）。这些目前已进入中年的齐门弟子，活跃于中美学术界、教育界，在美国早期史、美国宪政史、中美关系史等领域，大有作为。正如运龙所说，"从学术传承的意义上，没有齐老师及其谆谆教导与悉心培养，就没有我以及我的师弟、师妹的学术生命。"第二，齐老师在积极推动中外史学学术交流方面发挥了特别重要的作用，为中美史学界的深度交流与友好合作架起了桥梁：一是邀请著名美国史学家来北大讲学，二是推荐学生赴美深造，三是主持翻译美国学者的著作。第三，在学术领域方面，齐老师率先开拓美国早期史、早期中美关系史和妇女史等前沿课题的研究。特别是敢于开风气之先，"致力于美国早期史的学科建设，把殖民时期、美国革命时期和制宪时代打通，从而使中国的美国早期史研究进入了一个新阶段，开启了中国学者系统研究 17～18 世纪英属北美历史的先河"。我本人完全赞同运龙的这些平实之说。知师莫过于弟子，这也可以说是发自肺腑的知人之论。

除了卷首特别收入齐文颖教授的《求学·问学·治学——我的学术之路》、王立新教授等对齐文颖教授的访谈录《中国美国史研究会成立的前后杂忆》、齐老师的好朋友布鲁斯·M. 斯蒂夫教授的《感谢您，齐文颖教授》外，本书正文分为"美国早期史"、"美国宪政史"、"美国社会史"、"美国历史进程"和"中美关系史与中国史"五大部分。文章作者除斯蒂夫教授、黄安年教授、李世洞教授以及任东来、李剑鸣、王希、黄卫峰教授等友人外，其余作者均是齐老师的学生或者齐老师的学生的学生。若按学术辈分，济济一堂的本书作者，可谓三代共著一书；若按年龄而论，大致可说是"四世同堂"（正在读高二的我的儿子杨肯，特别佩服齐奶奶的大家风范，也为本书贡献了一篇习作）。

上述五大部分，主题相对集中，论题相对专门，论说相对新锐，在一定程度上代表了中国美国史研究的最新进展。这些主题在很大程度上也主要是由齐老师率先开拓并指导研究生从事研究的课题。值得说明的是，收入"美国早期史"、"美国宪政史"和"美国社会史"的部分文章，是我在北师大历史学系和政法大学法学院指导的美国史、美国宪政史方向的研究生的硕士学位论文，如《出版、党争与自由——1735 年纽约曾格案初探》（苏麓垒）、《1776 年〈弗吉尼亚宪法〉研究》（王银宏）、《〈邦联条例〉初探》（胡秋红）、《〈美利坚合众国宪法〉批准史论》（褚乐平）、《联邦最高法院与美国政治——以联邦最高法院有关禁酒修正案的违宪审查为例》（曹玥）、《19 世纪美国妇女禁酒运动及其影响——妇女基督教禁酒联合会个案研究》（周辉荣）、《论马尔科姆·X 的思想及其转变》（于展）。这些论文所涉及的主题，以前在国内学术界的研究相对薄弱，但又都是在美国历史进程中有过一定影响或重要影响的问题。这些比我更年轻的学子，"初生牛犊不怕虎"，从系统研读基本文献和已有论著成果入手，融会贯通，心领神会，并在充分借鉴已有成果的基础上，力图推陈出新，有所发现，有所创造。这是学术生命力的强劲体现，也是"长江后浪推前浪"的生活哲理在学术上的反映。

更重要的是，这些课题也是齐老师多年来一直关心的问题。老师开拓的学术新边疆，正在由学生以及学生的学生，进一步开疆拓土，发扬光大。这从另一个层面说明，学术有如薪火相传，生生不息，一脉相承。

作为答谢师恩的"学术蛋糕"，本书之编纂凝聚了齐门弟子共同的努力与劳作。运龙作为大师兄，率先垂范，对全书之谋划，胸有成竹，并提供了本书印制所需的大部分费用；陈勇师兄自始参加本书的筹划，负责在美学长稿件的组织工作，并贡献了部分出版经费。叶霖师兄自告奋勇，为本书贡献稿件和部分经费补贴。赞助本书出版经费的，还有齐老师培养的研究生、现任教于北大历史学系的张雄博士。

为了便于国际学术交流，本书特别增加了英文书名和篇名，陈勇师兄负责全部篇名的英文翻译，并经相关作者寓目、讨论和首肯。其间，陆丹尼博士、李剑鸣教授、王希教授提供了宝贵的修改意见与建议，最后由陈勇、运龙和笔者总其成。倘有美中之不足，当由吾等编辑者承担责任。

负责本书繁重的排版事宜的是友人贺维彤、毕竟悦，他们细致、耐心的工作，保障了本书品质。受笔者委托，孙洁琼博士、于展博士协助校对清样，劳苦功高。

本书之有机会由河北人民出版社出版，蒙《社会科学论坛》主编赵虹先生牵线搭桥，端赖河北人民出版社社长董宝生先生慷慨支持。此等深情厚谊，感天动地，令笔者没齿难忘。

在这里，我还要代表运龙、陈勇两位师兄，对本书所有作者特别是师辈学者斯蒂夫教授、黄安年教授、李世洞教授以及同辈友人任东来教授、李剑鸣教授、牛大勇教授、王希教授、黄卫峰教授慷慨赐稿，表达由衷的谢忱，并深表敬意。

"吾爱吾师"。这是运龙兄在"序"文中的结束语，也是整篇《学高为师 身正为范——祝贺恩师齐文颖教授八十华诞》的画龙点睛之笔，可谓高人高论。其实，这又何尝不是所有齐门弟子以及再传弟子的共同心声呢？

最后，笔者作为齐门弟子之一员，谨此代表齐门弟子以及再传弟子，恭祝恩师齐文颖先生生日快乐！

2010 年 3 月 6 日凌晨
于昌平富泉寒舍

学高为师　身正为范

—— "祝贺齐文颖教授八十华诞聚会暨《美国史探研（续编）》首发式研讨会"纪要

兰教材　孙洁琼　杨玉圣

2010年3月28日下午，北京大学历史学系、河北人民出版社联合主办"祝贺齐文颖教授八十华诞聚会暨《美国史探研（续编）》首发式研讨会"。北京大学资深教授马克垚、中共中央党史研究室副主任章百家、中国美国史研究会理事长李剑鸣、首都博物馆馆长郭小凌、北京师范大学教授黄安年、湖南理工学院党委副书记余三定等嘉宾以及齐文颖教授及其学生等50余人参加。

马克垚教授赠送齐文颖教授一瓶美酒。章百家先生赠送花瓶给齐教授。书法家李万生博士向齐老师赠送他的书法作品"齐门十三弟子贺寿联——学高为师　身正为范"。画家唐建教授向齐老师赠送一幅画作。《美国研究》执行主编赵梅编审向齐老师赠送2010年度《美国研究》作为生日礼物。

牛大勇、赵梅、李剑鸣分别主持了研讨会的开幕式、主题研讨和闭幕式。

牛大勇（北京大学历史学系主任、教授）：

我今天非常荣幸地来主持这个会，祝贺北大教授齐文颖老师八十华诞。我首先代表北京大学历史学系的全体老师和学生，向齐文颖老师表示热烈的祝贺，祝您健康长寿！非常感谢今天到会的各位嘉宾。

马克垚（北京大学资深教授）：

齐大姐八十华诞，我今天有很多话要说，不过今天嘉宾非常多，所以，只能讲短一点。我比我们齐大姐小两岁，1952年到北大历史学系学习，

1956 年毕业后留在这儿教书，她那时已经是研究生。20 世纪 50 年代的北大历史学系研究生是一个很了不起的群体，人才济济。男生有梁从诫、张磊等，女生有齐大姐、曾尔慧等，一个个神采飞扬，意气风发，是我们这些刚留下来的小助教仰望的对象。所以，从那时起，我就向齐大姐学习啦。后来因为她也在系里工作，这样就接触比较多，可以更多地向她学习。

我今天只讲两件事情。一件就是，齐文颖在学术上非常有开拓性，她研究美国史和妇女史，可以说都有开创之功。在美国史方面，她是改革开放后最早出国到美国进修的。记得好像是 1979 年，国家开始向外国派遣留学生、进修生，美国的大学到北大面试，大概也就是简单的英语对话。我们还没有完全从过去的思想禁锢中解放出来，议论纷纷，有人说凭什么他们来考我们呢？意思就是说，我起码也是堂堂的北大教师，还要让人考试。我知道教世界史是要出国学习的，像我这样的土包子怎么能搞好世界史？可是听说考英语，可吓了一大跳。因为我的英语过去只是读，连蒙带猜，还能来一下，听和说可就没有起码本领，所以十分懊丧。后来听说面试去了不少人（理科的居多），可是大多不过关，就是我们齐大姐的英语受到对方的称赞，所以，她很快就去美国学习了。她在美国不但自己进修，而且和美国的教师挂上钩，建立了联系，回来后推动美国史的研究，带了很多学生，其中不少人已经成长为我国美国史研究的重要力量。从掌握英语这点，就可证明齐大姐学习上的远见卓识，值得我学习。

齐文颖还开拓了妇女史的工作。我这个人，比较保守。当时她搞那个妇女史，我就很奇怪，我想妇女问题有什么研究的啊，后来我在系里工作，有一回她还和郑必俊正儿八经来向我汇报一通。按现在的话说，我当时就是一头雾水，不知道她们说什么。之后北京开了一个国际妇女大会。据说因为许多女权主义者行为古怪，容易和男士产生矛盾，闹出事端，所以，把他们搞到密云还是怀柔，就是很远的地方去开会。由此，我觉得妇女问题可能很神秘。当然，我也逐渐了解了妇女问题是怎么回事，知道国外妇女史研究是一大热门。齐大姐在妇女研究领域做了很大的开拓，还编了有关的辞典。那确实很了不起。这就是说要学习齐大姐的开创精神。

还有一个就是齐大姐为人方面。因为我是齐思和先生的学生，我感到她是齐先生家风的真正的体现者，待人非常热情、非常周到、非常平易近人，很愿意提携后辈。从中我也学到不少东西。齐大姐处理事情非常周全，考虑得非常细致。在处理人际关系上，和学生的关系上，非常细腻。我从齐先生处学习到能比较平易近人，不生气，系里老师都知道老马一来，满堂大笑，哈哈哈，这点学到了；但是自己老着急，我做什么事都急着要办，老是着急，所以许多事情处理不好，这点学不到齐大姐的长处。

大姐已经八十啦。不过人家说，人生九十不算老，七十八十还正小。所以，我祝齐大姐健康长寿，不断还有新的创造。我也不断地还可以向你学习。

章百家（中共中央党史研究室副主任、研究员）：

今天就是来给齐老师祝寿。

我们上学的时候，在座的很多老师都教过我们。像马老师、齐老师，从开专业课来讲，大概齐老师是第一个，因为我上大学的时候选的是美国史，齐老师那时候教美国史的课。那个时候还很少有人去过美国，齐老师回来以后，给我们介绍美国史学界的一些情况，我们听了都很激动。别的都记不太清楚了，就记得齐老师当年讲，美国因为历史很短，所以历史做得很细，面包房配方都属于历史研究的范围。齐老师当时讲，在美国，学史学的有两种人，一种人是家里很有钱的，要有点文化修养熏陶，所以要念历史，还有一种就是有这个嗜好。后来我总结，基本上学历史的是两种人：一种是吃饱了撑的；一种是有病。但是，不管怎样，那时候齐老师给我们上课给我留下了非常深的印象，后来我念研究生的时候就改行了，不过，是在他们齐家的门下，跟齐老师的妹夫李宗一同志学民国史。

李剑鸣（中国美国史研究会理事长、北京大学教授，教育部长江学者计划特聘教授）：

首先，向齐老师祝贺八十岁华诞。

齐老师是美国史的前辈学者，我刚开始学习美国史的时候，特别想投到齐老师门下深造。但齐老师是知名的美国史专家，再加上北大历史学系门槛很高，所以我当时不敢动报考北大的念头。在后来的学习过程中，我逐渐了解到齐老师在美国史领域所做工作的重要性。刚才马克垚老师说，齐老师在妇女史方面所做的工作具有开拓性，我觉得她在美国史领域同样做出了开拓性的贡献。

齐老师主要研究美国早期史，但美国早期史在中国长期不太受重视。直到今天，早期史的重要性没有得到充分的认识，研究人员的数量比较少，史学界的认可度也不高。其实，早期史在美国史学界有非常重要的地位。而且，早期史的概念，早期史的研究范围、方法和材料，都在不断发生变化。

美国、英国都出现了很多成就斐然的早期史学者。齐老师有出色的学术眼光，她的远见卓识，集中表现在她最早在国内建立了一个早期史学位点，培养了一大批真正意义上的美国早期史研究人才。她当年指导研究生所做的学位论文，在今天看来都是早期史的经典题目。在美国早期史的框架结构中，那些根本的、重要的问题，齐老师的研究生一个接一个都做了。因此，把她早年指导研究生做的论文排列起来，就是一部相当完整和系统的早期史重大问题的研究专辑。这个专辑早几年已由中国社会科学出版社出版了，书名是《美国史探研》。这本书中有不少文章，在今天来看仍然具有很高的学术价值，是美国早期史研究者必读的参考书。齐老师培养的研究生中，有很多人成了学术的栋梁之材，特别是像今天在场的满运龙兄和杨玉圣老师，都是学界特别令人景仰的人物。满运龙兄许多年前发表的文章，我们今天的研究生在课堂上还要认真研读。从这些事情可以看出，齐老师在早期史领域所做的工作，影响是多么长远！我虽然没有正式入齐门深造，但实际上是齐老师的私淑弟子，从她那里学到了很多东西。

黄安年（北京师范大学教授、中国美国史研究会原副理事长兼秘书长）：

先向齐大姐鞠个躬，祝贺您八十华诞。

在齐文颖先生八十华诞前三天，齐门弟子和受惠于齐门的学子聚集于北大，回顾北大齐思和、齐文颖两代美国史学研究者所走过的八十年不平凡道路，是很有意义的。2007年5月，也是在这里举行了纪念齐思和先生百年诞辰学术研讨会，我们仿佛看到了北大学人八十年来坚持不懈地从事美国研究的缩影。

历史评估需要时间的积淀，年长者研究历史往往具有这方面的年龄优势，一批年长的美国研究者，数十年如一日从事美国研究，"90后""80后"学术老人迄今活跃在美国研究领域，不能不是我国美国历史研究者的一个可喜景象。以中国美国史研究会19人组成的顾问团为例，除已故的刘祚昌、冯承柏、严四光先生外，迄今健在的16位中就有7位属于"90后""80后"学术老人，他们是刘绪贻先生（1913年5月，97岁）、黄绍湘先生（1915年5月，95岁）、杨生茂先生（1917年9月，93岁）、邓蜀生先生（1923年，87岁）、方生先生（1926年，83岁）、顾学稼先生（1927年8月，82岁）、齐文颖先生（1930年3月，80岁）等，张友伦先生和华庆昭先生明年八十华诞，他们都是我国美国史研究的宝贵财富。我国的美国研究队伍又是一支越来越年轻化的队伍，老中青三代人协同建设美国研究不能不是一个突出的特色。

今天的聚会使我们有机会探讨齐门老人对于北大美国研究的影响。这里谈几点个人感受：第一，北大有美国研究的传统（略）；第二，北大有美国早期史和早期中美关系史研究的传统（略）；第三，北大也是美国妇女研究的基地（略）；第四，北大有中美文化交流的传统（略）；第五，北大有建设学术共同家园和重视图书建设的传统（略）；第六，北大有尊师重教、尊重学术、尊重学者的传统（略）。

牛大勇（北京大学历史学系主任、教授）：

非常感谢黄安年先生认真地准备了这么一篇发言，对齐文颖老师在美国史学界特别是在美国早期史方面所做出的贡献、所处的地位做出了高度的评价，也非常感谢黄先生对北京大学历史学系一以贯之的厚爱、关注和对我们的帮助。刚才他提到的一些事情也勾起了我的一些怀念。齐先生当年主持的这个美国史的讲座班，请了这么多名家来北大上课，不仅吸引了世界史专业的同学，也吸引了我们中国史很多同学。我也是选修这个课程的中国史的学生之一。之所以后来我还敢做美国对华外交史这样的课题，跟我在这个班上从这么多名家身上所受的教益是很有关系的。另外，黄先生对北京大学历史学系一贯重视发展美国史研究这样一个传统，给予充分肯定的评价，我感到非常感动。确实就现状来讲，我们引进了一批人才，加上我们自己培养的人才，现在北大美国史的师资队伍是对得起我们前辈的期望的。这里有我们国家教育部通过全国同行投票评选的第一位长江学者讲座教授王希，他是在美国受到美国史名师方纳指导的、在美国第一流的著名大学哥伦比亚大学拿到美国史博士学位，然后留在美国的大学里面教美国人美国史的中国学者。这也是让我们很佩服的。现在他已经被我们学校续聘为长江学者特聘教授。李剑鸣教授也是刚刚被评上教育部长江学者特聘教授。大家知道长江学者特聘教授每年也就是评选100人左右，而历史学每年能评出来的也就是一到两个。我们系六个长江学者里面，美国史占了两位。王立新教授也是一位出色的学者，也刚刚被评为国家五部委评选的百千万人才工程的国家级人才，他的实力也很强，我对他下一步被评为长江学者特聘教授充满着信心和期待。另外，牛可副教授实际上在做的研究也是美国对第三世界的政策以及美国的学术、意识形态、社会科学在冷战时期对美国发展、对美国各种政策的影响这样的问题。另外，我们最近正受到学校的鼓励，用新的一种年薪制来聘请美国波士顿学院的一位副教授到我们系任教，他叫 Michael Chapman。这样北大的美国史研究这个团队，应该说是非常强大的。Michael Chapman 如果能进来的话，他对我们美国史，特别在外国文献、美国文献、英语语言、研究生培训这方面，将起到一定的作用。这都是我们的期待，也是我们用以报答我们老一辈包括齐（文颖）老师、杨（立文）老师、罗（荣渠）老师和校外各位老师对我们的关怀的一种努力吧。

余三定（湖南理工学院党委副书记、教授，《云梦学刊》主编）：

首先向齐文颖老师祝贺八十华诞，同时感谢研讨会主办者给我发言的机会。我是以两种身份参加今天的研讨会。一种身份是，我是当代学术史研究的爱好者，我负责主编《云梦学刊》。2007 年齐思和先生诞辰一百周年纪念会时，我得到邀请，但是那次因为有事没来。我当时提交了一份书面发言，后来那个发言以及会议的记录，发在我们《云梦学刊》2007 年第 6 期，然后又收到一本我们编的书即《当代学术史研究》中去了。我们刊物有个栏目叫"当代学术史研究"，既包括宏观的研究，也包括学科史研究，还有一个就是个案研究，即关于当代著名学者的个案研究。齐思和先生是我们的研究对象，齐文颖老师也是我们的研究对象。所以，从这样的目的出发，想把齐老师作为我们的研究对象，我来向齐老师学习，向齐老师请教，也望在可能的情况下得到一些资料。希望这次会议的录音整理稿，也让我们《云梦学刊》发表。第二个身份是，我还是藏书爱好者。今年 1 月，我出了一本好玩的书，我自己认为是好玩的书，叫《南湖藏书楼》（北京大学出版社）。关于藏书，玉圣给我很大的支持，包括仲伟民、李剑鸣，书里面有他们的墨宝。齐思和先生的百年纪念会后，我跟玉圣说过，希望能够有齐思和先生的著作，后来玉圣就找到齐文颖老师，代她父亲送了一本书给我，我也收在藏书楼里了，我今天也希望能收藏到齐文颖老师的亲笔题签本。因为我藏书有两个特点：第一就是收藏作者的题签本，像剑鸣老师的题签本，他的书我都有，当然都是精品，玉圣的书我那里也有。所以，除了齐老师的书以外，我希望其他在座的各位学者也能给我提供题签本，我首先是拜读，其次是收藏。第二就是收藏北大出版社出版的文、史、哲类图书。我也很欢迎大家到我的藏书楼去做客，特别是希望能够留下墨宝。

杨立文（北京大学历史学系教授）：

受北大加拿大研究中心主任陈燕萍同志的委托，让我代她向齐文颖教授致贺：祝生日快乐，健康长寿！并深谢她长期以来对北大加拿大研究中心的支持与贡献！

我本人与北大齐氏一家关系特殊：因为齐思和教授是我的导师。老先生与我父亲同年，都是 1907 年生，大齐又与我姐姐同年（1930 年）。齐老先生被公认"学贯中西，博古通今"，中学时期就读完了廿四史。30 年代初他在哈佛攻学位时，就研究了美国黑人问题，他用英文写的黑人史论文就在美国发表了。所以，我在大学时选美国黑人史作为毕业论文题目，系里就指派齐思和先生做我的导师。在同学中，我出入燕南园齐府次数最多，也认识了齐家兄弟姐妹。大学毕业后，我被分到历史学系欧美史教研室工作，大齐又长期是教研室领导，我在大齐、老潘领导下，从事欧美近代史的教学与科研工作。因此，对齐文颖同志的工作与贡献比较了解。我认为齐文颖同志对我系美国史教学与科研有多方面的贡献。

1. 创建了北大历史学系美国史小组。1972 年尼克松访华，揭开了中美关系新的一页。当时的形势是，因"文革"停滞多年后我系的美国史研究应该上马了。齐老先生让大齐把研究重点由英国史转向美国史。她首先成立了我系美国史小组，任务是帮黄绍湘教授修改《美国通史简编》。每两周开会一次，成员有大齐、黄绍湘、罗荣渠和我。这部书经修改后出版了。

2. 改革开放后，我系美国史小组在大齐领导下，接待了多批次美国来访教授和富布莱特学者，如威廉·怀赛、E. B. Smith、Bruce Stave、约翰·霍普·富兰克林，等等，发展了与美国的学术交流。

3. 北大美国史小组也参与了中国美国史研究会的创建工作。1979 年 12 月 1 日在武汉召开成立大会，我们也是创始会员之一。我们去武汉参加了研究会成立大会，并成为研究会的积极成员，合作编写《美国通史》，还协助在北大开过多次该书编写工作会议。

4. 齐文颖教授培养了一批高质量的美国史研究生：满运龙、杨志国、陈勇、叶霖、郭琦涛、胡新军、杨玉圣、郑文鑫、陆丹尼等。这些同志都成了栋梁之材，在国际、国内正在发挥重大作用，今天他们中有些人就在现场。

5. 大齐还推动了全校的美国学研究。在大齐的努力下，美国研究不仅在历史学系而且也在全北大开展起来。北大成立了美国研究中心，在图书馆还设立了富布莱特美国研究书库。因工作需要，1989 年 12 月，大齐调到图书馆，负责全校美国中心工作，直到退休。在这一工作中她又做出了重大贡献。

时殷弘（中国人民大学美国研究中心主任、教授）：

齐文颖教授有着出色的学识，在国内美国史研究的两个领域内做出了不可磨灭的、开创性的贡献：殖民地—早期共和国史、美国妇女史。这两个领域都极其重要，且对它们进行深入的探索是相当困难的事。对任何一位历史学家来说，仅在一个领域做出开创性的贡献就足以令人十分钦佩，而齐教授在两个领域都取得了这样的成就。

在学术研究之外，她诲人不倦，几十年如一日地教育、培养学生，其中许多已成为国内外学术界中的一流人物。做好学术研究，需要在智识上出类拔萃，而要育人有成，则需要一种更为珍贵的、源于天性的情感与品质。

齐教授有着卓越的品格，集严谨、勤奋、同情心及超脱于一身。念及她的书香名门出身，我们可以说，她有一种"贵族精神"，且是得其精华。

在上周的一次学术访问中，一位来自澳大利亚国立大学的人士问我，我的伟大老师——王绳祖教授对我以及我的学术生涯有什么样的影响。我这样回答他，最重要的是，他使我深信历史和历史研究真的很重要，甚至比它在人文学科领域的"兄弟"或"姊妹"学科——哲学和文学还重要，更不用说它的"远亲"社会科学了。

作为从历史领域"入侵到"国际政治研究领域的（按照目前盛行的狭隘且不完全正确的标准，它算是"政治学"的分支）学者，我得说：我是读历史和研究历史出身，这首先就决定了我对历史考察和思考有一种很深的情感，很重视。有人瞧不起历史，虽然口头上讲历史，实际上不看历史。我却相反，总是在国际政治和国际关系领域，包括国际关系理论领域强调"关于国际关系的历史理解（连同哲理理解和广义的文学透视）"的头等意义，而且有愈益增进的反响和影响。

历史总是叫人要谦虚一些，历史证明人的认识能力、预见能力和成功地自觉塑造历史的能力是相当有限的，远不像有些社会科学学者认为的那样。不仅如此，凡是比较懂历史的人，永远不会机械、宿命和刻板地看待世界，他们总是会承认偶然性的巨大作用，总是承认某种变更或不可预料的"突变"（"surprise"）的可能性，总是承认在一个社会、一个民族、一个群体成功的同时也有失败、犯错误、背运和悲剧的重大可能性。另外，搞历史的人一般来说非常尊重经验和实际上基于丰富经验的所谓直觉，而对那些"科学"的东西不是那么崇拜。设想一下，连"历史"给你的东西都是有限的，"科学"能给你的东西就会更加有限。

　　当然，搞历史的人有时候也会夸夸其谈，也会用所谓的博学来吓人，或者成为狭隘的经验主义者。但是，他们相对而言知道过去的东西较多，看过的历史图景较多，比较知道"天高地厚"，比较明白世事无常或少常，以及"天人之际"的巨大复杂性和多变性。一般来说，人文学家谦虚一些。谦虚非常重要，谦虚就是认识到人类的局限，认识到任何一个人的局限。

　　谈及历史学，我想借耶鲁大学的历史学和古典学权威教授——唐纳德·卡根的一番话来表明我的观点。几年前，卡根对美国全国人文学基金会（National Endowment for Humanities）主席布鲁斯·科尔做了一次谈话，供该会发表。他在其中说："历史饶有趣味，历史可供享用。在整个人类经验历程中，人们一直阅读历史，因为他们觉得这是一种愉悦，同时这以某种方式具有教益。［我们当代的］历史学教授行业却已将它带入了一个不同的方向。在作为一个行业写历史的人们与读历史的人们之间，先前从未有过像现在有的那么一种鸿沟。对大多数人来说，［由这些专家写的］历史不显得有趣，不显得与他们感兴趣的东西有多大关系。"

　　在回答科尔所提"为何如此"的问题时，卡根答道："［因为］这个行业搞了一种特定的转向，转离了……讲故事——一种叙事行为。历史有它自己的解释事情的方式。史家解释事情的方式是讲一番故事。他们问一个问题，其答案是一番故事……它是对史上实际发生的种种特殊环境的一系列人类反映，从而产生……一番故事。""我认为，自然科学的力量迷住了人们的心灵，结果任何并非一门科学的事情不知怎的就不被当真。因而，人们断定，我们历史学家做的事必须是一门科学。这种张冠李戴发生得越多，它就越是背离传统的历史学问概念。""在我看来，最好的历史是讲一番故事，同时将它与分析结合起来。对一位史家来说，分析事情的自然而然的途径包括用一番故事作答。讲一番有趣的故事，同时将它与回答种种问题结合起来，而回答的方式是一个具有才智的人有兴趣聆听的：这就是最好的历史学问。"

　　徐　波（《世界知识》主编、编审）：

　　我是1981级世界史的学生，进入北大历史学系，我们有幸遇到了一大批非常好的老师。仅就世界史专业的老师来说，记得我跟一个在外校上学、想考我们专业研究生的朋友说过，这些老师的名字都印在我们当时使用的教材——《简明世界史》的版权页上。几十个名字构成一个强大的阵容，堪称当时中国世界史学科的最强大的阵容，也体现了当时这个学科的几乎全部领域。这个阵容现在想起来依然让人亲切和激动，其中就包括齐文颖老师。

从讲课特点来说，这些老师有的严谨缜密，有的开阔深沉，有的儒雅舒缓，有的热情奔放，有的谦逊诚恳，有的风趣幽默，有的慷慨激昂。现在回想起来，好像齐老师具备所有这些特点，但是又有自己鲜明的特色。

我跟随齐老师上过欧美近代史基础课，还上过美国早期史选修课。那时正是改革开放初期，我们这些选择了世界史专业的学生，和当时的整个国家一样，对美国充满强烈的兴趣，因此对美国史课程也抱有热切的期望。齐老师的讲课，总是娓娓道来，具有女老师的独特魅力，但是在波澜不惊的讲述背后，分明让人感受到她深厚的学术功底、对学术的敬畏感、探寻真相的热情、传道授业的责任感和对学生的一片爱心。

齐老师讲课有这样一个习惯：每讲到一个新的专有名词或概念，都会随手在黑板上写下对应的英文词汇。这个小小的做法所起的作用，可不仅仅是丰富了我们的单词量，它传递给我们的是随时随地学习哪怕很小的一点知识的习惯。在后来的学习和工作中，我也采用了这个做法，每碰到一个新的概念就随手查查它的英文是什么，这个习惯一直保持了很久。

毕业后我从事了国际关系方面的工作，没有再系统地学习美国史，但是齐老师给我打下的知识基础让我在工作中，甚至在意想不到的其他方面终身受用。也许平时我们不会常常想起它们，但是在一些特定的时间和场合，它们会一下子涌到心头。十几年前放映过一部美国电影《阿甘正传》，当我看到阿甘的家世和他童年生活经历的时候，我猛然意识到，这不正暗喻着齐老师给我们讲过的美国早年的历史吗？循着这个思路看下去，果然发现，电影正是通过阿甘的经历，讲述了一部跌宕起伏的美国历史。我感到彻底看懂了这部电影。这个感悟真是让我感到一种大欢喜。

还有一次，我在美国弗吉尼亚州的小城威廉斯堡。走在那刻意保留下来的殖民地时期风貌的街道上，看着那些装扮成殖民地时期各色人等迎接中国客人的市民，我一下子想起了齐老师和她讲过的那一段历史，一时间仿佛不知今夕何夕。我与一位装扮成市政官员的老人聊起了那段历史，那时在我心头涌现的正是齐老师的身影。

齐老师给我们讲过那艘开辟了新天地的小船"五月花"号。我要说的是，不管我们这些学生，开启了怎样的人生航程，驶向了怎样的方向，遇到过怎样的风浪，齐老师就是我们人生航程中的"五月花"。齐老师还讲过感恩节的来历，对齐老师和所有的老师，我们永远感恩。

和其他老师一样，齐老师教给我们的不仅仅是一门具体的知识，更重要的还有建立在知识基础上的思考问题的方法和永远追问真相的精神。记得当年在齐老师的课上，我最想了解，也是印象最深的是美国先民对理想的追求，是美国的建国理念、民主制度和法治精神。这么多年过去了，我们对美国的看法也一再发生变化。就我们个人来说，这与我们的年龄、阅历和知识的增长有关；从更大的范围来说，这与中美关系和整个国际关系的进程有关，也与近年来中国和美国的相对位势的微妙变化有关。

今年年初海地发生地震后，有记者到当地采访，看到海地的破败景象，联想起中国30年来的进步。姑且不论中国与海地是否有可比性，这位记者随后的一句议论，却让我感到吃惊。他写道：如果这30年中国采用了美国式的民主制度，我们还能发展得这样快吗？

看到这样的议论，看到人们对美国的种种评价，我会不自觉地用齐老师教给的知识和方法，去检测一下、思索一下、反问一下。我感到，我们对美国的认识，对世界的认识依然远远不够。这样的时候，齐老师和我们所有的老师们的工作，愈加显示出永不褪色的意义。

仲伟民（《清华大学学报》常务副主编、教授）：

首先，祝齐老师健康长寿！

今天很高兴来参加这个会议，尽管没有得到过齐老师的教诲，可是我和齐老师的几位学生都很熟悉。正是通过他们，我读了齐老师的著作，了解了齐老师渊博的学识和高尚的品格。

我个人不做世界史，可是，我对美国史非常关注。学术批评网上也经常有关于美国历史的文章，我从中获益匪浅。我近年对中国近代茶叶和鸦片贸易史做了一点研究，其中同美国的关涉比较多，无论在茶叶贸易还是在鸦片贸易方面，都不能绕开美国。因此，我心里始终有一个愿望，就是想对中美早期贸易做一些研究，可惜这个愿望很难实现，因为既没有太多时间，也受到材料的限制。不过，有一点我感到很欣慰，就是我的研究生在做相关的题目，其中一个学生的选题就是《中美早期棉纺织品贸易研究》。我个人对美国早期历史了解不多，可我知道其中有很多内涵值得我们去挖掘。今后我更加关注美国早期史，尤其关注早期中美关系史，有机会多向齐老师请教。

王　希（北京大学历史学系特聘教授）：

我原来跟齐老师并不是特别熟悉。第一次读到齐老师的名字，是从William B. Whiteside教授写的一篇文章中。Whiteside曾以富布莱特资深学者身份于 1982～1983 年来北京大学讲授美国史，杨立文老师刚才发言时提到了他的名字。他回到美国后，写过一篇关于他在中国教学的文章，发表在美国历史学会（American Historical Association）编辑的文集中（1985 出版）。他在文中讲述了他在北京大学的经历，里面就提到了齐文颖教授。这是我第一次听说齐老师。当时我们的国家刚刚开放，处理外教的事务有很多烦琐的规定，做好接待工作非常困难，Whiteside 教授在叙述时尽管用词委婉，但仍然可以令人想象到当时的那种情形。他提到齐老师如何同时要与学校领导和外教沟通等。所以，在非常艰苦的条件下，重新开辟和搭建中美学术交流的桥梁，是需要做大量的工作，需要运用智慧和付出努力的。随后就是在美国遇到和认识了满运龙、陈勇、郭琦涛、杨志国、叶霖等一大批齐门弟子，他们每每提及齐老师，都是恭敬之至。所以，齐老师的名字在我认识她之前就已如雷贯耳。

真正与齐老师比较熟悉起来，是从 2009 年我来北大教课之后开始的。我到北大之后，开始进行一项关于 1949～2009 年中国的美国史教育的研究。为此，我访问了一些国内学者，其中包括在座的杨立文、黄安年、李剑鸣等。2009 年 10 月 22 日，我到齐老师家里，就这个题目对她进行采访。从这次访谈中，我才真正对齐老师和她对中国的美国史教学和研究的发展所做出的贡献有了比较详细和深入的了解。我同时也从访谈中感受到，齐老师在美国史领域内治学和教学的历史，不光是她个人的历史，也是一个家族历史的一部分。

然后，也就是近几个月发生的事情，让我有机会对齐家有了更多的了解。今年 2 月，我去德国柏林自由大学参加一个讨论会，在那里碰到了齐文颖老师的外甥，也是我的同事，就是北京大学历史学系的李维教授。在柏林最寒冷的日子，他陪我去看柏林的名胜古迹和他读博士的洪堡大学。这与我对齐老师的访谈相差不过几个月。我等于在短短几个月的时间里同时认识了齐思和先生（著作）、齐文颖教授到李维教授这一家三代人，很有意义，也十分感慨。李维是做德国史的，也算是世界史吧。这使我联想到中国的美国史教学发展的历史。我想到什么了呢？我想说，如果人们将来要考察中国的学术（尤其是现代）的发展史的话，会注意到一个特殊的现象，就是有的时候是一个家族在某个知识领域进行薪火相传，将这个领域的知识、教学和发展传承下来。齐家就是这样一个例子，这在中国学术史上是非常少见的，在美国学术史上也不多见，我唯一能想到的就是 Arthur Schlesinger Senior 和

Arthur Schlesinger Junior 两人。这两个人都是哈佛的教授，而他们也就只有两代人，而齐老师一家是三代人，说不定将来李维的后代还会继续把这种事业传下去。

对于齐文颖老师的成就，今天在座的各位老师，还有齐老师的学生都讲了很多，我觉得齐老师有一个非常重要的品质应该加以强调，这就是牺牲精神。什么叫作牺牲精神？就是要能够做到甘愿为他人和学生铺路、搭桥，为他人和学生的成长做出贡献。我觉得这可能是做老师最伟大的地方。刚才时殷弘老师讲得非常好。他提到齐老师有一种高贵（noble）的品质，即淡泊名利。我觉得这种牺牲精神是我们当代许多学者最缺乏的品质。我们想到的可能更多的是我如何挣得更多的名利，如何多上电视，如何多发表著作。而齐老师她所做的更多的是默默无闻地为学生和他人铺路搭桥。今天我们看到的齐门弟子，不管是郭琦涛也好，满运龙也好，还是其他人，如果当时没有齐老师的铺路，可能不会有他们的今天。而当时齐老师为了铺路所遇到的困难是难以想象的。所以，我觉得就这一点来讲，齐老师，还有包括齐思和先生在内的老一代学者，给我们树立的是一座座道德的丰碑。我们很难超越，但可以成为我们努力的方向和目标。

最后，我把齐思和先生当年在哈佛大学历史系写作的博士论文复印本送给齐文颖老师。去年在采访齐老师的时候，她提到"文革"中齐先生的家被抄了很多次，许多的东西都丢失了。她说家里一直没有一份齐思和先生在哈佛的论文。后来我就请我妻子庞瑾帮忙找齐先生的论文。庞瑾是一所美国大学图书馆的馆员，她后来从哈佛大学的图书馆把齐思和先生的论文找了出来，但是不能拿到论文原件，只能买一个论文的 microfilm（微缩胶卷）。所以，她就买了一个微缩胶卷，然后通过阅读器一页一页地把论文复制成为一份 PDF 的文件，印出来，装订起来。我们一共做了两本，一本送给齐老师作为生日礼物，另外一本送给北京大学历史学系图书馆保存。我已经把微缩胶卷捐给北京大学图书馆收藏了。

王立新（北京大学历史学系教授）：

我今天想谈两个意思：一个是齐老师的学问境界，另一个是我个人的一些感想。

我对齐老师的学问境界非常钦佩。记得胡适谈到做学问时曾说，学者做学问有两种风格和境界：一个是开山斧，一个叫绣花针。开山斧实际上是指要开拓一个新的领域，做宏观的研究，要能够改变前人的成说，提出大的、新的见解，甚至确立典范，这是开山斧的工作；另一种境界就是绣花针，是指从小处着手，做小题目，收集丰富的材料，把小题目做得非常精致而深入。但一般说来学者很难达到这两种境界，因为能够抡得起开山斧的很难拿捏绣花针，能拿捏绣花针的很难有力气抡起开山斧。我想对比齐老师的境界，齐老师在相当程度上已经达到既能够拿起开山斧又能够拿捏绣花针的境界。为什么这样讲呢？因为齐老师的多篇论文体现了这一点。包括马克垚老师，还有其他几位先生都已经谈到了，齐老师在美国早期史、早期中美关系史、妇女史等方面都做了很多开拓性的工作，实际上是开辟了新领域，开风气之先。20世纪80年代初中国的美国史研究刚刚起步，齐老师的工作确有开风气之先的功劳。同时，齐老师的很多文章，比如她关于"中国皇后号"商船来华问题的研究，对《独立宣言》是不是美利坚合众国诞生标志问题的辨析，大体都可以说是绣花针的工作，给我们绣出了非常美丽的图案。所以，齐老师已经在相当程度上达到这两种境界，既有开山斧的开拓性的工作，又有绣花针细小、考证性的工作，这是非常难得的。

我也很有幸看到齐老师的一些弟子，包括在国内的玉圣兄、在国外的陈勇教授，已经继承了齐老师的工作，延续了齐老师的境界。我本人，甚至我们这一代人，也包括我现在培养的研究生，作为晚生和后辈，很难达到这种境界。我在上研究生的时候，做的就是一点绣花针的工作，可能绣得还不是很好，一直到现在，只能做一些小题目。随着互联网的发展，国际学术交流的增多，资料越来越丰富，特别是外交史领域，资料非常丰富。现在一般学者都能找一个小题目，收集丰富的资料，把事情的来龙去脉或政策过程呈现出来，也就是做一些精雕细刻的工作，但很难有一些开拓性的贡献。我想，齐老师能够达到学术界的两种境界，跟齐老师的个人的学养、天分和勤奋有很大关系，当然也跟那个时代，中国美国史研究刚刚起步，有大量领域需要去开拓和创新有关系。就现在的学术界而言，虽然中国的美国史研究已有很好的积累，成果已经蔚为大观，但仍然需要有开山斧的工作，包括新领域的开拓、新问题的提出、新方法的运用、新视野的开辟，都需要开山斧工作，但是年轻一代很难达到这一点，我个人对此也比较焦虑。

赵法生（中国社会科学院儒学研究中心助理研究员）：

我是通过玉圣、运龙的关系认识齐先生的，感到齐先生身上有一种值得后辈学习的大家风范，为人处世透露出气定神闲的气象。这种大家风范与气象来自先生本人的修养，也植根于一个学术世家的深厚的文化传承。在目前这样一个浮躁且功利的时代，恐怕很难培养出这样的气象了。另外，我发现齐先生的学生运龙、玉圣等，对于她怀着一种发自内心的敬重。刚才听到齐先生在国外的几位学生联名发来的贺信，我明白了这种发自内心的尊重的渊源，是用心写成的，信里特别讲到齐老师对学生们常说的一句话，"这有什么"，这是齐先生在学生们遇到困难和打击时鼓励他们的话，也是齐先生面对学生们的感激之词时说的话。这短短的一句话，至今让那些身在异国他乡的学子们难以忘怀，也体现了齐先生的一种精神，就是厚德载物；而她一生在学问上的执着，则体现了其自强不息的毅力。乾卦坤卦的卦义，是中华民族人格精神的经典表达，也在齐先生身上得到充分显现。这两种精神同样也为她的弟子们所传承。今天的庆贺会也使我对于中国人的师道有了更深切的体会，国人向来尊师重道，特别尊重老师，为什么？西方人也尊重老师，但其尊重的内涵与形式和我们都不太一样，差别在哪里？差别在于国人对于老师的尊重是包含了亲情在内的，所以，中国人说："一日为师，终身为父。"但是，这两种关系又不太一样，有些老师不仅从学业、事业上帮助学生，而且从生活上关心学生，所以师生间的感情远远超出知识的传授，所以，中国人对老师的尊重和感情有可能要超过父母。你看孔子，中国人的第一个老师，他去世后，子游、子夏、子张这些学生们非常想念孔子，想念到什么程度？《孟子》上讲到这样一个故事：孔子另一个学生有若长得像孔子，他们就商量着按照用侍奉孔子的方式侍奉有若，结果让曾子给制止了。曾子说那哪儿成，他们的老师是"江汉以濯之，秋阳以暴之，皜皜乎不可尚矣"，他们的老师别人怎么能比呢？光长得有些像怎么行？我的受业恩师李存山先生对我讲过一件事，让我触动很大。李老师的授业恩师是著名哲学家张岱年先生。李老师保存着不少张先生给他的论学书信，其中有一封信搬家之后找不到了，李老师四处翻找，朝思暮想未果。后来他做了个梦，梦到张先生问他：我给你的信，你怎么找不到了？醒来后更是寝食难安，翻来覆去地寻找，终于在一本旧书里找到了这封信。这不是单纯的一封信的问题。韩愈说老师的职责是"传道、授业、解惑"，中国真正的士大夫会将老师传的道看得比生命还重要，值得他一生去体会、珍惜和践行，这就是中国人的师生关系的不同寻常之处了。

马宵雷（法制日报社《法制周末》副总编辑）：

今天我可能是离大家、离历史最远的，我的专业是法律，同时又是做传媒工作。但是，我跟齐老师还是有一点小小的渊源，直接的渊源就是我跟齐老师的学生运龙、玉圣是很好的朋友。间接的渊源是当齐老师的父亲齐思和先生从美国回到中国在北师大任教的时候，我的外祖父正好在北师大学习；当齐老师1958年从北大研究生毕业任教北大的时候，我的父母正好在北大学习；当玉圣到北师大任教的时候，我的外祖父已经在北师大执教30多年了，当年的学生在白壁黑板前已经站了50年。我想，从这一点，我可以称作齐门外围组织的核心成员了。

齐家三代人在教学科研上的这些成就，我想是非常重要的。刚才时殷弘教授也提过，历史学对人民大众或者对学生来说更多的是一种乐趣和兴趣，我非常感谢齐老师的研究为我们提供这么多的乐趣。在近代史上，没有任何国家像美国这样，让中国人这么爱恨交织，有多少故事发生在两国之间，齐老师所从事的工作，可能是象牙塔内二三素心人所做的一些研究。由于齐老师和在座各位老师的工作，能让我们知道在这片土地之外还有那样一个国家，有那样一些事情在发生，这些工作会让人们有更多的想象。

贺维彤（《美国史探研（续编）》美术编辑）：

大家把我作为美术编辑请来。我想问：有多少人知道《美国史探研（续编）》封面上的这座雕塑是谁？这是美国国会大厦最高处那个［雕塑］，可能很多人在猜测那究竟是谁，有人可能觉得应该是乔治·华盛顿，认为他应该在那地方站着，现在我们才看清原来是一个特别柔美的女子，像大仙女一样。估计齐老师的工作就是这样，她开创了美国早期史研究、美国妇女史研究，她的工作就是要把那些模糊的东西，放大到让我们看得很清楚，美国究竟怎么回事，美国到底长什么样。我就说这么多吧，祝老师身体健康，生日快乐！

王其寒（北京道福广告公司人民影像工作室总经理）：

我是齐文颖先生的关门弟子，也是两个女弟子之一，我现在在做什么呢？我在拍摄纪录片。大家都知道，有一句名言叫"今天的纪录就是明天的历史"。我们在2001年的时候去过怒族居住地，我们拍摄时，他们的生活状况是没水没电，没通路，什么都没有。但是，当我们2005年再去的时候，那里有水有电有路，生活方式发生了非常大的变化。我觉得我们2001年记录下来了的就是历史，而且是不可再复制的历史。

我后来并没有从事历史研究，但是，我仍然认为我从来没有后悔我学了历史。我一直在想历史学无意之间带给我们什么东西，我觉得有三点：第一点就是对现实记录和分析的时候那种历史感，就是当你去看一件事物的时候，你会不仅从现实的角度出发，而且会从历史的角度去看，将来的人们怎么评价它，所以我现在说我记录就好，这个东西留给后人去评判。第二点，我就觉得在思想上的创新性和在工作过程中的严谨性，这就是历史学，这就是历史学让我受益匪浅的东西。其实我们做片子也是永远都在创新，但是，我觉得严谨是第一位的，所以我们所有的拍摄，我们所做的第一件事情就是research，先做调研，然后再来拍摄，调研可能做得很广。第三点，我觉得就是思考的独立性和对人的尊重，我从齐老师身上学到了这一点是我慢慢认识到的，就是说齐老师是那样子的。我记得，当时她对我们这些学生、对系里的老师，甚至对一个普通的卖菜的人都特别平和。

孟爱华（北京大学历史学系办公室主任）：

我和我爱人都是历史学系毕业的。我是 1974 级学生。我们都非常崇敬齐老师。齐老师在我们心中，不仅是我们的老师，而且我觉得是母亲般的老师。为什么这么说呢？因为我们那个年代，是上大学的管大学，用毛泽东思想改造大学，老师太不容易了。她们不但要教我们书，而且还要让我们去改造她们。随着年龄的增长，我就觉得老师教我们这样的学生，文化水平参差不齐，其中像我这样，只小学五年级毕业就上大学，很难很难，特别是读《资本论》，我根本不懂，让我读 10 遍，也不懂，只能躲那个床头边儿去哭。那个时候，记得林成洁老师给我们开小灶，说别着急。

我今天应该代表我们这一批人感谢老师们的是什么呢？老师们对我们没有一点儿嫌弃，而且是很耐心的。老师教我们这些人多费劲儿，我是来感恩的，代表我们这些学生来感恩。同时，我还要代表当时的两位留学生，一位是巴基斯坦的留学生，另一位是现在罗马尼亚驻华大使夫人达妮娅。我今天鞠这个躬，代表我们 1974 级的学生，还有那两位留学生，祝您生日快乐！

牛　可（北京大学历史学系副教授）：

我读书的时候，其实没有机会听齐老师讲课，虽然我早就知道齐老师是一个很好的学者。我入校的时候，齐老师已经到了图书馆。就在前几年，我终于能够结识齐老师，在一个偶然的场合。有一位芝加哥大学的学者艾凯是齐老师的好朋友，来北大，有一个欢迎宴会，我有幸参加了。除了艾凯之外，我觉得齐老师给我留下的印象更深刻。一件小事能看出齐老师做学问的认真严谨。席间齐老师问艾凯一件事：芝加哥大学在进步主义时期有一个机构叫 Hall House，到底应该怎么翻译。在这之前，我也碰到过这个词，我要翻译的文章当中出现过这个 Hall House，就参加进来向齐老师请教了一番。

今天看到听到这么多，我感到齐老师确实是一位宽容温婉的人。学者可能容易有学者的优点，但也容易有一个毛病，就是比较容易自恋。但是，我跟齐老师很少的接触中，感到她是一个能够产生内在的谦虚以及能够避免自恋弱点的人，是一个好人、好学者。

井建斌（天津行政学院副教授）：

我代表齐老师的再传弟子说两句。第一，祝齐老师健康长寿。第二，是表示感谢。因为您有个好学生杨玉圣，我们才有好老师，他给教了好多知识，特别是美国史知识。我在党校上班，干部特别喜欢听我讲课，只要讲得对，他们就比较愿意了解，我特别感谢有这样一个好老师。还有一个就是，我自己当不了演员，可以当观众，这是我的心愿。

白大杰（《和谐社区通讯》执行主编）：

能够来北大，能够跟这些中国最高殿堂的专家学者，还有德高望重的齐老师在一起，我感到很幸福。我父亲14岁起就是老师，我家几代都是老师，我反倒没有当成老师，是一个历史的遗憾。父亲对我们子女的要求是望子成龙，一直也让我们学，但那个时代自己的职业无法选择，后来我也是几经努力，"文革"之后考到法律专业，之后进入了公安系统。现在怎么又能和学者们在一块儿呢？我应该感谢杨玉圣。杨老师的学识、为人，我很钦佩。此外，我认识了满运龙老师，又有幸认识了在座的很多人，就有幸结识齐老师。我到过齐老师的家里，今天，我也诚心地来为我们的齐老师祝寿，这是第一。第二，我还想感谢一下玉圣，玉圣为这本《美国史探研（续编）》呕心沥血，一个月，每天睡觉没有超过两个小时。玉圣倾注了对齐老师的一片敬爱之心和感恩之心，我是深受感动的。

李剑鸣（中国美国史研究会理事长）：

我觉得最后这个闭幕式最合适的主持人应该是玉圣，因为刚才白先生也说了，整个祝寿庆典和前期的工作，尽管很多人都出了力，但最重要的人物当然是玉圣了。我现在就想到一个词，齐老师生日聚会是一个开放式的寿庆典礼，我参加这个活动，特别受到教益，也特别地感动。而且，对玉圣委以我闭幕式主持这个重任感到非常的荣幸。在闭幕式上，我们第一个请最重要的嘉宾，也就是今天的主角——齐文颖教授首先致辞！

齐文颖（北京大学历史学系教授）：

各位在百忙之中来参加这个会，说实在的，确实是做出了很多牺牲。大家很忙，来参加这个会，我自己实在是感激不尽。我自己应该感谢的是在座的同志的这些鼓励的话，我觉得对我来说很不名副其实，实在是不敢当。我只能把大家的话当作对我的鼓励，当作对我的鞭策，当作我今后努力的方向。

还有一点，我觉得今天参加这个会，可以看到我们美国史的成长历程。我自己从事美国史的研究也是在改革开放之后，所以，我们特别应该感谢改革开放给我们每个人带来的命运转变或者是机遇。本来我是搞世界近代史的。世界近代史是我大学时期、研究生时期和改革开放以前时期里主要学习和教学的任务。世界近代史之所以后来就有些改变，主要是由于我们系里头在70年代（那时候还没有打倒"四人帮"），有一个任务下来，说世界史专业，除了教世界史之外，还要参加"三个霸权"的研究，我觉得比较靠近的就是美国史，就研究这个霸权吧。说实在的，组分是分了，可是实际上没有进行霸权研究。因为霸权是一个"当代"的问题，我们是学史的，相对来讲，研究的是早一点的，是世界近代史。所以，我们就组织了一个美国史研究小组，以黄绍湘老师为首，还有罗荣渠老师，有杨立文老师，还有我。黄老师对"霸权"也没多大兴趣，说就讨论我那本《美国早期史》吧，大家看看有什么意见。当然《美国早期史》因为当时的条件有个别地方不太妥当，讨论时，我们反正知无不言，言无不尽。之后，就到了改革开放，要扩大眼界，要走出国门，放眼看世界。这样美国史组的人就开始转入正轨的学术研究，我们就开始正式研究美国史。

我今天还想谈一点感想。今天在座的多半都是从事美国史的，还有一部分人是对美国人、美国史有兴趣的或者是关心美国史的。所以，我们济济一堂，或多或少地都是与研究美国史有关的。我也想简单回顾一下美国史研究发展的历程。在中国，美国史研究开始是在20世纪30年代。1936年，我父亲齐思和先生刚从美国回来，他本来是搞中国史的，他的导师和燕京大学历史学系建议他去美国。他起初不愿意去美国，这跟现在不一样，因为他觉得上美国去是耽误时间，他说自己不研究美国史，跑美国去学习，花4年时间，有这4年时间还不如上西山念书去，在学问上能够有很多大的进步。后来他老师说他要到美国去，就去哈佛大学，哈佛当时是美国研究美国史的重镇，那里名师云集。他听了老师的话，所以他就到了美国，就一直扎到美国史里头，从头学起。他当时跟他导师 Schlesinger 教授关系最好，因为他当时就已经提出一个新观点——New history，就是研究群众的历史、研究社会的历史、研究文化的历史，而不是研究政治史、外交史等。当时到美国学习美国史的人，据我父亲所了解，就有两个人，一个是他，另外一个是清华预备学堂的，他是到耶鲁去念美国史，比我父亲还早，可是他回国以后，就回到他湖南老家了，教的是世界通史。我父亲学的美国史，回来以后就开美国史课，他第一个开美国史的大学是北师大，1936年开了美国史。作为一个专职的教授来讲，一个人必须开两门课，他同时开了一个史学概论。全中国的大学里面，我父亲是两个到美国学美国史的，最后回来教书，到中国来教美国史的那一个。美国史在当时不是很受重视。胡适由于是在美国留学回来的，也很欣赏美国史，他觉得美国史不但是教美国史的学问，而且要教美国的史学方法和史学理论。就这样，我父亲同时在北大、清华都兼任美国史老师，这样影响就比较大了。可是到七七事变以后，就中断了。他就回到了他的母校燕京大学，开上了世界现代史的课。

到了50年代，最早用马克思主义观点来诠释美国史的是黄绍湘先生。黄先生也是早年留学美国，接触的都是美国进步的史学教授，像方纳。她回来以后就在山东大学开设了美国史，试图用马克思主义观点来讲美国史，当然这个美国史她究竟开了多长时间，开得怎么样，因为资料原因现在还不了解。这也是一个星星之火。但因为是在山东，所以她的影响不是很大。据杨立文教授考证，黄绍湘先生1959年到了北京大学历史学系，可是黄老师的身体一直不好，在北大从来没上过美国史的课。后来，她就觉得北大也不太适合，就去了中国社科院，也带了研究生，那是后来的事。

中国美国史研究的传承，真正到了一个有发展、有前途、受重视的时代是改革开放以后。改革开放以后，美国史就到了一个新的时期。人人都关心美国，人人都看美国。当然，学习美国史的是少数人。过去我们"一边倒"的时候，把美国当成敌人、头号敌人，这个全过去了。改革开放以后，第一代的美国史的老师，说实在的，全是像我这样的，都是转行的。第一代的美国史教授，我们也忝列其中吧。当然，学问有深浅，像杨生茂老师，他潜心研究美国内战、黑人史等，他搞美国黑人运动史，做出了很大成绩，但也脱不了要搞世界通史的这条道儿。那么再从这一代往下，黄安年老师，好像也是教世界现代史。到了改革开放以后，一代一代的新人在成长，一直发展到今天，我觉得美国史成了一个空前的热门学科之一，大家喜欢研究美国，从反面的、从正面的、从侧面的等研究美国。发展到今天，我就觉得美国史出现了几个空前。

第一，美国史的地位空前提高。过去，世界史的重点是欧洲史，现在美国史成了主角。历史学系开美国历史，国际关系系开美国对外关系，政治系开美国政治，经济系开美国经济，甭管什么系，包括理学院，都研究跟美国沾边儿的诺贝尔奖的获得者。天时地利，对于我们来说，这是一个非常有利的条件。

第二，美国史的研究队伍空前壮大。过去研究美国历史就是一揽子美国历史。我们如果有机会看一看早期的关于美国历史的著作，在 20 世纪二三十年代，就是比尔德的那个小学课本讲美国历史，当时的水平就是这么样一个水平。那今天的美国历史研究，这个队伍空前壮大，我们在座的都是科班出身，我们都是不但有学士学位，有硕士学位，还有博士学位，还有这么多教授，这在过去根本不能想象。

第三，我们的美国史藏书空前地多。念历史，不像别的，没见史料，你就不能说话。现在我们的藏书，不管是第一手的、第二手的，美国历史都是受重视的，因为它还有很多旁支的学科，所以对美国历史的藏书，不但有大图书馆藏书，而且各个学校像南开大学、武汉大学、北京大学都有单独的关于美国的图书馆，专门研究美国的图书馆，这个加起来它的实力就很雄厚。

还有一点，就是我们美国史的研究机构。我们的前辈刘绪贻先生、杨生茂先生、丁则民先生、刘祚昌先生等，倡导要组织一个机构，不但要自己搁在自己的系里头研究美国历史，还要统一全局，要把它变成一个网络，变成一个平台，彼此交流、彼此吸收和彼此提意见等。美国史研究会在他们几位前辈的倡导之下，是中国专业史学会里成立最早的之一。

最后一点，就是我们对外交流的工作也做得不少，我们研究美国史，要走出国门研究美国史，到美国去研究美国史，而不是在中国，不是单靠中国来研究美国史，看看美国人怎么研究美国史，中国人怎么研究美国史，或者法国人怎么研究美国史，等等，那样培养出来的人就不同一般了。那么，我们今天交流到什么程度呢？我们今天可以请到外校的，像李剑鸣老师，像王希老师等，都是外校的到北大来。这是一个开放的心态，就是各取所需，取长补短，从而使得美国史成为一个兴旺发达的学科。

周　彬（齐文颖教授长子）：

大举庆祝我母亲八十大寿，我对各位贵宾和老师的到来非常感谢。我到了国外以后，从事和我母亲专业不同的工作。但是，我看到我母亲的好多学生，现在做出了很大贡献，特别像杨玉圣老师、满运龙老师，非常优秀。同时，我在国外这么多年，也没有怎么回来照顾我母亲，在座的这么多老师、同学这么多年给予我母亲的关怀和帮助，我真的非常感谢。

我是在史学世家长大，从小就爱看历史书。从美国历史当中，我看到中国的现在。当今中国以这么短的时间能发展成世界强国，我觉得作为一个中国人，是很自豪的。同时，我刚才听了这么多贵宾的发言，对我母亲也增加了一份了解，这使我对我母亲更增加了一份爱戴和敬重。中国有句俗话说："人生七十古来稀，八十高寿正是福。"所以，今天在我母亲八十大寿之际，我就想代表我的家人衷心祝愿各位来宾万事大吉、生活美满。

满运龙（英国路伟国际律师事务所合伙人）：

齐老师是我们的业师，是一个真正的老师。大家可能都讲过：一方面，她从学问方面教我们怎么样敬畏学问，那就是实实在在地去研究事实，从事实中间发现历史的发展线索；另一方面，我觉得可能是更重要的，就是齐老师以她的那种宽容、仁厚、平和、平等的待人方式，以身作则的方式来熏陶我们一生的处世哲学，使得我们感到三生有幸。就是说，能在青年时代，学术成长正是处在刚刚发展的时期，人生的哲学也是刚刚处在一个成长和能够成型的时期，在这个时候我能够遇上齐老师这么一位大家，不仅是一个学问的大家，而且是一个做人的真正意义上的老师、师长，我觉得这是我感到最荣幸的。我很赞同师弟玉圣教授经常跟我说的，如果我们一辈子没有遇上齐老师的话，我们人生的境地就会和现在的完全不一样。这个是完完全全、实实在在、发自内心的肺腑之言。

我还要对组织和参与我们这个活动的各位前辈、师友以及朋友和师生表示我衷心的感谢。首先，我要感谢北大历史学系大勇主任来协办这次活动。今天出席的嘉宾中间，有和齐老师同代的师长，他们都是史学界如雷贯耳的大家——马克垚老师、杨立文老师、黄安年老师、周怡天先生。这都是我们的老师，这个我记得非常非常清楚的。我毕业论文答辩的时候，杨老师是我们三位教授答辩委员会中的一位。感谢这些前辈们今天能够抽出时间来出席这个盛会，同时也感谢你们培养了我们这一代人。同时，也要感谢李万生先生为我们这本书做题词，今天还专门来为齐老师送书法作品。和我现在有点算是同辈的学者中间：章百家老师，虽然我们在北大的时候，可能没什么太多的交往，但我对您的学问一直是很敬重的；时殷弘先生，虽然没有见过面，但您的著作我早就知道；赵梅主编，为了来参加并主持今天的会议，特别推迟了去美国的机票，非常感谢。除了在北京当地的师友外，还有朋友不远千里从外地来到北京，余三定教授专门从湖南岳阳赶过来，而且余教授刚才说了，他主编的《云梦学刊》2007 年时发表齐老先生百年诞辰会议纪要，《当代学术史研究》这本书他今天也带过来了。李剑鸣教授现在是中国美国史学界的领军人物，所以，我很荣幸李教授能离开南开大学这么好的地方，专门到北京大学来主持这里的美国早期史研究。还有我的老朋友王希教授，王希在美国是真正地读了美国历史，而且读完之后是教美国人美国历史，他的研究美国史的论文和著作在美国出版，真正进入美国史研究的主流里面去了。

杨玉圣（中国政法大学教授）：

谢谢运龙大师兄！我也是首先祝贺齐老师生日快乐。

运龙是齐老师的开门弟子，我一直觉得老大是幸福的，现在范伟演的那个《老大的幸福》正在热播，老大真是特幸福。齐老师对运龙也是关心最多，也最自豪。再一个就是老小，也很幸福，齐老师的关门弟子是王其寒。一个掌门弟子，一个关门弟子，相当于一个长子，一个幼女，这是最幸福的。我是中不溜的。确实是，齐老师带的学生不算多，13 个学生，9 个在美国留学（像我是做访问学者不算数的），8 个拿了博士学位。运龙就是在美国跟 Jack P. Greene 教授读的美国早期宪政史的博士，像王希兄他们大概有四五个拿了美国史的博士学位，而且王希兄还"潜伏"成功，教美国人美国史。这 13 个学生里面，现在有 8 个在美国工作，还有 5 个在内地。8 个在美国工作的人里面，有 5 个在美国的大学里面当教授、副教授。我觉得这还是一个非常了不起的数字。5 个在内地的，运龙是两栖人物，既做实务，是大律师，同时也做研究，是政法大学兼职教授，带研究生。

我个人和运龙一样，感谢黄安年老师、杨立文老师，还有马克垚老师和周怡天老师。说实话，请这些老先生来，我跟运龙也有顾虑，毕竟都是上了年纪的。我们也没有跟齐老师打招呼，因为跟齐老师打招呼的话，齐老师可能会不同意请。她觉得都是同辈人，但我们觉得不请也不合适。章百家老师这么忙，也都过来。本来郝平部长要来的，但他到俄罗斯去了，赶不回来，他特别说作为学生向老师表示祝贺。因为是齐老师八十岁生日，我们这些老老少少聚在一块儿，非常难得。从年龄上讲，是老、中、青三代；从辈分上讲，应该算四代。尤其是像余三定教授，还有我的学生井建斌，他们都从外地专程赶过来。我觉得，齐老师确实是有人格魅力。我得特别感谢余三定主编，齐老先生百年诞辰的那个纪要很长，齐小玉整理的，《云梦学刊》全文发表了。

总而言之，我个人觉得，当老师还是很幸福的。当老师的幸福，我记得已经不在的陈旭麓老先生，当了40年的副教授，从1946年当副教授到1986年才当上教授，是华东师大中国近代史的一个著名专家，号称陈门弟子两百，包括自己教的，还有私淑弟子。他说过一句话，他说做老师、做学者的，有两种生命：一种是自然生命，人嘛，你活到九十岁一百岁大不了一百一十岁，总有一天会离开这个世界，会消失；但是学术生命跟别的人不一样的，学者还有一个学术生命，通过学生，通过著书立说，还会延续。所以，学者就像蜡烛一样，又不完全像蜡烛，蜡烛点完了就完了，但学者的自然生命哪怕没有了，学术生命通过学生、通过自己的著作延续下来。各位看到这本书，叫作《美国史探研（续编）》，初编是在2001年，由齐老师主编，收了齐老师的部分文章，还有齐老师带的一部分学生的论文，现在有了"续编"。我们希望等齐老师九十岁生日时编"三编"，等到运龙七十岁时编"四编"，等到我八十岁时编"五编"之类的。这是给你们在座的弟子们一个任务，一直编下去。就是说，我希望通过这本书形成一个学派。这样的话，我觉得学术会有一个更高的期望，也让我们这些在背后辛辛苦苦读书的，包括晚辈，让他们看到，做学问原来还这么好玩儿，像一个梯队一样，像接力棒一样，一棒一棒传下去。齐老师的美国早期史、妇女史、中美关系史，现在看都有人研究。我受运龙的影响非常大，包括我们的学生，还把宪政史给做了。我觉得这就是在老师开辟新领域的基础上，我们再推进一点点。当然，我们不像立新教授说的去开山，我们开不了山了，齐老师开山了，我们就拿绣花针。

非常感谢各位！

（原载《云梦学刊》2010年第3期，收入本书时，略作修改）

附 录 三

《美国史探研》有新意

黄安年

2001 年 10 月，中国社会科学出版社出版了北京大学齐文颖教授主编的《美国史探研》，这是一部齐文颖教授及其弟子们从事美国史探索性研究部分成果的结集，全书 20 篇学术论文，共 39 万字。

这部美国史研究文集与现今出版的美国史论文集不同，不是美国史研究机构编纂的论集，也不是个人的美国史研究文集或者纪念性文集，而是在我国美国问题研究的重镇北京大学长期从事美国殖民地史、妇女史和美中文化交流史研究的齐文颖教授及其弟子们研究成果的论集。悉心研读《美国史探研》中的各篇文章，不仅有助于我们了解这些领域的新成果，而且从北京大学的美国史学者的治学方法中可以得到不少启示。

该书共分三部分。第一部分美国早期史的专题研究，共 11 篇文章，占全书的一半。早期美国史是改革开放以来一段时期里北京大学重新研究美国的起点和重点，这些研究成果从一个侧面反映了我国学者在这一领域的新进展。

诚如主编在前言中所说："开展这些课题的研究，是对于自 20 世纪 30 年代以来我国在美国史教学与研究中近 200 年殖民地时期的历史仅仅看作美国革命背景的旧框架的一个新突破。我们是把它作为美国历史的一个独立的重要阶段来看待的。立足于这一新思路，各篇都是围绕早期史上的重点问题加以深入的探讨，都有新的思路观点与学术创见。"例如齐文颖的《〈独立宣言〉是美利坚合众国诞生的标志吗？》、杨玉圣的《〈独立宣言〉史事考——兼议美国史考实性研究》、满运龙的《1619 年弗吉尼亚议会探微》和《马萨诸塞政治体制确立（1630～1650）》、杨玉圣的《代役租初探——美国殖民地时期封建残余研究之一》等论文，均有新思路、新成果、新贡献。

第二部分早期中美关系和中美文化交流 5 篇论文，均有特色。《美国"中国皇后号"来华问题研究》和《北京大学与中美文化交流（1898～1937)》两文中有一些鲜为人知的第一手资料。另外 3 篇用英文撰写的论文则是北大历史学系学子在美国深造时博士学位论文的一部分或已经发表在美国的论著选。

第三部分妇女史研究 4 篇论文，反映了我国改革开放以来最早从事美国妇女史研究学者的研究成果。作为我国的美国妇女史的开创性研究，书中收录了齐文颖的《加强对国外妇女的研究》和《美国妇女运动的历史考察》两文，同时发表了最早从事美国妇女史研究的陆丹尼所写的《论北美殖民地时期妇女的地位》和《中国留美女学生：一项综合考察》两文，后者是她的博士学位论文的一部分。这无疑是对中美文化交流的新贡献。

本书论文作者，除主编齐文颖教授外，都是年富力强的中青年学者，书中体现了他们可贵的严谨治学和创新探索精神，本书的主编则是他们的导师，师生合编成书，体现了教学相长的优良传统。书中的论文有的在国内撰写，有的则成文于美国，但正如本书主编所说："无论身居何处，他们对我国美国史学界的贡献是同样有价值的。"

齐文颖教授 20 世纪 80 年代初曾先后在哥伦比亚大学、哈佛大学、牛津大学等校进行学术访问，主要从事美国早期史、中美关系史、妇女史等课题的研究，主持翻译了《新美国历史》《美中关系史论》等著作，主编《中华妇女文献纵览》等。《美国史探研》的面世是她对于美国问题研究的新贡献。

（原载《全国新书目》2002 年第 2 期，收入本书时，略作修改）

美国早期史研究的重要成果

——评齐文颖主编《美国史探研》

井建斌

美国早期史研究是当年北京大学历史学系美国史研究组在改革开放形势下重新研究美国史的起点与重点所在。作为北京大学燕京美国问题研究中心副主任，齐文颖教授主持了这项课题的研究，她认为美国早期史的研究，必须要突破把 200 年殖民时期的历史仅仅看作美国革命背景的旧框架，从而把美国早期史作为美国历史的一个独立的重要阶段来看待。基于这一新的思路，齐文颖教授和她的研究生们，对美国早期史上的一些重要问题进行了深入的探讨。他们撰写的相关专题论文，收录在齐文颖教授主编的《美国史探研》（中国社会科学出版社 2001 年 10 月第 1 版）一书中。这些充满新的思想观点和学术创见的研究成果，主要出自齐文颖教授及其指导的研究生之手，大多撰写于 20 世纪的八九十年代，不少发表在《历史研究》《世界历史》《美国研究》等重要的专业期刊上，达到了很高的学术水平，是我国史学界美国早期史研究的宝贵学术成就。

一

美国 200 年殖民时期的历史，是齐文颖教授和她的研究生们探讨的重点内容。他们的专题研究成果，涵盖了殖民地时期的政治发展情况、社会经济发展情况、教育发展情况、妇女发展情况、封建残余发展情况、英国和北美殖民地关系发展情况等，为我们比较全面地重构了美国 200 年殖民时期历史发展的本来面目。

关于殖民地时期的政治发展情况，满云龙先生进行了重点探讨。在《1619 年弗吉尼亚议会探微》一文中，满云龙根据原始材料（主要包括约翰·波瑞所做的会议记录和 1619 年弗吉尼亚公司发布的有关指令）和最新史学成果，对 1619 年弗吉尼亚议会的背景、议程和性质，进行了深入研究。在背景方面，所有的材料都表明，弗吉尼亚议会是弗吉尼亚公司主动设立的。公司采取这一行动的动机不是出于对"自由"政体的信念，也不是出于保护殖民地居民的政治权利，而是从经济利益出发，根据殖民地现状对殖民方针进行的调整，其目的是维护股东的投资利润。因此，那种认为殖民地居民主动争取议会的说法，不过是后世史家或根据后来历史发展情况，或出于证明盎格鲁美利坚人的"自治"天性的愿望而做出的臆断，并无事实根据。在议程方面，会议基本按程序连续进行了 6 天，完成了请愿、立法、司法裁决等诸项工作后闭幕。就性质而言，弗吉尼亚议会当时的主要作用是充当公司对殖民地行使控制的工具；但是它吸收居民代表进入最高权力机关，却标志着代议制原则初次应用到殖民地政府组织中。这些居民代表的进入，既扩展了政府的权力基础，也增强了政府的管理能力，还反映了弗吉尼亚议会在一开始已萌生了殖民地自治的意识，埋下了日后争取权利和独立的种子。

在《马萨诸塞政治体制的确立（1630～1650）》一文中，满云龙先生对马萨诸塞政治体制在 1630 年至 1650 年间的形成过程，进行了深入研究。经过 20 年时间，清教移民在马萨诸塞建立起了一套在 17 世纪的世界上独一无二的政府制度。它的独特性主要取决于殖民过程中的三个因素：以总督、助理会和大议会为基本框架的三支政体显然是继承了商业公司的组织构造，以加入教会为标准的公民选举权体现了清教神学政治观，而两院制度的设立则主要反映了移民社会创立时期各个社会集团争夺权力而达成的一种宪法平衡。同时，定型后的殖民地政体又在某些方面显示出向母国政治制度的回归。例如，与 1630 年时的一院式股东大会相比，1644 年以后的两院大议会显然更接近于由贵族和平民两院组成的英国国会。与此相适应，殖民地人民越来越多地运用英国政府原则来分析和评判殖民地政府的运作。马萨诸塞政治体制的这一变化经历，可以促使人们从更广阔的范围探求殖民地政体形成的某种模式。大致说来，殖民地政治制度的发展过程可以分为前后相继的三个阶段：（1）旧世界传统缺席的简单翻版。在此期间，旧世界的传统是占主导地位的影响因素。（2）独具特色的殖民地政体形成。在此期间，新世界的社会环境取代旧世界传统，成为政治发展的主要动力。（3）殖民政体向母国制度的回归。传统的力量又在新的条件下影响着殖民地政治的发展，但与第一阶段不同，旧世界的传统处处同殖民地现实发生矛盾。英属北美殖民地就在这一矛盾中走过了近200年的历程，直至18世纪末时的美国独立革命。

关于殖民地时期的社会经济发展情况，胡新军先生进行了重点探讨。在《殖民地时期烟草业与切萨皮克社会经济的发展》一文中，胡新军对烟草业在切萨皮克地区（即弗吉尼亚和马里兰两个殖民地）的发展情况，进行了深入研究。在北美殖民地整个发展过程中，烟草贸易在海外贸易中占据了相当重要的地位，一直居于贸易品之首，为殖民地带来了巨大利益。不仅如此，由于烟草业主要种植于切萨皮克地区，并且在那里处于支配地位，那里形成了单一的深受国际市场左右的烟草生产与贸易经济。单一烟草经济的长期发展，深刻地影响着切萨皮克地区的社会经济。烟草业的发展既促进了人口的增长，又导致了黑奴制的确立，还形成了金字塔状的社会结构。最后，18世纪后烟草业的严重负债状况则酿成了整个社会对英国的不满和对立，成为美国革命的前提之一。

关于殖民地时期的教育发展情况，齐文颖教授进行了重点探讨。在《略论美国殖民地时期的教育》一文中，齐文颖对美国殖民地时期的建立和发展，进行了深入研究。新英格兰是殖民地时期教育最发达的地区，殖民地时期的四种学校——儿童识字班、小学、拉丁文法学校和高等学校，均发轫于此地。其中，高等学院的建立是殖民地教育史上的大事。哈佛学院、威廉-玛丽学院、耶鲁学院以及普林斯顿学院、布朗学院、罗切斯特学院、达特默思学院等相继建立，从此各殖民地中心都有自己的高等学校。殖民地时期各级各类教育的发展及其一套较为完整的教学体制的建立，不但为传播革命思想和建立统一的民族打下了良好的基础，而且也对日后美国教育的发展产生了很大影响。

关于殖民地时期的妇女发展情况，陆丹尼女士进行了重点探讨。在《论北美殖民地时期妇女的地位》一文中，陆丹尼从经济、政治、法律、宗教等方面着手，对北美殖民地时期妇女所处的地位，进行了深入研究。在经济方面：妇女不能以独立的个人身份获得土地，而须作为父权制家庭中的妻子或从属成员被列入土地分配名单；妇女结婚后，不但家庭全部财产全归丈夫所有，而且其婚前的一切财产也归丈夫所有。在政治方面，妇女被摒弃于殖民地社会的一切政权机构和公共事务机构之外，无论是殖民地议会、市镇议会还是各级神职任人员，都不允许任何妇女跻身其中。在法律方面，习惯法的规定使得婚姻便意味着对妇女公民权的褫夺，虽然已婚妇女可以利用衡平法的规定为自己争得习惯法下所不能享有的权利，但是事实上殖民地时期的美国妇女却很少使用衡平法为她们提供的这一权利，因此大多数殖民地时期的美国妇女仍处于习惯法给她们规定的地位，即在法律上依附于男子的地位。在宗教方面，北美殖民地时期的妇女们被剥夺了在教会中的发言权和担任神职的权利，殖民地时期专门培养神职人员的哈佛、耶鲁、威廉－玛丽学院等高等学府一律杜绝妇女入学，由此可见殖民地时期的妇女在宗教上也处于从属于男人的地位。这些事实证明了殖民地时代绝不可能是美国妇女的"黄金时代"，相反地却是妇女在社会生活的各个方面都处于对男性的依附地位，这种状况直到美国革命爆发才开始改变。

关于殖民地时期的封建残余发展情况，杨玉圣先生进行了重点探讨。在《代役租初探——美国殖民地时期封建残余研究之一》一文中，杨玉圣对代役租的租额、征收、使用以及废止等情况，进行了深入研究。在代役租的租额方面，概括地说，一般是每100英亩征收2至4先令。相对而言，这并不高。其所以如此，主要是为了争取移民。此外，代役租本应以银币缴纳，但由于殖民地时期硬通货奇缺，只能采取支付媒介的办法，代之以实物。因此，苏联学者提出的"代役租很快就从实物的形态转变为货币的形态"的观点，就北美的具体历史情况而言，这并不完全符合当时的真实。在代役租的征收方面，为了实施代役租制度，大多数殖民地都采取过扣押财物（这是通常采用的手段）、没收土地（这是最厉害的一招）、诉诸法律等相应的措施。至于代役租实际征收总额及其效果，由于这一方面有关的统计资料残缺不全，我们现在尚难以做出完整、准确的定量分析。在代役租的使用方面，从现有材料看，这种得自代役租的收入曾被应用到：总督及其他王室及业主政府官员、地方官员的薪俸支出；教育经费支出；其他支出。在这里，围绕着代役租的征收与支配，议会与总督或业主间也时有纠纷，这构成殖民地时期政治史上一个重要的问题。尤其重要的是，北美人民进行的反代役租斗争构成了殖民地时期社会矛盾与阶级斗争的主要内容之一。正如美国研究殖民地史的权威学者所言，整个围绕代役租的斗争密切地与殖民地通向独立之路的运动相关联的，即当那些引起最后决战的不满因素尚未突出时，无疑代役租已经是一个极大的根源了，它构成了美国革命的主要原因之一。在代役租的废止方面，情形各异，大多数中、南部殖民地是在独立战争和战后改革的浪潮中废除代役租的。从代役租——英属北美殖民地存在的主要封建残余——基本被清除这一事实出发，我们有必要探讨美国革命的社会民主性问题。对此，美国研究经济政治史的权威学者做出了有价值的科学论断。这就是：美国革命对代役租这一封建残余的涤荡是一种把土地所有权变得民主化的革命，此举系通向废除封建特权和使土地占有愈益民主化的运动的体现，因此美国革命不仅有很强的民主成分，而且也是西半球反封建斗争的第一次。

关于殖民地时期的英国和北美殖民地关系的发展情况，秦玉成、叶霖等先生从不同的角度，进行了重点探讨。在《英国文艺复兴与北美移民》一文中，秦玉成先生把英国文艺复兴与北美移民动机联系起来，进行了深入研究。英国文艺复兴中不断出现的乌托邦著作，潜移默化而又深刻地影响了当时英国人的思想。它们激发了生活在贫困与不安之中的英国人对美好社会的憧憬，使他们产生了许多乌托邦的梦想，并且在北美把这些梦想付诸实践。英国文艺复兴中发扬光大的个人主义不仅激起了人们海外探险的欲望，而且促成了殖民地的建立。英国文艺复兴中兴起的"宣传文学"用夸张甚至欺骗的描述，使美洲戴上了美丽耀眼的光环，像磁石一样吸引了欧洲各国的芸芸众生，大大促进了大规模移民潮流的形成。因此，探讨欧洲人移民美洲的原因：不仅要考虑政治、经济、宗教和社会因素，也要考虑更加深刻的文化思想因素；不仅要强调欧洲的排斥作用，也要强调美洲的吸引作用。事实上，正是在这种"推"及"拉"的作用下，大规模的移民潮流形成了。在《"光荣革命"在北美的反应》一文中，叶霖先生对在英国"光荣革命"影响下爆发于英属北美殖民地的"光荣革命"，进行了深入研究。英国"光荣革命"对北美殖民地产生的影响出乎了发动者的意料。第一，它为殖民地开创了反对专制政府的先例，诱发了北美的"光荣革命"。第二，英国议会地位的提高为后来殖民地利用议会同总督斗争树立了榜样。第三，威廉兼任英国国王，引起了英法新的对立，其影响改变了英国和殖民地的历史进程。于是，在1689~1692年，英属北美殖民地相继发生了马萨诸塞的波士顿起义、纽约的莱斯勒起义和马里兰的库德起义，其他殖民地也都程度不同地响应了起义或者受到了影响。这些事件是在英国"光荣革命"的影响下爆发的，北美殖民地也是英殖民帝国的组成部分，所以被统称为北美的"光荣革命"。事实上，北美的"光荣革命"是一个复杂的历史事件。它既是在英

国 "光荣革命" 这一外来事件的影响、诱使下爆发的，又是 17 世纪北美殖民地历史发展的必然。北美 "光荣革命" 的历史作用可以归纳为两个方面：第一，它调整和缓解了殖民地内部矛盾，促进了资产阶级民主化的进程。殖民地随之结束了动荡，进入了 1692～1763 年的相对稳定时期，有利于资本主义和民族的形成。第二，它为英国与北美殖民地之间的关系提供了一个调整的契机，具有转折意义。它使英国殖民地政策走向定型化，使殖民地人民对自己在帝国内的地位开始取得新的认识，是 17 世纪规模最大的一次殖民地 "共同" 行动，为独立战争提供了经验和启示。

二

美国革命和建国时代的历史，是齐文颖教授和她的研究生们重点探讨的内容。他们的专题研究成果，如对于《独立宣言》文本的考实性研究，以及对于共和修正派与美国思想史学的综合研究，均极富创建性和新意，成为他们的代表作之一。

对于《独立宣言》的文本，齐文颖教授和杨玉圣先生进行了重点探讨。在《〈独立宣言〉是美利坚合众国诞生的标志吗?》一文中，齐文颖教授对《独立宣言》的原稿，进行了深入研究。从《独立宣言》原稿的正式标题来看，*The unanimous Declaration of the thirteen united States of America*（《北美十三国联合一致的共同宣言》）再清楚不过地告诉我们：《独立宣言》所宣布的是 13 个国的独立，而不是一个美利坚合众国的独立。这样解释的理由，一是这里的 united 的第一个字母是小写而非大写，二是当时美利坚合众国作为一个独立的国家尚未出现，它的正式出现应当在 1781 年《邦联条例》通过之时。该条例第一条规定 "本邦联的名称是美利坚合众国"。从《独立宣言》原稿 1300 字的正文来看，其中涉及的 State 或 States 都指的是 13 国。这种解释不但同标题一致，而且也同北美殖民地时期历史发展实际相符。英属北美殖民地独立历史的最大特点之一，是各殖民地陆续宣布独立，然后在此基础上再联合起来，共同发布《独立宣言》，进而取得 13 个殖民地的全部独立。在当时人的思想中，他们所争取的独立，首先在于争取本地区、本殖民地的独立，变本殖民地为独立共和国。就 13 个殖民地人民当中的大多数来说，直到 1776 年《独立宣言》发表的时候也还没有把殖民地联合成一个整体、建立一个统一的美利坚合众国的要求与愿望。这也是当时一般人的

"共识"。同时，从当时人的记载来看，凡讲到"我们国家"一词，都指具体的殖民地所建的国家。如约翰·亚当斯谈到"我们国家"，指的就是"马萨诸塞"海湾国，《独立宣言》起草人杰斐逊经常挂在嘴边的一句话就是"先生阁下，弗吉尼亚是我的国家"。因此，无论从《独立宣言》的字面上看，还是从它的历史背景和当时人的记载和思想状况来看，显然把《独立宣言》的发表说成美利坚合众国诞生的标志是不够确切的。另外，我国史学工作者还往往把 7 月 4 日美国为庆祝《独立宣言》的通过而规定的"独立日"说成是美国的"国庆节"，也是一种误解。

在《〈独立宣言〉史事考——兼议美国史考实性研究》一文中，杨玉圣先生在赞同和吸纳齐文颖教授独创性成果基础之上，进一步深化了对《独立宣言》原稿的研究，同时还就在美国史研究中重视和加强考实性研究，做出了切中时弊的分析。齐文颖对《独立宣言》文本的探讨，立足于北美殖民地历史发展的深厚背景，融入了对《独立宣言》的语义学分析、北美独立史的特点及当时人的思想状况和社会心态的挖掘，还借鉴了美国学者的最新研究成果，是我国美国史考实性研究的一个重大收获，应当引起足够的关注和重视，并及时吸收到我们的美国史、世界近代史的教学与研究中，从而使我们对《独立宣言》的解释建立在最新科研成果的基础之上。需补充指出的是，在《独立宣言》的英文原稿中，先后出现了 4 个 States、2 个 Colonies 和 3 个 they，也就是说，皆用复数。美利坚合众国（the United States of America）或合众国（the United States），作为一个特定概念，如果用代词表示，在英语文法中仅仅是也只能是用单数。如果说《独立宣言》是美利坚合众国诞生的标志，那么，该段英文中又何以出现诸如"they"之类的复数呢？这从另一个侧面说明，《独立宣言》断非宣布一个美利坚合众国（美国）的诞生或独立，而恰恰是宣布北美 13 个邦（或主权国家）的诞生或独立。《独立宣言》的通过不是美利坚合众国诞生的标志。此外，大陆会议决定由杰斐逊等 5 人组成《独立宣言》起草委员会，其时间是 1776 年 6 月 11 日，而非 7 月 2 日；杰斐逊起草《独立宣言》，用了半个多月的时间，而非"仅用了两天时间"；1776 年 7 月 4 日是大陆会议通过《独立宣言》的时间，而非北美 13 个殖民地实际宣布独立的时间，后者应该是 1776 年 7 月 2 日。史实之准确与否，是科学的历史研究最重要的基础之一。考实性研究是中国史学的优良传统之一，并且一向受到重视。唯有以马克思主义为指导，辅之以相关学科的理论与方法，并以考实性研究为前提，历史学才能构筑起其相对稳定的根本基础。在我国的美国史研究中，由于起点低、基础薄弱，迄今仍存在资料相对匮乏、信息相对不灵、论文发表很难等客观条件的严重局限。中美迥然有异的文化背景、文化传统以及历史进程，使我们对于美国历史上的许多事件、人物、现象和规律尚缺乏深入研究。在这种情况下，尤其需要以"坐冷板凳"的苦干精神，来扎扎实实推进对于美国史的考实性研究。为此：一是要尽可能地清除有关成见和偏见，给考实性研究成果应有的尊重；二是对有关著作及教材要及时追踪、关心并重视其考实性研究成果，尽可能更新相关内容，从而使人们在更新的内容基础上更新其历史认识；三是期望有关专业杂志要提供至关重要扶助，更多地给予考实性研究成果以面世的机会。当然，在美国史研究领域重视和加强考实性研究，并非要忽略其他类型研究（如宏观研究等）的地位与意义。相反，只有各个方面交叉互补，扬长避短，才能进一步拓展我国的美国史研究。

对于共和修正派与美国思想史学，满云龙先生进行了重点探讨。在《思想·意识形态·语言——共和修正派与美国思想史学》一文中，满云龙透过美国思想史学，对共和修正派的源起、方法论特点以及对美国当代史学的影响，进行深入研究。共和修正派基于对美国革命和建国时代的政治思想的精湛研究，提出了有关美利坚思想传统体系的独到见解。从 1947 年到流失年代中期，是共和修正派史论形成的第一阶段，研究活动在两个独立领域内展开。一是罗宾斯对共和思想在 18 世纪英国的深入探讨，二是一批美国史学家对一组相关的美国早期史课题的再认识，包括对《联邦党人文集》和杰斐逊主义的研究、对联邦党人和反联邦党人争论的研究、对美国革命前后的历史思想的研究，以及对美国革命政治文化的研究等。经过十几年的努力到 60 年代中期，他们描绘出了一幅与传统观点截然不同的近代早期英美世界的思想图画：英国革命时代的激进共和主义思想未随着其首倡者约翰·弥尔顿、詹姆斯·哈林顿及西德尼的去世而死亡，而是被后人继承下来，并在 18 世纪成了反对辉格掌权派（所谓"宫廷派"）的反对派社会力量（称"国民派"，包括自称"真正辉格派"的激进辉格党人和部分托利党分子）的思想武器；对北美影响最大的就是这种以共和传统为基础的反对派思想，而不是洛克的个人自由主义思想。这种共和思想对北美的革命和制宪产生过直接的推动作用。在 1965～1975 年的 10 年间，是共和修正派发展的第二阶段，也是其完整体系的构筑期。贝林的《美国革命的思想渊源》和伍德的《美利坚合众国创立》的论证合在一起，形成了一套新史学观点的基本框架：18 世纪的北美殖民地居民在吸取英国反对派思想的过程中，发展成一种独特的政治和社会观念；这种观念强调保持公共和个人的美德，注重社会公共行为与私人德行的一致和社会的安定，提倡公民积极参与公共生活，同危害社会共同体和谐的倾向不断斗争。波科特的《马基雅维里时刻：佛罗伦萨政治思想与大西洋共和传统》，系统而详尽地论述了共和主义思想传统在 15～19 世纪，从地中海沿岸到英伦三岛再到大西洋彼岸的北美大陆的演变过程。产生于 15、16 世纪意大利城市共和国佛罗伦萨的"人文主义"思想，先是在 17 世纪英国政治的变革时代与英国自身的宪法传统相结合，转变成 18 世纪辉格党当权派的对手——"国民反对派"的思想体系，后又在北美革命和制宪时代演变成美国式的共和主义。随着《马基雅维里时刻》的问世，共和修正派的观点被根植于一个广阔的大西洋政治传统的基础之上，形成了一套完整的史学体系。1975 年以后，共和修正史学进入以演化为特点的第三个发展阶段。一方面，它的研究区域从美国建国前夕延伸到建国后的早期共和国时期；另一方面，它的结论和方法加深了人们对美国思想发展的认识。共和修正派的学术成就主要是在方法论上的突破。首先，共和修正派改变了人们对史家应如何寻求历史文献真实含义的认识。其提出历史文献的真实含义只能通过文献写作之时的文化氛围和语言环境来进行理解，历史学家的任务在于发现不同时代的人们对相同或不同的政治概念的不同认识，解释造成认识变化的原因，而不在于对这些认识做出是非判断。其次，共和修正派打破了史家在思想与行为关系上长期纠缠不清的问题。其提出思想在人类历史中的作用不是因果性的，而是功能性的。它们不但通过给予行为以含义而使社会行为可为人们所理解，而且通过给予行为者以观察的手段而促动社会行为的产生。第三，共和修正派对"语言"的新认识改变了史家研究思想史的途径。其提出史家的首要任务是寻求这种规定思想含义的"政治语言"或"含义的语言"的结构，重点研究应放在分析语言，而不是运用这套语言的个人上。这样，"思想的历史"便让位于语言、词汇、范式等思想单位的历史；剖析某个特定的思想家，可以从构成其时代的特殊语言体系入手，进而发现他的真实的言论、动机和表述的结果。总之，共和修正派的理论、方法及具体研究成果改变了美国思想史学的面貌，推动了当代美国史学研究的活跃与发展。

此外，《美国史探研》一书还收录了齐文颖教授和她的研究生们对于中美关系史和妇女史研究的成果。在中美关系史方面，齐文颖教授选择了过去很少有人涉及的中美关系开端的问题和中美文化交流方面的问题作为研究的起点，进行了深入探讨。它们分别是：齐文颖教授的《美国"中国皇后号"来华问题研究》，齐文颖教授、郑文鑫先生的《北京大学与中美文化交流（1898～1937）》。她的三位研究生在美深造时用英文撰写的专题研究成果，则又拓展和深化了中美关系史的研究。它们分别是叶霖先生的《美国与香港的历史关系（1840～1945）》、陈勇先生的《中国人移民加利福尼亚的国内原因新论》、杨志国先生的《美国海军在青岛：社会、文化与中国内战（1945～1949）》。

妇女史是我国美国史学研究中延伸出来的一个新领域，同时也是齐文颖教授和她的研究生们对国内美国史学研究做出的新贡献。美国是当代妇女研究的重要基地，当代妇女研究是20世纪70年代以来发展最快、最有显著成绩的学科之一，也是研究美国历史不可缺少的重要部分。在20世纪的80年代初，齐文颖教授作为第一批访美学者，不仅带回了美国殖民地时期史和早期中美关系研究的新课题，而且还带回了妇女史研究这一新学科。作为北京大学中外妇女研究中心副主任，齐文颖教授不但大声疾呼我国的专业学术研究机构要加强对国外妇女的研究（其中也包括国外对我国妇女的研究），而且还对美国妇女在争取民族独立、唤起自身解放、争取民主权利等方面的斗争历史，进行了深入的专题研究。它们分别是：齐文颖教授的《加强对国外妇女的研究》和《美国妇女运动的历史考察》。在齐文颖教授指导的研究生中，陆丹尼首开风气之先，不仅对殖民地时期妇女进行了专题研究，完成了硕士论文，而且毕业后赴美深造，也是围绕妇女问题继续研修学业，完成了她的博士论文。它们分别是陆丹尼的《论北美殖民地时期妇女的地位》和《中国留美女学生：一项综合考察》。

三

对于《美国史探研》中收录的那些当年出自青年学子之手的专题研究成果，齐文颖教授给予了很高的评价。这就是："文章选题充满了青年人在学术道路上不畏艰险、敢于创新的精神，在内容上又体现了扎实严谨、勤于动脑、勤于动手的一丝不苟的精神。"更为重要的是，齐文颖教授还对她指导的这些优秀的研究生们当前和今后的学术生涯，提出了很高的期许。这就是："他们是当前我国研究美国史的中坚力量，无论身居何地，他们对我国美国史学界的贡献是同样有价值的。本书就是一个明证。"读完此书后，笔者对此坚信不疑。

在齐文颖教授八十华诞到来之际，阅读这部《美国史探研》，笔者感悟良多。

首先，我们应当深刻铭记齐文颖教授对我国美国早期史研究做出的重要贡献。对此，中国美国史研究会会长、北京大学历史学系教授李剑鸣先生，有着很好的说明："齐文颖教授不仅在殖民地时期教育史和美国革命史方面有独到的建树，而且在北京大学建立了一个美国早期史硕士点，为国内美国早期史研究人员的培养开启了先河。她自20世纪80年代初期以来，先后指导了13名美国早期史研究生，其中一些人后来到美国深造，在学术上有了新的发展。这些研究生的毕业论文涉及的问题，包括弗吉尼亚殖民地议会、切萨皮克地区的烟草种植业、马萨诸塞海湾殖民地的清教、宾夕法尼亚的教友派、北美的'光荣革命'、殖民地时期的代役租、殖民地时期的妇女、英国与殖民地的关系等。这些问题都属于美国建国以前的时期，而这个时期在中国以往的美国史教学和研究中，并没有独立的意义，仅仅被视为美国革命的背景。齐先生倡导研究殖民地时期的历史，就是要突破这种'旧框架'。同时，她在北大进行了以美国早期史为重点的美国史学科建设，与外国学者建立广泛的学术联系，先后邀请美国和英国的早期史名家奥斯卡·汉德林（Oscar Handlin）、斯坦利·卡茨（Stanley N. Katz）、迈克尔·坎曼（Michael G. Kammen）、玛丽·诺顿（Mary Beth Norton）、J. R. 波尔（J. R. Pole）到北大讲学；主持收集了大量图书资料，它们至今仍然在研究和教学中发挥重要作用。"（李剑鸣：《中国的美国早期史研究：回顾与前瞻》，《美国研究》2007年第2期）令人欣慰的是，李剑鸣先生不但对齐文颖教授的学术贡献有着很好的说明，而且他加盟北京大学历史学系本身，就是用自己的实际行动来直接传承齐文颖教授开启的学术研究事业。

其次，我们必须努力开拓我国美国早期史研究的新局面。毋庸讳言，时至今日，我国美国早期史研究仍然存在着极大局限和不足。在美国史学界，早期史研究已经是一个相当成熟的领域。在这个领域中崛起了许多在史学史上占有一席之地的大家，史料整理和研究的成绩都相当可观，形成了一些具有重要影响的学术中心，如威廉-玛丽学院的美国早期历史与文化研究所、宾夕法尼亚大学的麦克尼尔美国早期史中心；出版了若干种专业期刊，如《威廉-玛丽季刊》《早期共和国杂志》等；创设了早期共和国历史学家协会等学术团体、多家早期史专业网站。而在国内史学界，我们必须要承认这样一个严峻的事实，这就是：目前国内高校的美国史博士点，只有南开大学和北京大学有博士生以早期史论文申请博士学位；而且这些为数不多的博士生毕业以后，受就业市场的制约，大多都没有继续从事早期史方面的研究。特别是从 2007 年 5 月在天津召开的"全球视野下的美国早期史研究国际学术研讨会"上所提交的论文来看，国外学者的论文在研究课题、视角、观点、材料和方法上多有新颖之处，从中可以看出国外美国早期史研究的一些发展趋势。相较而言，国内学者的论文大多选题偏大，观点缺乏新意，缺少详尽新颖的一手史料。

但是，我们必须要看到这样一个可喜的变化，这就是：目前国内研究美国早期史的条件已经得到了很大改善，许多基本的史料已经可以便捷地获取，对美国同行的研究也可以及时地跟踪，这就为我们在这个领域取得更大的成绩提供了难得的机遇。对此，李剑鸣先生提出了很好的对策："我们需要利用美国和国内在早期史史料整理和开放方面的优越条件，激发更多研究人员对早期史的兴趣，投入精力来潜心研究。在理论和方法上，我们要持开放的心态，认真向中国史学传统学习，从史料学、史源学和考证学当中汲取营养，丰富自己的研究方法和技能，同时还要取法于欧美史学，了解前沿研究进展，借鉴可用的理论和方法。我们必须树立强烈的实证研究意识，要'上穷碧落下黄泉'，不遗余力地收集和占有材料，包括相关的研究文献和史料，一定要在把课题所涉及的相关知识弄清楚的前提下，借助经过考辨和梳理的史料来进行实证性研究。这样我们就必须进一步推进资料建设，综合利用纸质文献和数字化文献，以期在尽可能详赡地占有资料的基础上，提升我们的研究水平。"（李剑鸣：《中国的美国早期史研究：回顾与前瞻》，《美国研究》2007 年第 2 期）

在这里，齐文颖教授的弟子和再传弟子们，应当发挥更大的作用。笔者特别希望杨玉圣先生担负起自己应有的责任。这一方面是因为杨玉圣先生在美国史研究中成就斐然，撰有《美国历史散论》（辽宁大学出版社 1994 年第 1 版）、《中国人的美国观》（复旦大学出版社 1996 年第 1 版）、《史学评论》（河南大学出版社 2005 年第 1 版）等专业学术论著，研究涉及美国文明史、美国宪政史、美国政治制度史以及中美社区自治比较等领域，目前正在撰写专著《美利坚合众国史》。另一方面是因为杨玉圣先生在学术评论方面成就斐然，撰有《学术批评丛稿》（辽宁大学出版社 1998 年第 1 版）、

《学术规范与学术批评》（河南大学出版社 2005 年第 1 版）等专业学术论著，主编《中国人文社会科学博士硕士文库》（浙江教育出版社 1998 年第 1 版）、《中国人文社会科学博士硕士文库（续编）》（浙江教育出版社 2005 年第 1 版），创办并主持学术批评网、美国政治与法律网，改版或创办《学术界》《博览群书》《社会科学论坛》《人文论坛》《中国政法大学学报》等。以上两个方面的优势，使得杨玉圣先生有能力和条件，联络同门师友和学界大家，通过学术信息交流、学术选题策划、学术研究协作、学术论著发表、学术作品评论等环节，把有志于研究美国史尤其是美国早期史的人们，特别是受过专门史学训练的年轻人凝聚起来，以寻求团队的力量和刊物的支持，来努力开拓我国美国早期史研究的新局面。

在我国的美国早期史研究领域，中国的学者既有进行学术创新的必要，也具有进行学术创新的条件。正如叶凡美博士所言：“中国学者是美国历史和文化的‘局外人’，这既是中国学者的劣势，也是中国学者的优势。作为‘局外人’，中国学者较之美国学者可以更少受现实关怀和价值观偏好之累，从而以更为中性和客观的立场进行美国早期史研究。改革开放以来，中国学界对美国的‘研究热’持续升温。然而，对于美国这个国家，我们了解得还很不透彻。要真正了解一个国家的历史和文明，我们必须追根溯源，从了解其发源时期开始。”（叶凡美：《全球视野下的美国早期史研究国际学术研讨会述评》，《史学月刊》2007 年第 11 期）。

总之，我们有理由相信，像《美国史探研》这样的由师生共同完成、既体现学术传承又充满学术创新的美国早期史研究的专著，会越来越多地出现在我国史学界。我国美国早期史研究的春天，一定会早日到来！

一部新意迭出的美国早期史论集

——《美国史探研》述评

于 展

  《美国史探研》是北大齐文颖教授与其弟子的论文合集，共收录了美国早期史、中美关系史和美国妇女史三大部分共 20 篇论文。文集出版后，受到了北师大黄安年教授的高度评价。黄教授指出"这部美国史研究文集与现今出版的美国史论文集不同，不是美国史研究机构编纂的论集，也不是个人的美国史研究文集或者纪念性文集，而是在我国美国问题研究的重镇北京大学长期从事美国殖民地史、妇女史和美中文化交流史研究的齐文颖教授及其弟子们研究成果的论集"。这在编排体例上就是一个很大的创新。他还认为"第一部分早期美国史是改革开放以来一段时期里北京大学重新研究美国的起点和重点，这些研究成果从一个侧面反映了我国学者在这一领域的新进展"。其中很多论文"均有新思路、新成果、新贡献"。第二部分早期中美关系和中美文化交流 5 篇论文。第三部分妇女史研究 4 篇论文，"反映了我国改革开放以来最早从事美国妇女史研究学者的研究成果"。[1] 总之，《美国史探研》的面世是对于美国问题研究的新贡献。

  笔者深以为然，就此从选题、材料、方法和观点等方面展开具体论述。

一　开创新领域

  齐先生在 20 世纪 80 年代就选择美国早期史作为研究重点，这无疑具有很大的开创性。因为 80 年代国内研究美国早期史的学者少之又少，即使到现在也为数寥寥。但美国早期史非常重要。正如《史学月刊》的编辑在

《"中国的美国早期史研究"笔谈》的编者按中所言："在美国历史学界，美国早期史是一个已经相当成熟的研究领域；但在中国美国史学界，除了个别重大历史事件和历史人物外，却鲜有人问津，只是最近几年来情况才稍有改变。从时间跨度讲，早期史占了整个美国史的一半以上；从重要性上讲，早期史不仅包括了美国的奠基时代，而且涵盖了美国的立国和初步繁荣的时代。因此，要真正了解美国这个国家，要全面把握美国历史的脉络，就必须首先对美国早期史进行系统而深入的研究。"[2]书中第一部分是对美国早期史的专题研究，共11篇文章，占全书的一半，主要涵盖政治史、英国与殖民地关系史、社会经济史、教育史、革命史和史学史等多方面的内容。

在政治史方面，满运龙的两篇文章很有新意。在《1619年弗吉尼亚议会探微》一文中，他依据原始材料和最新史学成果，对1619年弗吉尼亚议会的背景和议程做了实事求是的描述。他的《马萨诸塞政治体制的确立（1630～1650）》进入具体的时间和空间，借助丰富的档案文献，通过马萨诸塞政治体制的确立这一实例，总结出英属北美殖民地政体过程的一般模式。[3]在英国与殖民地关系史方面有三篇文章：秦玉成的文章把英国文艺复兴与北美移民动机联系起来进行了新的尝试，张雄的文章具体考察了英国与北美13个殖民地关系的演变，叶霖的文章则阐述了鲜为人知的北美"光荣革命"（1689～1692年）的原因和过程。在社会经济史方面，胡新军揭示了切萨皮克烟草业发展演变的过程及原因，并考察了这种单一的殖民经济形式对当地社会经济发展的影响，杨玉圣则详细论述了代役租的概念、金额、征收、影响和废止。在教育史方面，齐文颖教授介绍和分析了美国殖民地时期教育的建立与发展过程，并总结了其特点。在革命史方面，齐文颖教授从《独立宣言》的原稿出发，对原文进行了语义学的分析，并结合英属北美殖民地历史发展的背景，推翻了《独立宣言》是美利坚合众国诞生的标志的说法。杨玉圣在齐文颖教授论文的基础上，进一步考证了《独立宣言》的原意及来龙去脉，并提出我国的美国史研究应当重视和加强考实性研究。最后在史学史方面，满运龙透过美国思想史学的框架，评述了共和修正派的源起、方法论特点及其对美国当代史学的影响。

针对上述成果，李剑鸣教授对齐先生在美国早期史方面的贡献给予了高度评价，他指出，"齐文颖教授不仅在殖民地时期教育史和美国革命史方面有独到的建树，而且在北京大学建立了一个美国早期史硕士点，为国内早期史研究人员的培养开启了先河。她自20世纪80年代初期以来，先后指导了

10 余名早期史研究生，其中一些人后来到美国深造，在学术上有了新的发展。这些研究生的毕业论文涉及的问题包括：弗吉尼亚殖民地议会、切萨皮克地区的烟草种植业、马萨诸塞海湾殖民地的清教、宾夕法尼亚的教友派、北美的'光荣革命'、殖民地的'代役租'、殖民地时期的妇女、英国与殖民地的关系、英国'文艺复兴'与北美殖民地移民等。这些问题都属于美国建国以前的时期，而这个时期在中国以往的美国史教学和研究中，并没有独立的意义，仅仅被视为美国革命的背景。她倡导研究殖民地时期的历史，就是要突破这种'旧框架'。同时，她在北大进行了以早期史为重点的美国史学科建设，与外国学者建立了广泛的学术联系，先后邀请美国和英国的早期史名家奥斯卡·汉德林、斯坦利·卡茨、迈克尔·坎曼、玛丽·诺顿、J. R. 波尔到北大讲学；她主持收集了大量图书资料，至今仍然在研究和教学中发挥重要作用"。[4]这一评价可谓非常全面和公允。

在中美关系史方面，齐先生拓展新领域，选择了过去很少有人涉及的中美关系开端问题和中美文化教育交流方面的问题作为研究的起点。她的《美国"中国皇后号"来华问题研究》利用日益增多的新材料，对美国"中国皇后号"来华这一作为中美关系开端的重大问题的历史背景、经过及其影响做了详细考察。到当时为止，中外史学家对这一问题研究得不多，此项成果改变了学界研究薄弱的现状。她和郑文鑫合作的《北京大学与中美文化交流（1898~1937）》利用很多原始材料，论述了从1898年京师大学堂建校开始，直到抗战时北大南迁之前40年的北京大学与美国文化交流史。当时对于国内院校中中美文化交流方面的研究仍是一个空白点，此项研究填补了这一空白。另外3篇用英文写出的文章，更是紧跟国际学术研究的新潮流，做出了中国学者独特的贡献。叶霖利用大量翔实的一手资料，详细考察了1840~1945年美国与香港的历史关系。陈勇对中国人移民加利福尼亚的国内原因进行了新的解释，打破了"移民是对贫困的逃离"的旧说。杨志国充分利用大量中英文资料，通过考察二战后驻扎在中国青岛的美国海军及其与当地中国普通民众的关系，分析了美国军队对中国社会的影响。

在美国妇女史研究方面，齐先生也是先行者和开拓者。她首先在《加强对国外妇女的研究》一文中，论述了我国的国外妇女研究的历程以及面临的几大问题，呼吁加强对国外妇女的研究。然后，又在《美国妇女运动的历史考察》一文中详细考察了从殖民地时期到20世纪六七十年代美国妇女在争取民族独立、唤起妇女自身解放、争取民主权利等方面的斗争。她的学生陆丹尼的两篇文章分别是以其硕士论文和博士论文为基础而成，很有特点。《论北美殖民地时期妇女的地位》面对美国学者迥异的两派观点，从构成殖民地社会生活的几个主要方面，即从经济、政治、法律、宗教着手，考察妇女在每一方面的实际情况，得出自己的结论。《中国留美女学生：一项综合考察》探讨了留美女学生的状况，特别是美国的教育和社会生活怎样以及在多大程度上改变了中国女留学生。同时，通过对20世纪80年代中国留美女学生和早期中国留美女学生的比较研究，展示了一些有意义但却不被重视的问题。

总之，齐先生非常具有战略性眼光。她20世纪80年代初访美、访英后，了解了国际学界研究的重点和新趋势，马上就将其引进国内，并根据自己的特点，拓展了新领域。她还率先垂范，写出了很多有影响的论文，对学生起了表率和宏观指导作用。而学生们在其指导和影响下，也写出了各具特色、颇有新意的论文。两者相互促进，体现了教学相长的良好作用，也在当时的北大形成了一个颇具特色的美国史研究团队，使北大成为国内美国史研究的重镇，从而对中国的美国史研究起了重要的开拓和促进作用。

同时，齐先生大力促进国际交流，邀请很多国外知名学者来北大讲学，也开拓了学生的视野，推动了学生出国留学。在其指导和培养的13位美国史研究生中，有8人在美国获得博士学位，分别是满运龙、陈勇、杨志国、叶霖、胡新军、陆丹尼、郭琦涛、秦玉成。文集中所收录的满运龙、陈勇、杨志国、叶霖、陆丹尼等人留美后发表的论文，在选题方面非常新颖，与当时的国内学者相比，更是做出了开创性的贡献。

二　进行新解释

选好题就成功了一半，但要完成好的论文，还需要在挖掘新材料、利用新方法和提出新观点方面做出努力，《美国史探研》在这些方面做了新的探索，取得了新成就。

在史料的挖掘、搜集和积累方面，齐先生师生下了大功夫。众所周知，20世纪80年代国内的世界史论文材料普遍缺乏，但由于齐先生的努力，北大有了一个以美国早期史研究为中心、有一定规模的美国问题研究中心图书馆，这为学生们撰写论文提供了极大的便利，从而保证了论文的质量。秦玉成、张雄、叶霖、胡新军、杨玉圣、陆丹尼等人在硕士论文基础上修改而成的文章就是如此。除了国外的文献和论著，他们同时还注意吸收国内学者的一些研究成果，使自己的研究建立在国内外学者的研究成果基础上。齐先生本人也身体力行，在自己撰写的各篇论文中都使用了丰富的史料，尤其是《〈独立宣言〉是美利坚合众国诞生的标志吗?》、《美国"中国皇后号"来华问题研究》和《北京大学与中美文化交流（1898～1937）》诸篇文章，更是如此。留美学者的论文材料就更丰富了，达到了国际标准。如满运龙在《1619 年弗吉尼亚议会探微》中利用了包括约翰·波瑞所做的会议记录和1619 年前后弗吉尼亚公司发布的有关指令等原始资料，在《马萨诸塞政治体制的确立》一文中利用了《马萨诸塞档案》和《温斯罗普文集》等原始档案，使自己的论证建立在翔实的一手资料基础上。陈勇则不仅能利用英文的材料，而且查阅了早期华人移民留下的大量中文材料，包括日记、会馆记录、报纸等，史料非常扎实，充分展示了他深厚的史学功底。叶霖、杨志国也充分利用了大量中英文资料，陆丹尼还利用了采访当事人的口述史材料或书信，令人耳目一新。

在具体论证方面，《美国史探研》的很多论文采用了新的方法，尤其是留美学者的论文。一些论文采用了历史主义的方法，即深入历史时空内部的分析法，把历史事件和人物放到当时的历史时空背景下，对其抱有"了解之同情"，这样可以比较准确地解析史实的本来意义。如满运龙在《1619 年弗吉尼亚议会探微》中就指出，不同时代史家各取所需，随意发挥，把很多议会后来发展出来的特征视为自始既有，不符合实情。他深入历史时空，利用翔实的原始资料，纠正了几种谬误，还原了当时的真实情形。一些论文采用了跨学科和比较的方法，如陈勇在文章中运用了"跨学科与跨民族的分析方法"，研究视野因此更加开阔，论证也显得更加缜密，说明作者在美国受到严格的社会科学方法训练。[5] 陆丹尼则通过对 20 世纪 80 年代中国留美女学生与早期中国留美女学生的比较研究，展示了一些有意义但却不被重视的问题，如出国动机和离婚等问题，非常生动，一目了然，也很有说服力。这些研究与当时国内多数学者所采取的阶级分析法相比不啻一股新风。李剑鸣教授在谈到 20 世纪 80 年代以后陆续到美国留学和执教的中国学人时，曾这样评价："与国内同年龄层次的研究者相比，他们的长处在于学术训练更加系统和严格，对美国史学的规范和传统有更具体和直接的了解，而且在资料、理论和史学史等方面也有明显的优势。特别是他们中有些人密切关注国内的学术动向和社会状况，能够将他们在美国获取的学术资源和作为中国人所具有的现实关怀紧密结合起来，从而得以用独到的视角来研究美国历史。他们在国内发表的论著，大多体现了中文世界对同类问题研究的最高水平。"[6]齐先生这些留美的学生大多可以配得上这些评价和赞誉。

当然，国内学者的一些论文在具体论证时也不乏新意，并达到了很高的成就，如齐先生和杨玉圣教授在考证《独立宣言》是否是美利坚合众国诞生的标志时所进行的考实性研究，采用了深入历史时空分析的历史主义法、语义学分析法等，逻辑严密，论证有力。

在上述新史料和新方法的基础上，《美国史探研》中的很多论文提出了自己的新观点。如满运龙在文章中推翻了三个被人们广为接受的看法：议会是殖民地居民要求和斗争的结果；在是否建立议会问题上，弗吉尼亚公司内部存在着两派争论；弗吉尼亚议会是有意识地仿照英国议会建立的。他认为弗吉尼亚议会是弗吉尼亚公司主动设立的，不是出于对自由政体的信念，而是从经济利益出发。在是否建立议会问题上，弗吉尼亚公司内部存在着两派争论的说法属捕风捉影之谈。弗吉尼亚议会也不是有意识地仿照英国议会建立，虽然在程序上仿效英国议会，但在殖民者心中，弗吉尼亚议会不过是股东大会在美洲的分会。杨玉圣在中美学术界对代役租的研究基础上指出，代役租问题并非无足轻重，它构成了美国革命的主要原因之一，并提出应多层面、长时段地科学考察历史问题。齐先生从《独立宣言》的原稿出发，对原文进行了语义学的分析，并结合英属北美殖民地历史发展的背景，认为，无论从《独立宣言》的字面上看，还是从它的历史背景和当时人的记载和思想状况来看，显然把《独立宣言》的发表说成美利坚合众国诞生的标志是不够确切的。陈勇对中国人移民加利福尼亚的国内原因进行了新的解释，他指出，早期移民到美国的中国人并非都是穷人，相反，其中相当一部分是社会上的中产阶级。他们移民的目的，是积累更多的财富，并为家族和后代谋得更好的发展条件。他认为珠三角是中国最古老也是最发达的市场导向型的经济区域之一。这种市场经济不仅带来了相对高水平的繁荣，而且刺激了人们离开家园寻找发财致富机会的欲望。这也就是为什么发现黄金的消息迅速引发了涌向加州的第一批移民潮，使位于中国沿海的珠三角因地理位置具备了文化上的活力。1850年以前，广东与美国日益密切的交流为19世纪中期华人移民潮创造了前提条件。这种看法与传统的观点大相径庭。因为学者们一贯认为华人移民潮只是一次为了摆脱贫困和其他社会困境，在恐慌和饥饿驱使下的大逃亡。[7]杨志国认为美国军事人员与中国普通民众之间跨文化和跨族裔的互动与冲突影响了中国公众对美国中国政策的看法，也影响了相互斗争的国共两党之间的关系。国民党因为允许美军驻扎和保护美军的利益日益失去人心，而共产党则通过宣扬维护国家利益得到人心。陆丹尼通过对20世纪80年代中国留美女学生和早期中国留美女学生的比较研究指出，美国生活的经历显著提高了女留学生的能力感和独立意识。她们在美国找到了新的参照系。在这个参照系中，她们原有的价值观，特别是关于婚姻、家庭和女性角色的观念被重新检验，并不同程度地被改造或被摒弃了。女留学生到美国后发生的变化是80年代中国留美学生离婚率居高不下的一个重要原因。

值得注意的是，这些新观点都是在遵守学术规范基础上的创新，作者分别在前言或注释中交代了学术史，对前人的研究成果做了梳理和评价，值得我们很好地学习。

总之，《美国史探研》在选题、材料、方法和观点等方面皆有新意，正如齐先生在前言中所言，第一部分美国早期史的专题研究"是对自20世纪30年代以来我国在美国史教学与研究中将近200年殖民地时期的历史仅看作美国革命背景的旧框架的一个新突破……立足于这一新思路，各篇都是围绕早期史上的重点问题加以深入的探讨，都有新的思想观点与学术创见"。第二部分中美关系史研究另辟蹊径，拓展了新的领域，3篇英文文章"从题目到内容都具有新意"。第三部分美国妇女史研究则是齐先生从美国带来的新学科，其学生陆丹尼也"首开风气之先"，在国内最早从事美国妇女史研究。

当然，由于时代的局限，有些文章也有不足。如个别文章引用的一手文献较少，即使引用二手文献，也有很多是通论性的著作，甚至还有一些教材。部分文章的学术史交代并不充分，甚至在不充分的基础上就做出了负面的评价。但是，瑕不掩瑜，《美国史探研》总体上是一部新意迭出的佳作。

注释：

［1］黄安年：《〈美国史探研〉有新意》，《全国新书目》2002年第2期。

［2］参见《"中国的美国早期史研究"笔谈》编者按，《史学月刊》2008年第2期，第5页。

［3］北京大学李剑鸣教授称赞这篇论文"研究视角、论述方式和语言表达，和国内学者的有关论著形成强烈对照"，并赞誉它为改革开放以来第二个10年间中国美国史学界的代表性作品之一。参见李剑鸣《1989年以来中国的美国史研究》，载胡国成主编《透视美国：近年来中国的美国研究》，中国社会科学出版社2002年版；《改革开放以来的中国美国史研究》，《史学月刊》2009年第1期，第33页。

［4］李剑鸣：《中国的美国早期史研究：回顾与前瞻》，《美国研究》2007年第2期，第114～115页。

［5］参见陈勇《华人的旧金山》，北京大学出版社2009年版。

［6］参见李剑鸣《1989年以来中国的美国史研究》，载胡国成主编《透视美国：近年来中国的美国研究》，中国社会科学出版社2002年版。

［7］参见陈勇《华人的旧金山》。

编 后 记

当我写下这篇编后记时，时光之轮业已跨入 21 世纪 20 年代第一年的岁初；再过不到 3 个月，我们特别敬重的导师齐文颖教授将迎来九十周岁生日。

这部《齐文颖文稿》，就是为恩师的九旬华诞而编纂出版的。感谢社会科学文献出版社的友好合作，终于在齐先生九十周岁到来之际，让本书隆重面世。

想为齐老师编纂一部个人文集的想法，早就有了。然而，真正付诸实施，还是最近一年的事情。作为齐门弟子，当我把这个想法告知大师兄满运龙教授时，一如既往，运龙给以充分的理解、支持。但是，真正做起来，并不顺利，也不容易。首先遇到的一个难题是，淡泊名利的齐老师，既无一份完整的论著目录，也未保存其发表文章的报刊和著作，其讲义、手稿也遍寻而未得；其次，因为身体原因，齐老师本人已不可能为本书的编纂事宜提供任何指导性的意见和建议；最后，我对于齐老师发表的英美史、中美关系史的论著，虽说相对熟悉，但对齐老师有关妇女史、妇女学的论著情况，相当陌生。幸亏有黄鹏航的大力协助，其不遗余力，为搜罗有关文献立下了汗马功劳。尽管我们已经为此做出了最大可能的努力，但相信沧海遗珠在所难免。

与同龄的学者（如资中筠研究员）、同辈的美国史专家（如张友伦教授、黄安年教授、李世洞教授）相比，论学术论著的数量，齐老师并不算多。其中的原因固多：如齐老师更愿意教书育人，更热心于国际学术交流；再如，除美国史外，齐老师还致力于妇女史研究，最近 10 多年又倾心于整理其父齐思和先生的作品。不过，从本书所选收的论文看，齐老师在美国早期史、中美关系史、妇女史等领域，确实是她那一代历史学家中最有学术贡献的女历史学家之一。

本书第一编选收了齐老师关于美国早期史的 4 篇论文，其中，《〈独立宣言〉是美利坚合众国诞生的标志吗?》一文，最为凸显其严谨求实、一丝不苟的治学风格，学术影响也最大。第二编有关中美关系史的专题论文，以"中国皇后号"与早期中美关系史、北大与中美学术关系史的研究，最为学界同人所称道。妇女史是齐老师在中国世界史学界最早开拓的新领域之一，后又扩及妇女学，并积极参与第四次世界妇女大会等活动，建立妇女学文献机构，贡献彰著。对于其祖父、著名教育家齐璧亭先生和其父亲、著名历史学家齐思和先生的道德文章的阐发，均基于第一手资料，有一说一，实事求是，应该算是学术史研究的佳作。

在人才培养方面，与同辈人相比，齐老师同样毫不逊色。由于历史的原因，齐老师尽管并未指导过博士生，所指导的硕士生也总数不过 13 人。但是，这 13 个硕士弟子，在齐老师的悉心栽培下，均学有所成，而且大都是活跃于中、美名牌大学的教学科研第一线的骨干。在这 13 个齐门弟子中，主要是得益于齐老师的引荐或支持，满运龙、郭琦涛、陈勇、叶霖、杨志国、陆丹尼、胡新军等都陆续留学美国，并获得博士学位，除胡新军改行、运龙执教于北京大学国际法学院外，其余几位均在美国知名大学任教。在国内的 3 位齐门弟子中，我也一直浪迹大学讲坛。所谓薪火相传，所谓代际传承，当如是也。

本书有 3 个附录。其中，附录一是陈勇博士、叶霖博士、杨志国博士和陆丹尼博士这 4 位当年在北大时齐老师指导的老弟子，专门为恩师九十周岁生日而写的祝贺之作，点点滴滴，以小见大，反映了师生之间的深情厚谊。附录二选收了齐老师八十岁生日祝贺研讨会时齐门弟子撰写的文章，也算是一段美好的学术佳话的记忆。附录三是黄安年教授以及两位年轻的副教授井建斌、于展博士为《美国史探研》写的书评。

《美国史探研》本是为祝贺齐老师七十岁生日而编纂的，收集了齐老师本人及其指导的研究生的毕业论文，以美国早期史、妇女史和中美关系史为主。当时，恰逢学术著作出版难之际，故延搁了，2001 年，由中国社会科学出版社出版。2010 年，齐老师八十岁生日之际，运龙、陈勇两位师兄和我本人联袂编了《美国史探研（续编）——祝贺齐文颖教授八十华诞论文集》，由河北人民出版社出版；该书除美国早期史、中美关系史外，还有法律史、宪政史等专题论文，在问题论域上，又有进一步的拓展；该书作者除

齐门弟子、部分学界师友外，还包括齐门弟子的再传弟子，可谓"三世同堂"。如今，美国史探研（三编）即《齐文颖文稿》，亦将面世。这应该说是齐门学术传承的一个佳话。

　　黄安年教授、牛大勇教授和满运龙教授应邀分别为本书写序，华章灿烂。在本书文稿搜集、录入、校对过程中，正在忙于写作、修改博士毕业论文的鹏航，付出了辛勤的劳动。博士生王爽、硕士生乔继尧也协助录入了若干文稿。黄安年教授协助提供了齐老师为《美国殖民地时期历史书目（选目）》写的前言。齐老师的长子周彬先生，不仅全心全意照顾齐老师的生活，而且对于本书的编纂也提供了不少帮助。谨此一并说明，并由衷感谢。

　　本书编纂中的任何瑕疵，均应由我本人负责。同时，真诚欢迎学界师友和广大读者惠予指正。

杨玉圣

2020 年 1 月 4 日晚 11 时 11 分

图书在版编目（CIP）数据

齐文颖文稿／满运龙，杨玉圣，黄鹏航编 . －－北京：
社会科学文献出版社，2020.7
（学术共同体文库）
ISBN 978 - 7 - 5201 - 6466 - 5

Ⅰ.①齐…　Ⅱ.①满…②杨…③黄…　Ⅲ.①社会科
学－文集　Ⅳ.①C53

中国版本图书馆 CIP 数据核字（2020）第 051677 号

· 学术共同体文库 ·

齐文颖文稿

编　　者／满运龙　杨玉圣　黄鹏航

出 版 人／谢寿光
责任编辑／邓　翃

出　　版／社会科学文献出版社 · 国别区域分社（010）59367078
　　　　　地址：北京市北三环中路甲 29 号院华龙大厦　邮编：100029
　　　　　网址：www.ssap.com.cn
发　　行／市场营销中心（010）59367081　59367083
印　　装／三河市东方印刷有限公司

规　　格／开本：787mm × 1092mm　1/16
　　　　　印张：21.25　插页：1.25　字数：354 千字
版　　次／2020 年 7 月第 1 版　2020 年 7 月第 1 次印刷
书　　号／ISBN 978 - 7 - 5201 - 6466 - 5
定　　价／169.00 元